性别社会学
SOCIOLOGY of Gender

佟新 著

图书在版编目(CIP)数据

性别社会学/佟新著.—北京：北京大学出版社，2022.10
21世纪社会学规划教材.社会学系列
ISBN 978-7-301-33467-6

Ⅰ.①性… Ⅱ.①佟… Ⅲ.①性社会学—高等学校—教材 Ⅳ.①C913.14

中国版本图书馆CIP数据核字(2022)第184071号

书　　　名	性别社会学 XINGBIE SHEHUIXUE
著作责任者	佟　新　著
责 任 编 辑	武　岳
标 准 书 号	ISBN 978-7-301-33467-6
出 版 发 行	北京大学出版社
地　　　址	北京市海淀区成府路205号　100871
网　　　址	http://www.pup.cn
新 浪 微 博	@北京大学出版社　　@未名社科-北大图书
微信公众号	ss_book
电 子 邮 箱	编辑部 ss@pup.cn　　总编室 zpup@pup.cn
电　　　话	邮购部 010-62752015　发行部 010-62750672 编辑部 010-62753121
印 　刷 　者	北京圣夫亚美印刷有限公司
经 　销 　者	新华书店
	730毫米×980毫米　16开本　18.5印张　288千字 2022年10月第1版　2024年8月第5次印刷
定　　　价	59.00元

未经许可，不得以任何方式复制或抄袭本书之部分或全部内容。
版权所有，侵权必究
举报电话：010-62752024　电子邮箱：fd@pup.cn
图书如有印装质量问题，请与出版部联系，电话：010-62756370

本书资源

读者资源

本书附有作者讲解视频,获取方法:

第一步,关注"博雅学与练"微信公众号。

第二步,扫描右侧二维码标签,获取上述资源。

一书一码,相关资源仅供一人使用。

读者在使用过程中如遇到技术问题,可发邮件至 wuyue@pup.cn。

教辅资源

本书配有教学课件,获取方法:

第一步,扫描右侧二维码,或直接微信搜索公众号"北大出版社社科图书",进行关注。

第二步,点击菜单栏"教辅资源"—"在线申请",填写相关信息后点击提交。

前　言

1999年，我开始讲授"社会性别研究导论"的本科生课程。2005年出版了《社会性别研究导论》一书：一是介绍欧美社会性别研究的概念和理论；二是以案例方式提出日常生活中常见的性别问题，帮助读者在提问与问题讨论的过程中理解中国特有的性别议题，并让批判意识贯穿书稿。第一版教材有一个副标题——"两性不平等的社会机制分析"。2011年，在第二版教材中，我取消了这个副标题，以为这一学术研究的目的已是不言自明，我还加入了一些对中国社会性别问题的理解、思考和分析。感谢读者的信任，两版教材均获评"北京市高等教育精品教材"。

时光荏苒，教授"社会性别研究导论"课程已经有二十多年。这些年的变化过于迅猛，让人应接不暇。在性别研究领域，一方面，社会性别的知识借助互联网的力量快速普及；另一方面，人们对性别知识的感受、困扰和探索借着新媒体的拓展得到言说。"性别"与"女权"成为"吸睛"之词，文学、传播学、电影评论、历史学、哲学、经济学、教育学、心理学等诸多领域有着广泛的、令人兴奋的研究成果。我深感没有能力涉猎如此多的研究领域，而逐渐将研究限定在社会学的范畴内。因此，这次修订我采用了《性别社会学》的书名，以表达从性别社会学视角理解生产和再生产两性不平等的社会机制。

生产和再生产性别不平等的社会机制是复杂的，各种社会机制纠结在一起，并共同作用于性别文化、身体与性活动以及劳动性别分工，这三方面的机制并非因果关系，而是互为支撑：如对两性身体的文化建构即与两性的身体构造相关,同时作用于人类生育与抚育的劳动分工;而生育与抚育的制度形态是文化建构,也与社会经济的发展程度高度相关;三种机制相互纠缠在一起。因此,改变两性不平等的关系,既要反思和重构以私有制为基础的父权制家庭关系和家庭性别劳动分工,也要反思和改变维持这一关系的性别意识形态和性别气质的文化建构,同时不能忘记社会对两性身体具有的差异性规制。从性别社会学视角出发,本教材关注性别知识的生产和再生产以及改变的动力。

性别社会学的知识和知识创新源自生活。人们对日常生活的观察能力、思考能力、批判与质疑的能力源自现代生活赋予的反思性和创新性,渴望这本教材和相关课程能够为人们带来反思和解放的力量。

佟　新

2022 年 7 月 16 日

目 录

第一编 基础知识

第一章 概 述 3
  第一节 性别属性 5
  第二节 社会性别体制 9
  小 结 18

第二章 妇女运动的实践与理论 19
  第一节 世界妇女运动的实践与理论 21
  第二节 中国妇女运动的实践与理论 27
  小 结 35

第二编 性别身份的文化建构

第三章 性别观念及其变革 39
  第一节 性别观念的演变 40
  第二节 中国人的性别观念及其演变 48
  小 结 56

第四章 性别社会化 ································ 57
 第一节 性别社会化过程 ························ 59
 第二节 性别社会化的理论 ······················ 67
 小　结 ······································ 75

第五章 文化研究、话语与性别叙事 ···················· 77
 第一节 文化研究与性别话语分析 ················ 78
 第二节 中国社会变迁中的性别文化研究 ·········· 84
 小　结 ······································ 91

第三编　性别的身体建构与人的再生产

第六章 身体与性社会学 ····························· 97
 第一节 身体秩序的社会建构 ···················· 98
 第二节 中国人的性社会学 ····················· 104
 小　结 ····································· 113

第七章 亲密关系与婚姻中的性别 ····················· 115
 第一节 婚姻制度和亲密关系 ··················· 117
 第二节 中国的婚姻制度与变革 ················· 126
 小　结 ····································· 138

第八章 生育与抚育——成为父母 ····················· 140
 第一节 家庭制度与父母身份 ··················· 140
 第二节 中国家庭的亲职模式研究 ··············· 152
 小　结 ····································· 158

第九章 反对基于性别的暴力 ························· 160
 第一节 各种基于性别的暴力 ··················· 161

第二节　性别暴力生产和再生产的动力机制 …………………… 170
小　结 …………………………………………………………………… 178

第四编　劳动分工、经济发展和性别

第十章　劳动性别分工 …………………………………………… 185
第一节　人类再生产与等级化劳动性别分工 …………………… 186
第二节　等级化劳动性别分工的动力机制 ……………………… 196
小　结 …………………………………………………………………… 204

第十一章　中国妇女解放的社会主义实践 …………………… 206
第一节　中国劳动性别分工的历史变迁 ………………………… 208
第二节　对劳动性别分工变迁的研究 …………………………… 218
小　结 …………………………………………………………………… 226

第十二章　两性职业发展 ………………………………………… 228
第一节　职场中的性别问题 ………………………………………… 229
第二节　中国社会两性人才成长规律研究 ……………………… 240
小　结 …………………………………………………………………… 248

第十三章　性别与发展 …………………………………………… 250
第一节　发展中的性别问题 ………………………………………… 251
第二节　中国社会发展进程中的性别问题 ……………………… 260
小　结 …………………………………………………………………… 267

第十四章　消费社会与性别商品化 …………………………… 269
第一节　消费社会与性别化消费 …………………………………… 270
第二节　中国社会的性别商品化 …………………………………… 280
小　结 …………………………………………………………………… 285

第一编

基础知识

第一编基础知识由两章组成。

第一章分析人的性别属性,即人具有生物性别和社会性别。社会性别是指由语言、交流、符号和教育等文化因素构成的判断性别的社会标准,是一整套有关男人该怎样行事和女人该怎样行事的观念、规范和性别分工。社会性别体制是有关两性关系的制度,具有历史性。性别社会学的目标是揭示性别现状,分析其产生和延续的社会机制,寻求实现男女平等和人之解放的道路,建设性别平等的社会。

第二章介绍中外妇女运动的实践和理论发展。社会性别研究是正在发展和形成的学术范畴,其理论发展与妇女运动的实践紧密相连。妇女运动在不同历史阶段的追求推动了相关理论的丰富和发展。马克思主义学派、自由主义学派和解构主义学派等对改变性别不平等现状的认知和进路有不同的取向和实践,并在公共政策上相互竞争与借鉴。性别社会学的学科建设是妇女运动发展的结果,它更关注性别知识系统的变革。此外,互联网的发展为性别平等知识的传播提供了丰富的资源和创新的空间。

第一章

概 述

> 我曾经是那些经历过民国成立前后剧烈的文化和社会矛盾并且试图在漩涡中掌握自己命运的人们中的一员。因此,我的早年生活可以被看作是一个标本,它揭示了危流之争中一个生命的痛楚和喜悦。
>
> ——陈衡哲

陈衡哲于1890年出生在江苏省常州的武进。她的外祖家是常州当地声望显赫的四大姓之一的庄家。庄家有重视女子教育的传统,因此陈衡哲外祖家的女孩子或在家念书或进新学堂,无一例外都能诗善画。她的父母前后一共生育了九个孩子,六女三男,但最小的儿子五岁就夭折了。陈衡哲排行老二,上面还有一个同她个性迥异的大姐。陈衡哲从小就富于叛逆精神,虽然比她年长三岁的大姐七岁就缠了足,轮到她缠足时她却顽强反抗,并最终取胜。又因为她早慧好学,陈衡哲一直跟随父亲攻读艰深晦涩的古籍,如《尔雅》《黄帝内经》之类,而不是像家中的其他姊妹那样跟随母亲读诗词。这种教育一直持续到她十三岁时父亲外放四川为官为止。

她在广东担任新军统领的舅舅庄思缄锐身自任,提议陈去广州,住在他家念新式的医学院。他是陈衡哲一生中两位最理解、钟爱她的长辈之一,另一位是在她日后抗婚时收留照顾她又鼓励她报考清华庚款留美的姑母。陈到广州后，舅舅不仅亲自传授她当时最新的西方自然科学和国际政治的常识，而且再三对陈强调她将来应当"造命"（女性创造自己的命运），而不是"安命"（逆来顺受）或"怨命"（抱怨生为女儿身）。正是因为这位长辈对她的信心，陈衡哲以后不但独自去上海求学，更漂洋过海，远赴美国留学。1914年夏，当时的留美预备学校清华学堂首次开科招收女生。陈衡哲在各地的考生中脱颖而出，以全国第二的成绩成为首届九名清华留美女生中的一员。1919年在瓦沙女子大学获得历史学士学位后，她又荣获该校的奖学金去芝加哥大学读书。在芝加哥大学获得硕士学位后，她于1920年学成归国，受聘于当时新文化运动中心的北京大学，成为中国现代第一位女大学教授。

在中国现代文化史上，陈衡哲可谓得风气之先，她为现代文学和历史的研究做出了独特的贡献。① 她用诗歌的方式表达对女性创造自己命运的认识。她将自己比喻为"扬子江"，扬子江对大运河说："**我为什么要搏斗？因为我要塑造自己的生命……我从来不要人来为我造命……你不理解生活的意义。你的生命是他人造的，所以他人也可以毁灭它。但没有人能毁灭我的生命。**"② 近现代中国女性的解放之路是陈衡哲所言的女性为自己的生命展开的"造命"之旅。

现实社会是有性别的社会，是由历史累积而来的。女性能进入大学是近现代的事。两性的生活内容、关系和关系秩序被"性别体制"的文化和制度规定，这些规定包括了结婚、生育与工作的个人生活，也包括涉及男性气质与女性气质的性别文化。人们身处社会性别体制中，自觉或不自觉地扮演相关的性别角色。

当社会学追问"社会何以可能"时，性别社会学要回应如下问题：社会是如何基于人们的性别和性别身份建立的？社会交往、社会分工和社会制度中的性别关系建立的原则是怎样的？性别不平等得以生产和再生产的基础是什

---

① 以上参见陈衡哲：《陈衡哲早年自传》，冯进译，安徽教育出版社2006年版，译者前言。
② 同上书，第2—3页。

么？特别是有关性别的知识是如何形成并在性别关系中起作用的？性别社会学从日常生活经验出发，批判性反思建构人们性别气质的文化、与生育相关的婚姻家庭制度以及劳动性别分工制度。用社会性别视角重新审视社会学的基本概念和理论有利于发展出新的知识。

第一节 性别属性

一、性别的生物属性和社会属性

人类社会，男女有生物学定义，更有社会定义，即人类的性别兼具生物属性和社会属性。

（一）性别的生物属性

生物学意义上的性别(sex)是指解剖学意义上的男女构造。作为生命体，两性的共性要比差异多得多。两性差异表现在染色体、性腺、性激素、解剖构造、生理机能、身体形态、运动机能等方面。20世纪70年代之前，生物学上的两性差异主要以解剖来判别；此后，染色体测量成为判定性别的主要方法。正常的人类个体具有23对、46条染色体，其中有一对染色体与人的性别有关，称为性染色体。男性的性染色体由一条X染色体和一条较小的Y染色体组成。女性的性染色体则由两条X染色体组成。从卵子受精的那一刻起，染色体的构成决定了性器官、性腺等一系列生理性征。1972年起，国际奥林匹克委员会决定，运动员必须通过染色体检验证明其"性别"。但是值得注意的是，染色体不是绝对二元的，它是一个连续的序列，只是表现在两极上的人占了绝大多数。

生物学上，男女两性最大的差别是生物性，表现为女性能生孩子，男性不能。人类的生殖行为以生物性为基础。女性从月经初潮到绝经大约历时40年，她们几乎每个月要来一次月经；其间，有性生活且没有避孕的女性可能会怀孕、会自然或人工流产、会生孩子。月经、怀孕、分娩和绝经现象是女性生殖功能的表现。男性从第二性征发育开始，经历身体的变化，如变声、长胡子、勃起、射精,以及发生性行为等身体的经验。

众所周知,生理现象都会伴有心理现象的产生。哲学家对身心关系问题有各种争论。临床认为,心理现象受到荷尔蒙变化的影响。但都对两性因生理现象引发的心理问题的研究不足。近现代的精神分析学高度重视身心关系,产生了经期综合征、更年期综合征、青春期狂躁症等说法。

强调两性差异是先天的、由生物因素决定的观点被视为性别本质主义(gender essentialism)。对性别本质主义保持警惕是不要轻易将性别差异简单地归于生物性。在性别本质主义看来,男性暴力行为可以解释为雄性荷尔蒙的攻击性使然,女性的天性是顺从;性别本质主义会不自觉地认可性别歧视(sexism)。

(二) 性别的社会属性

社会属性的性别被称为社会性别(gender),是指以人的生物属性为基础的对两性的文化和社会建构,是指两性与社会文化、制度和劳动分工相关联的性别身份。性别文化是一系列表达性别意义的符号与规范,是依据人的生理差异确定的具有文化意义的性别气质。强调性别差异并不仅仅是天生的,更是社会建构的结果,人们对两性的认知通过社会化、性别互动、性别期望以及性别分工等获得,并通过实践而强化,这一观点被称为性别建构主义(gender constructivism)。比如,"月经耻感"不是因为月经本身让女性有羞耻感,而是文化让女性认为,月经是不洁的,这种不洁感令女性羞耻。跨文化研究表明,月经在不同文化有多种意义。有些文化视月经为值得全体居民庆祝的大事,它意味着成熟与健康;有些文化视月经为禁忌,限制月经期女性的行为。文化同样作用于女性的分娩习惯和照顾模式。在人们性别的生物性基础上,社会发展出诸多的性别社会规范,人们在学习和领悟这些社会规范的过程中成为社会性的男人和女人。

1993年,电影《霸王别姬》荣获法国戛纳国际电影节最高奖项金棕榈奖,成为中国首部获此殊荣的影片。该片改编自中国香港女作家李碧华的同名小说,她没有简单地将作品写成纯感情戏,而是揭示出性别身份、情感、社会地位以及时代变迁的复杂关系。身为男人的程蝶衣,在学习《思凡》中的一句"我本是女娇娥,又不是男儿郎"时屡屡出错,反映了性别身份认同的复杂性和实践性。文化赋予社会性别以情感、身份和社会期望等多重的深层意义,性别身份认同成为人们理解性别的社会性的重要版本。这意味着性别身份认同不是简单地根据其生物性别,而是不断被社会和重要他人影响和形塑的。

（三）实践的社会性别

人们的性别身份由生物性和社会性共同作用;个体不是一个等待着社会雕刻的"物件",人是主体,具有能动性和选择力。性别身份认同是个体被文化塑造,依性别文化符号表达自身的性别表征。服装、装饰品、化妆品、体态和嗓音等都是外化性别身份的自我表述,借此人们可辨识和宣称其性别,这样的社会性别表达称为实践的/表演的/前台的社会性别。

韦斯特和齐默尔曼用"生理性别分类"(sex category)定义人们在社会交往中感知到的性别,人们在社会互动关系中"成为"被性别化的人,以此参与互动。实践的性别被称为"性别表演/操演"(doing gender)[1],指人们在生理性别分类基础上扮演一种性别,这给女性的女性化、女性的男性化、男性的男性化和男性的女性化等表演提供了自主的空间;为超越生物和社会意义上的"男性"和"女性"提供了可能。在实践的意义上,社会性别是一个互动过程,而不是一种分类,人们在互动中制定其性别角色规范、角色特点和行为预期,构成不断进行的过程。

巴特勒发展出了实践的性别理论——性别表演(gender as performance)理论,强调性别有一种重复性表演的效应(effect),这种表演遮掩了个体性别行为的矛盾性和不稳定性,生产出一种静止的、正常的性别效应。所谓"真实的性别"是一种叙述和话语,它通过策略性的集体协议去表演、生产和维持两极分化的性别特质。性别表演和其中的置换策略开启了人们挑战和反抗传统二

---

[1] C. West and D. H. Zimmerman, "Doing Gender," *Gender & Society*, 1987, 1(2): 125-151.

分的性别规范的可能性,由此解构二元的性别建构。①

"跨性别"(transgender)概念可以帮助人们理解实践的社会性别。"跨性别"指一个人心理上不认同其生理性别,相信自己该属于另一种性别。20世纪90年代的酷儿理论是一种社会实践。"酷儿"(Queer)原是西方主流文化对同性恋的贬称,后被性激进主义者所借用,被用来以反讽方法为性少数人群"正名"。该理论用解构主义、后结构主义和话语分析等方法颠覆有关性与性别的两分模式及其稳定性,揭示性别认同的不确定性和权力的复杂关系。

二、男女有别的社会

中西文化对社会性别有着各异的社会建构。中国文化中,既有儒家文化"男女有别"和"男女授受不亲"的传统,亦有道家文化的"阴阳和谐"和"琴瑟和鸣"的追求。这两种文化都对人们的日常生活有影响,但"男女有别"的文化是主流。

孔子在其《礼记·礼运》中展示的"大同社会"理想是"大道之行也,天下为公。选贤与能,讲信修睦。故人不独亲其亲,不独子其子,使老有所终,壮有所用,幼有所长,鳏寡孤独废疾者皆有所养。男有分,女有归。货恶其弃于地也,不必藏于己;力恶其不出于身也,不必为己。是故谋闭而不兴,盗窃乱贼而不作。故外户而不闭,是谓大同"。儒家思想以老幼、贫富、男女的分化为基础,构成了社会结构的差异和社会组织方式。

费孝通先生指出:"中国乡土社会的基层结构是一种我所谓的'差序格局',是一个'一根根私人联系所构成的网络'。这种格局和现代西洋的'团体格局'是不同的。……不同的场合下需要着不同程度的结合。"②在"私人联系所构成的网络"中还有"男女有别"的原则。"'男女有别'是认定男女间不必求同,在生活上加以隔离。这隔离非但是有形的,所谓男女授受不亲,而且还是在心理上的,男女只在行为上按着一定的规则经营分工合作的经济和生育

---

① 朱迪斯·巴特勒:《性别麻烦:女性主义与身份的颠覆》,宋素凤译,上海三联书店2009年版,第183页。
② 费孝通:《乡土中国 生育制度》,北京大学出版社2020年版,第30页。

的事业,他们不向对方希望心理上的契洽。"①社会结构上的男女隔离,通过不同礼仪形成了巨大的社会鸿沟。由男性家长统治的家族具有社会权力。

中国社会的"男女有别"还表现为两性有不同命运,即女性面临从父、从夫、从子的命运,而这是男女平等的社会变革的重要内容。

第二节 社会性别体制

人们不仅生活在一个有性别的社会中,还生活在一个将性别组织化和制度化以有效行使权力的社会。人们观察到的一整套有关男女社会角色、社会分工的文化、政治和经济制度,规范着两性的角色、行为和社会关系,这套制度可称为社会性别体制。传统社会的社会性别体制是父权制体制,现代社会正在开创性别平等的伙伴关系的社会。

一、父权制与私有制

父权制或家长制(patriarchy)是一整套具有历史内在联系的统治秩序。狭义的父权制是指"父亲的统治",即由老年人组成的统治集团里年长男性的权力,这一权力为生活在其中的女性和青年提供庇护,而女性和青年亦被控制,需要表达顺从。② 广义的父权制指以男权为社会统治的核心,社会的政治、经济、文化制度围绕着男性运转,女性是辅助者和顺从者。现代社会,父权制也被用来泛指一切不平等的性别制度,它以男尊女卑的性别意识形态为基础,形成男性具有普遍优先权的性别关系秩序。父权制作为一种制度,不是简单地维持某个男性的统治,而是在文化、性别关系和劳动分工的多重制度中融入以男性为利益优先者的统治秩序,而女性作为顺从者自觉或不自觉地参与了这种制度和社会秩序的建构。

马克思主义的女权主义理论把性别不平等指向私有制。恩格斯在《家庭、

---

① 费孝通:《乡土中国 生育制度》,北京大学出版社2020年版,第44页。
② 参见谢丽斯·克拉马雷、戴尔·斯彭德主编:《路特里奇国际妇女百科全书》(精选本·下卷),"国际妇女百科全书"课题组译,高等教育出版社2007年版,第743—746页。

私有制和国家的起源》一书中指出,依据摩尔根和巴霍芬的研究,人类史前社会曾经存在过母权制社会,那么"女性的具有世界历史意义的失败"是如何发生的呢?是私有制的产生,将物的生产和人类自身生产相分离。恩格斯描述的历史过程是:随着母权制被推翻,女人从自由、平等、有生产能力的社会成员,演变成为附属的、依赖他人的妻子;随着"财富的增长"和"个体婚制",家庭制度使男性合理化和永久化拥有了财产。女性因体力弱势被赋予了持家为仆的任务,成了被保护的对象,她们和孩子一起成了私有财产的一部分。① 私有制使财产占有者成为家庭的统治者,女性成为被看管的人,她们的生殖劳动从公共领域进入私人领域,她们成为从属者;女性难以进入公共领域的状况使其无法实现社会性成人。② 实现两性平等是要打破私人领域/家庭和公共领域/社会的相互分离,将日常生活、消费、子女扶养、工资报酬和经济决定权放在同一领域,将家务劳动公共化。

二、反思父权制的社会建构

用社会性别体制的框架可以有效地分析父权制的社会建构。

(一) 社会性别体制的概念

1975年,美国人类学家卢宾用"社会性别体制"(sex/gender system)的概念,分析资本主义如何使女性从属于男性,称其为"性的政治经济学"。她强调使女性成为受压迫的人的是一套社会性别关系及其秩序,它依靠生物的性存在(sexuality)转化为人类活动的一整套组织安排,包括亲属关系、婚姻家庭制度和儿童社会化等,这些安排满足了男性的性需求和统治需要。③ 性别不平等的生产和再生产是历史过程,有着一整套社会制度基础。

---

① 参见恩格斯:《家庭、私有制和国家的起源》,人民出版社2018年版,第28—90页。
② 参见凯琳·萨克斯:《重新解读恩格斯——妇女、生产组织和私有制》,载王政、杜芳琴主编:《社会性别研究选译》,生活·读书·新知三联书店1998年版,第1—20页。
③ 参见盖尔·卢宾:《女人交易——性的"政治经济学"初探》,载王政、杜芳琴主编:《社会性别研究选译》,生活·读书·新知三联书店1998年版,第21—81页。

（二）公共/集体父权制

有学者用六个相互关联的社会结构关系分析父权制。这六个社会结构关系包括：第一，家庭内生产关系。这表现为女性承担家务劳动和生育儿女，丈夫无偿占有这些劳动。第二，有酬工作和无酬劳动。有酬劳动排斥女性，女性不得不从事低收入的不稳定工作或从事无酬家务劳动。第三，父权制国家。国家系统性地为男性赋予了优先性。第四，男性暴力。国家对男性暴力是宽恕的，以致男性暴力成为模式化和系统化的行为。第五，性行为中的父权制。这表现为异性恋主流和对两性性行为的双重标准。第六，父权制文化。这表现为媒体、宗教、教育制度的实践制造出被男权凝视的女性，作用于女性的身份认同和行为。沃尔比区分了两种父权制：一是私人父权制，它主要发生在家庭中，用将女性排除在公共生活之外的策略实现男性家长对女性的控制。二是公共/集体父权制，是一种集体形态的父权制，当女性涉足公共领域，参与有酬劳动时，公共/集体父权制将女性隔离在财富、权力和社会地位之外。从私人父权制向公共父权制的变化发生在现代社会转型的过程中。[①]

（三）男性支配型统治

雷温·康奈尔（Raewyn Connell）在《社会性别与权力：社会、个人与性政治》（*Gender and Power：Society, the Person, and Sexual Politics*）、《男性气质：知识、权力与社会变化》（*Masculinities：Knowledge, Power, and Social Change*）、《男人与男孩》（*The Men and Boys*）等一系列著作中，分析了男性支配型统治秩序的产生。她提出支配型的男性气质（hegemonic masculinity）和"父权红利"（patriarchal dividend）等概念。男性支配型的统治秩序由三重社会结构相互支持，即父权制权力关系、生产关系及欲望和情感关系。父权制权力关系指父权制社会结构，即女性从属和男性支配的性别秩序；生产关系指的是不平等的性别分工、薪酬待遇和资本控制；欲望和情感关系是指在异性恋中性欲被投注到特定对象上的专注性。这三重力量共同塑造了日常生活中性别关系的实践。

---

① 参见 Sylvia Walby, *Theorizing Patriarchy*, Wiley-Blackwell, 1990.

同时,男性支配型统治的三重结构论亦被用来分析当代男性统治危机的趋势。第一,在权力关系方面,全球性的妇女运动使父权制合法地位面临历史性的崩溃,男性气质内部出现分化。第二,生产关系发生了结构性变化,女性就业不断增加、女性开始拥有财产等。第三,在情感关系上,同性恋的性生活方式直接挑战异性恋秩序;女性对自身身体的控制权和性快感的追求亦作用于异性恋和同性恋的实践。这三种变化有效地改变了现有不平等的性别秩序,出现了"利益形构的危机"(crisis of interest formation)。

(四) 父权制家庭、家长制与女性角色

在对父权制的研究中,学者注意到中国传统社会是男权和父系社会,确立了"父主子从""男尊女卑"的社会秩序和"女性三从四德""夫尊妻卑"的父权制家庭的伦理规范。家庭成为支持和维持父权制的重要社会结构,但由于儒家孝顺父母的原则,又缓和了女性的从属地位。[①] 女性的"妻性"和"母性"以及"内外有别"使中国的父权制围绕着家庭建立。因此,"家长制"的说法可能更为准确,母亲在家长制中也有一定权力地位。

在中国的社会变迁过程中,家庭制度是一种基于年龄、辈分和性别的等级制度。虽然历次革命运动和社会变革削弱着父权制,但性别利益的梯级格局没有改变。有学者认识到存在着多种形式的家长制,如公共父权制、集体父权制和流动的父权制。改革开放的过程中,流动的农村家庭依然存在父权制,它从形态到规则都处于流变中,经历着一边被解构一边被重构的复杂过程。[②] 当然,在国家性别平等的努力下,传统家长制在新一代的成长环境中正在衰落。

有学者认为,儒家文化的"父权制"具有"父亲的统治"意义,即依照性与年龄的差异不平等地分配权威和资源的状况,这种父权制包括"由性进行的统治"和"由世代进行的统治"两个方面,家长(丈夫)同时占有"妻子的劳动"和"母亲的劳动"。[③] 支配型的男性统治秩序依赖性别气质的文化、生殖活动的

---

① 邓小南、王政、游鉴明主编:《中国妇女史读本》,北京大学出版社2011年版,第9—10页。
② 金一虹:《父权的式微:江南农村现代化进程中的性别研究》,四川人民出版社2000年版,第337页;金一虹:《中国新农村性别结构变迁研究:流动的父权》,南京师范大学出版社2015年版,第8页。
③ 上野千鹤子:《父权制与资本主义》,邹韵、薛梅译,浙江大学出版社2020年版,第77页。

情感、家庭和再生产以及人类经济生活中的性别分工而得以生产和再生产。

总之,社会性别体制是社会的性别意识形态、亲属关系和家庭体制与政治经济体制的复杂结合体,对揭示文化、人类的生殖与情感活动以及经济生活对男性支配型统治秩序的作用具有重要意义,有利于建立起性别平等的文化与制度。

三、追求性别平等的社会

追求性别平等的社会是重要的理想,它并非乌托邦,而是可实践的社会理想。现代社会,妇女运动挑战父权制的统治秩序,推动了性别关系的变革,使性别平等思想和相关的学术研究得以发展。通过对性与性别文化、婚姻家庭制度和劳动性别分工的反思改变不平等的性别关系,推动实现两性平等(gender equality)的社会目标,成为全球民主化进程的重要组成部分。

两性平等是指在性别平等意识的前提下,实现生活中的两性机会平等,实现理想层面的结果平等。两性机会平等包括:两性在法律、政治、经济等方面机会上的平等;两性在工作报酬上的平等以及在获得人力资本和其他生产资源上的机会平等;两性在"发声"上的平等,两性平等的发声机会可以展示两性影响决策的能力和贡献的大小。结果平等是指在承认基本差异之上的事实平等。追求两性机会平等的社会制度是实现两性结果平等的基础。

实现两性平等的路径是建立两性伙伴关系的社会。

第一步是结束男性统治,实现两性共同为真正平等的公共权利而进行持续的斗争。

第二步是建立两性合作的社会秩序。艾斯勒指出,在人类社会历史上存在过不同的社会组织模式,其权力模式和对权力的看法是截然不同的。她通过考古发现表明,人类存在过一个伙伴关系的社会,她倡导重建伙伴关系的社会:

> 在统治关系的社会中,统治者的权力以剑为标志,即以统治、杀戮和毁灭的权力为标志;而在伙伴关系的社会中,支配社会的是一种

完全不同于统治关系的权力,这种权力亘古以来是以圣杯为标志,它的特征就是给予生命而不夺取生命,是以权力促进人的发展,而不是以权力压迫人的发展。①

艾斯勒认为,人类历史上存在两类社会模式。一是以圣杯(女性生殖器的象征)为标志的伙伴关系的社会,它代表给予权力而不是剥夺权力,关系和合作是建立关系的主要特征。20世纪70年代在东南欧出土的母系社会文明遗址表明,公元前3万年欧洲本土居民就进入旧石器时代,公元前1万年就进入了新石器时代。公元前7000—前3500年古代欧洲早期文明遍及欧洲东南部。这些地方已经进入农业文明。从已经出土的米诺斯文明看,它是女神崇拜的文化,没有战争的遗迹;两性维持着平等、依靠和合作的伙伴关系;人与大自然是和谐的关系。随着发展,另一类以剑(男性生殖器的象征)为标志的统治关系的社会和文化侵占和替代了伙伴关系的社会,崇尚战争和暴力的男神文化占据了统治地位,历史逐渐成为单一的男性统治的历史。但是男女平权的伙伴关系的社会模式并没有完全消失,在5000年的历史上,它与男性统治关系社会模式做着斗争。②

在这个男女合作的世界里,我们对正义、平等和自由的追求,我们对知识和精神启示的渴望,以及我们对爱和美的向往,最终都将获得满足。而且在走完男性统治的血腥的历史的弯路之后,妇女和男人最终都将发现人类潜在的意义。③

伙伴关系的社会并不是一个男人统治女人或女人争取权力超越男人的社会,而是一个建立新型性别关系的社会,它用平等合作的关系替代统治关系,以伙伴关系的文化取代统治关系的文化。首先,追求和平、合作和创造性的文化理想要从性关系变革开始,人类只有消灭了性-肉体关系中的统治关系,才

---

① 理安·艾斯勒:《圣杯与剑:我们的历史,我们的未来》,程志民译,社会科学文献出版社2009年版,第3页。
② 同上书,第16—30页。
③ 同上书,第242页。

有可能迈向伙伴关系,使两性共同拥有对身份、性欲望和性快乐的权力,实现家庭、社会、经济和政治中的统治关系向伙伴关系的转型或进化。①艾斯勒创建了伙伴关系研究中心,举办讲座和培训班,参与电视节目的制作,从夫妻关系、亲子关系入手,用伙伴关系的理念和方式指导人们的生活,将相互支持、创造生命的精神和欢乐带进日常生活。

第三步是倡导关怀经济学。关怀经济学强调以女性为主的照料劳动的价值被严重低估,要求肯定这些劳动的价值,恰当地评价和充分认识关怀人类自身、照料他人、关怀自然的人类劳动具有的重要价值。艾斯勒身体力行地推广其理念,为政府和商业、企业提供咨询。她以北欧国家为例,说明伙伴关系的社会模式不仅是更人道的、使环境更可持续发展的,更是经济和有效率的,其经济发展是更成功的。②

2011年1月1日,联合国妇女署正式开始运行,其行动宗旨是与联合国各会员国共同制定衡量性别平等的国际化标准和行动目标,以促进两性平等和增加妇女权能。

目前,世界范围内已出现了越来越多的女性领袖。联合国妇女署与各国议会联盟联合发布的《2019年妇女参政地图》显示,女性在政治决策制定领域所占的比例正在缓慢上升,当前全球女性部长的比例达到20.7%,创下历史新高,与2017年相比上升2.4个百分点,同时,由女性执掌的部门类型也在增加。③

四、将性别经验纳入知识体系

"男女平等是基本国策"已写入《中华人民共和国宪法》,对国家公共政策进行性别评估是促进性别平等的重要手段。目前,我国还存在一些显性和隐性的性别不平等。显性的性别不平等是指那些可通过统计数字说明的不平

---

① 理安·艾斯勒:《神圣的欢爱:性、神话与女性肉体的政治学》,黄觉、黄棣光译,社会科学文献出版社2009年版,第3—7页。

② 理安·艾斯勒:《国家的真正财富:创建关怀经济学》,高铦、汐汐译,社会科学文献出版社2009年版,第23页。

③ 参见 Women in Politics:2019, https://www.ipu.org/resources/publications/infographics/2019-03/women-in-politics-2019,2021年12月20日访问。

等,如两性在出生性别比、受教育程度、收入水平和职业晋升上的差距。联合国倡导各国建立性别统计以监测性别平等状况。隐性的性别不平等是指那些不易被察觉的性别不平等现象,甚至以保护女性之名暗藏有偏见的性别知识,如以照顾女性生育的名义减少女性晋升的机会。对两性不同的职业期望可能影响其职业发展,最终表现为两性收入差距。性别社会学的任务之一就是揭示隐性的性别不平等及其内在机制。

英国社会学家安东尼·吉登斯指出,社会学家必须面对四个理论困境:第一个困境是人类行动与社会结构问题,即人类能够在多大程度上积极主动地控制自己的生活状况。第二个困境是共识与矛盾的问题,即一个社会的维系与变化是依赖于不断的合作,还是依赖于各种矛盾与冲突。第三个困境是性别问题,即如何在社会学分析中融入有关性别的令人满意的理解。第四个困境是现代社会发展的特征,它主要关心是经济因素还是其他的因素决定社会发展的程度。第三个困境,即性别问题的困境在于社会学(社会科学)的创建人主要是男性,著述代表着男性经验;那些对社会学做出过杰出贡献的女性学者难以留下声音。在早期男性社会学家的作品中,人类个体仿佛是"中性的",是抽象的"行动者",而不是有区别的女性和男性。[①] 看似"价值中立"的研究可能只是将男性经验抽象化为知识,并叙述为普遍真理;男权秩序成为社会的"合理"秩序。当女性经验被纳入研究时,已有社会学知识可能被改写。

女性主义的认识论是对男性中心(androcentric)认识论的批判,其批判矛头指向客观性(objectivity)、理性(rationality)、伦理的中立性(ethical neutrality)以及价值中立(value-free)的神话。当女性主义者讨论到理性问题时,总要追溯到亚里士多德的理性观念,他把奴隶和女人视为理性不健全者,认为根本不值得对她们做出评论。他倒是曾讲过理性和感情如何共同造就了身心健康的个人,可惜理性的概念一直是性别化的:理性化的男人和感情化的女人。[②]

[①] 安东尼·吉登斯:《社会学(第五版)》,李康译,北京大学出版社 2009 年版,第 83 页。
[②] 李银河:《女性主义》,山东人民出版社 2005 年版,第 159 页。

第一章 概述

"情景/处境知识"(situated knowledge)是指,知识依赖于认知者的生命轨迹和其社会位置,研究者的身份和经验影响知识的形成。纵观各种社会科学的理论框架,一方面是很少面对社会性别关系的问题,另一方面是缺少女性声音和经验。底层群体的声音和经验包括了性别、种族、民族、阶级和性取向等交叉与重叠的身份。底层群体的经验的价值在于,他们对权力、统治机制特别敏感,其经验具有双重性,既可分析和理解统治者,又能展示被压迫群体的经验和智慧。性别社会学以人们的性别经验为基础,反思性别知识的生产过程,分析性别权力关系如何借助文化、婚姻家庭生活和劳动性别分工生产出性别不平等。

性别社会学的知识呈现需要关注以下几个方面。第一,掌握基本概念,通过描述性概念和分析性概念展开理论研究。第二,将个人的生命经验带入学习过程,使自身具有反思性。第三,关注中国经验,特别关注有关文化、婚姻家庭制度和经济制度中的性别叙述和性别关系,将改变性别不平等的实践经验和行动纳入学术观察。第四,改变与变革具有挑战性,需要行动策略。千里之行始于足下,建设性别平等的社会需要每个人的努力,而性别平等的社会也会为个人生活带来积极的改变。

基于此,本书分为四编。第一编是基础知识,简要介绍性别社会学的基本概念、妇女运动史和性别社会学的发展状况。第二编围绕性别气质进行文化解析,从性别观念/性别意识形态、性别社会化、高等教育和大众传媒分析男性气质和女性气质的文化生产以及打破性别刻板印象的可能性。第三编是围绕人类的生殖活动,分析性别化的身体、亲密关系的建立以及家庭中父亲角色和母亲角色的建构,讨论隐蔽的私人领域,特别是有关身体、欲望、性行为与生殖行为的文化和制度如何建构性别权力关系,并对被遮蔽的性暴力进行分析,讨论通过爱、平等、尊重与支持的理念重建两性伙伴关系的可能。第四编围绕人类的经济活动,分析劳动性别分工、两性职业发展的路径、性别与发展、消费社会与性别商品化等议题,分析人类经济生活是如何不断划分出公共领域与私人领域的边界和其对人们公共生活和公共政策的作用。

小　结

人的性别具有生物属性和社会属性。社会性别是指由语言、交流、符号和教育等文化因素构成的判断性别的社会标准，是一整套有关男人该怎样行事和女人该怎样行事的观念、规范和性别分工。社会性别体制是有关两性关系的制度，具有历史性。性别社会学的目标是揭示性别现状，分析其产生和延续的社会机制，寻求实现男女平等和人之解放的道路。建设"伙伴关系的社会"是改变性别不平等关系的重要出路。

◆● 关键概念

社会性别　社会性别体制　父权制　两性平等　伙伴关系的社会
显性的性别不平等　隐性的性别不平等

◆● 思考题

1. 论述性别的社会属性。
2. 讨论父权制与家长制概念的异同。
3. 谈谈你对建立性别平等的社会之路径的看法。

◆● 进一步阅读参考文献

邓小南、王政、游鉴明主编：《中国妇女史读本》，北京大学出版社2011年版。

金一虹：《中国新农村性别结构变迁研究：流动的父权》，南京师范大学出版社2015年版。

王政、杜芳琴主编：《社会性别研究选译》，生活·读书·新知三联书店1998年版。

理安·艾斯勒：《圣杯与剑：我们的历史，我们的未来》，程志民译，社会科学文献出版社2009年版。

第二章

妇女运动的实践与理论

晚清时,中国上层知识女性曾像男人一样,组织各类参政团体,在南京、北京等大城市掀起过一波妇女参政运动,引发过关于女子参政权的讨论。① 这些女性团体积极支持了民国革命。但当时社会主流并不支持妇女参政,致使原本支持妇女在民国建立后即获参政权的孙中山,在1912年8月同盟会改组为国民党时,迫于压力,不得不把同盟会纲领中原有的"男女平权"条款在国民党新党纲中删除。近代史上,"唐群英大闹参议院事件"正是这一历史的写照。

1912年2月初,中华民国临时参议院起草的《中华民国临时约法》中没有"男女平权"的条文。唐群英得知后,立即筹建女子参政同盟会,打出了"要求中央政府给还女子参政权"的口号,并多次上书。要求被拒绝后,唐群英率领一群女子于3月下旬某日,冲进了参议院会场,这就是当时轰动全国的"唐群英大闹参议院"事件。

1912年4月,临时政府北迁,同盟会以宋教仁为首的改组派把纲领中的"主张男女平权"的内容删掉了。唐群英闻讯,当即提出抗议。8月25日,国民党召开成立大会时,新纲领仍没有恢复男女平权

---

① 参见顾秀莲主编:《20世纪中国妇女运动史》上卷,中国妇女出版社2008年版,第110—118页。

的内容,唐群英等人到会场抗议,在众目睽睽之下打了宋教仁一记耳光。时任参议院议长的林森出来劝解,还未动口,也被打了一下。打耳光是"小意思",按照唐群英的主张,对不承认男女平等的人,她们是要用炸弹、手枪对付的。最后在孙中山的劝解下,一场对男人的战争才没有打起来。这就是"唐群英大闹国民党成立大会"事件。

唐家并未以出了这么个女子豪杰而感到有压力,而是非常自豪,破例将她列入唐氏族谱,称她为"唐八先生"。

"唐八先生"进入族谱一事说明了中国社会中性别身份的社会性、弹性和象征意义,作为"先生"的唐群英获得了进入家谱的资格。李小江指出:

> 20世纪初,英国女权主义者班克赫斯特夫人领导"战斗的参政派"大闹议会,在世界各国引起很大反响。中国也有反应。1911年辛亥革命胜利后,女子北伐队解散,革命军中的女性转向参政。1912年3月,唐群英领导的女子参政同盟会袭击议会,与欧洲中产阶级女权运动遥相响应,在中国本土却缺乏后续响应,喧嚣一时,不果而终,女革命者命运多舛。①

妇女运动要有广泛的社会基础和思想准备,仅仅依靠上层知识女性远远无法实现性别平等的目标。社会学家金一虹指出,广大的乡土社会与妇女的地位紧密联系在一起,要认识中国妇女就一定要回到乡土社会的日常生活中:

> 中国农村的父权制度是常常植根于乡土社会的,研究中国农村的性别制度和变迁,重视女性经验以及妇女主体的视角都是必要的,但是必须与对乡土社会的社会组织文化心理的客位观察相结合。②

中国的妇女运动是世界妇女运动和中国革命的重要组成部分。"中国社会主义革命中的妇女解放实践/资源不仅属于中国,也属于世界,并且是当今

---

① 李小江:《女性乌托邦:中国女性/性别研究二十讲》,社会科学文献出版社2016年版,第11页。
② 金一虹:《中国新农村性别结构变迁的研究:流动的父权》,南京师范大学出版社2015年版,第19页。

第二章 妇女运动的实践与理论

资本全球化世界致力于性别革命实践者亟须索取和批判继承的重要资源。"①本章梳理国内外妇女运动的实践与理论脉络,展示妇女/性别研究的新进展。

第一节 世界妇女运动的实践与理论

妇女运动是指近现代以来的妇女解放运动和相关的知识创新。这是遍及全球的社会运动。在运动过程中,实践行动和思想创新之间不断碰撞与交融发展,推动了妇女理论、思想与学术的发展,形成了具有独立知识体系的妇女理论。

一、国际妇女运动的历史进程与理论基础

国际妇女运动与整个世界范围内的民主与人权运动紧密相关,不同的历史阶段有着不同的政治目标,并与其历史与社会情境相关联。国际妇女运动大体可分为三个大的阶段。第一波浪潮在18世纪末至20世纪初,目标是争取女性的公民权,特别是男女平等的政治权利。第二波浪潮是第二次世界大战后至80年代初期,目标是争取两性平等的工作权和摆脱传统婚姻家庭的束缚。第三波浪潮是20世纪末至现当代,关注性别身份与性取向、阶级身份和种族身份的交汇性。每波妇女运动不是割裂的过程,是在摆脱父权制压迫中的不断解放;其创造了对妇女解放知识的理论需求,也生产了重要的理论思想。

20世纪八九十年代后,高等教育逐步发展,在一些国家和地区出现了高等教育的普及化,这为高等教育设立性别平等课程,普及和倡导男女平等的知识提供了可能,出现了妇女/性别研究中心或院系并得以发展。

(一)第一波妇女运动的实践和理论

资本主义发展初期,自由主义强调普遍的公民权利。1789年8月26日颁布的法国大革命时期重要的纲领性文件《人权宣言》(又译《人权和公民权宣

---

① 王玲珍:《关于中国革命与性别平等/解放的理论再思考》,《妇女研究论丛》2017年第5期。

言》)宣称"人人生而平等",这一平等理念成为近现代社会重要的政治动员口号。第一波妇女运动的理论受其影响,形成了自由主义女权主义理论,要求女性和男性一样享有不可让渡的自然权利。

英国作家玛丽·沃斯通克拉夫特(Mary Wollstonecraft)以自由主义思想为基础,写下《妇女权利宣言》(又译《女权辩护》)(*A Vindication of the Rights of Woman: With Strictures on Political and Moral Subjects*),并于 1792 年出版。她倡导女性应享有和男性一样的权利和自由,国家通过立法保障两性在政治、法律、军事、经济、职业和受教育上拥有同等权利和机会。这些权利包括:离婚的权利、财产继承权、子女监护权以及政治权利——选举权。英国妇女运动领袖米莉森特·加勒特·福西特夫人(Dame Millicent Garrett Fawcett)领导女性争取选举权达五十年之久。1918 年,英国 30 岁以上且拥有一定财产的妇女获得选举权;1928 年,《男女选举平等法》的颁布标志着英国实现了男女政治平权。

有人对自由主义女权主义提出批评,认为该理论没有看到性别不平等的制度基础是家庭内的劳动性别分工。家庭分工阻碍妇女在获得公民权后享有同男性一样的工作权。

(二)第二波妇女运动的实践和理论

第二波妇女运动发生在第二次世界大战后至 20 世纪 80 年代初期,其首要目标是争取妇女的工作权。在第二次世界大战中,各国动员妇女为了国家利益出来工作,女性成功地担负起国家责任,并体验到新的社会角色带来的快乐和相应的社会地位。但二战结束后,随着男性的回归,各国经济逐步进入繁荣阶段,女性却被推回家庭。中产阶级的理想生活图景是男性工作和女性管家的核心家庭建构,女性成为无酬照料劳动的主体。这使女性认识到自身生活不快乐的根源是被困于家庭,因此要求进入有酬劳动领域。

这一妇女运动的理论基础之一是马克思主义女权主义及其实践基础上的社会主义女权主义。这一理论认识到,资本主义社会中女性受压迫具有特定形式,她们被排除在有酬劳动之外,并在家庭领域扮演生育和养育的再生产的角色。资本主义和父权制相结合,不仅占有了女性的无偿家务劳动的利益,还

第二章 妇女运动的实践与理论

将女性束缚在家庭中,妇女解放的路径就是女性进入公共生产劳动领域。社会主义女权主义期望从社会主义国家妇女解放的实践中总结经验。

20世纪60年代中后期,女性看到影响性别平等的主要问题是传统的婚姻家庭制度,因此,将斗争的矛头指向婚姻家庭制度。文化女权主义和激进女权主义成为其重要的理论基础。文化女权主义认为,女性的家务劳动被父权制文化所掩盖。法国著名学者波伏娃的《第二性》一书发现女性处于"二等公民"(次等性别/他者)的境地。女人一直受男人支配,处于次要地位;这种地位状况以自然存在的形态出现而使其难以改变。① 因此,认识女性的生存状态,反思其受支配的处境成为首要工作。

激进女权主义认为,性关系和家庭制度构成了男性对女性的统治。美国学者凯特·米利特在《性政治》一书中指出,存在着普遍的由男性主导的体制,即"男权制"。"性政治"是男性通过性关系和性暴力制约和控制女人;在男权意识形态下,女性接受了自身为男性服务的社会角色,成为顺从的女人;强调家庭成为性压迫的场所,其统治秩序渗透到工作、政府、宗教和法律领域。这是最巧妙的"内部殖民",性支配成为最普遍的意识形态。② 苏珊·布朗米勒在1975年出版的《违背我们的意愿》一书指出,性暴力受到男性文化的宽恕,甚至成为"男子气概"的具体表现。③ 婚姻制度成为一种"性契约",使女性在家庭中服从男性,提供免费的家务劳动;公共领域的社会契约则有效地维持家庭中的性契约,使女性处于从属地位。④ 舒拉米斯·费尔斯通出版于1970年的《性的辩证法》强调,男性通过性与情感的割裂获得政治优势,女性一直在寻求性与情感的统一,寻找温暖和认可,但无法从男人那里得到情感滋养和认可,从而处于不利位置。⑤ 玛丽·戴利于1978年出版的《妇科/生态学:激进女权主义的元伦理学》倡导打破沉默,重新命名父权制,指出其种种谎言;认为

---

① 参见西蒙娜·德·波伏娃:《第二性》,陶铁柱译,中国书籍出版社1998年版,第810—827页。
② 参见凯特·米利特:《性政治》,宋文伟译,江苏人民出版社2000年版,第32—62页。
③ 苏珊·布朗米勒:《违背我们的意愿》,祝吉芳译,江苏人民出版社2006年版,第9页。
④ 参见卡罗尔·帕特曼:《性契约》,李朝晖译,社会科学文献出版社2004年版,第5—17页。
⑤ 参见 Shulamith Firestone, *The Dialectic of Sex: The Case for Feminist Revolution*, Farrar, Straus and Giroux, 2003。

女性要通过命名"新语词"进入新世界,创造一个承认女性的新的社会环境。①

第二波妇女运动受到两方面的批评。其一是认为它没有真正改变家内性别分工,是一场"未完成的革命"。尽管妇女打破了家庭束缚,从家庭领域进入公共领域,成为挣工资的人,但性别革命并没有完成,女性进入有酬工作领域,而男性并没有成为家务劳动的合作者和分担者;家内劳动性别分工没有真正改变,女性担负工作和家庭的双重责任。家庭领域的性别革命被视为"漫长的革命"。其二是因为这场运动是由中产阶级、异性恋的白人妇女主导的,没有反映黑人妇女、发展中国家女性及同性恋女性的利益和诉求。第三波妇女运动就是要改变这些缺陷与不足。

(三) 第三波妇女运动的实践和理论

第三波妇女运动首先从知识形态上进行性别革命。妇女/性别研究合法地进入高等教育的殿堂,实现了知识创新,具有很强的建构主义特点。全球化将妇女运动的议题变成全球女权主义的议题,推动妇女/性别研究成为可持续发展的学科。

家庭内的性别平等革命正在持续发生,男性正积极地加入性别平等运动,他们参与照顾工作是对传统性别分工的挑战。

1990年,全美妇女研究协会(National Women's Studies Association, NWSA)第13届年会的原主题是"女权主义组织是否有权解雇黑人职员",这一主题导致一批有色人种女性集体离场。她们发表声明,抨击协会是由白人女性把持、只为白人女性说话的组织;女性身份兼具阶级、种族和性取向等,每种身份都有独特的生活经验和社会价值。而交叉性/交汇性的女权主义强调女性不是一个同质性群体,各种社会结构互相交织塑造女性的生存机会、生命经验和身份认同。黑人女权主义代表人物贝尔·胡克斯(bell hooks)坚持用小写字母写名字以示对白人文化的抗议。她指出,黑人女性有自己的文化和历史,要树立黑人女性的形象。② 阶级、种族、性别、性向、年龄、公民权等社会结构差

---

① 参见 Mary Daly, *Gyn/Ecology: The Metaethics of Radical Feminism*, Beacon Press, 1978。
② 参见 bell hooks, *Feminist Theory: From Margin to Center*, South End Press, 1984。

异造成了多元性和交织性的社会不平等,社会群体因其社会位置的差异具有各异的知识,因此多元交汇的视野容纳了更多的平等运动。

二、国际社会性别研究的学术发展

20世纪60年代末,西方妇女运动推动了高等教育中妇女研究和性别研究课程与学位的发展。

(一)妇女/性别研究的学院化

20世纪80年代初,妇女研究(women studies,又译为女性学或妇女学)的课程在一些高等院校得到认可,一些高校建立了妇女研究系或妇女研究中心,有了固定的经费和学生。妇女研究的特点表现为由女性做的、为了女性的和对女性的研究。

20世纪90年代,研究者们注意到妇女研究的局限性,提出了社会性别研究(gender studies,又译为社会性别学)及各种相关学科,如女性心理学、性别社会学等。其主要观点有:第一,女性生活状况绝不单是其个人的事,与两性生活密不可分。第二,父权制压迫是对女性的也是对男性的。第三,妇女解放不是妇女个人的解放,而是人的解放,是男女共同的解放。性别研究在高等教育中逐渐得到普及。但一些研究中心依然保留了"妇女研究"的名称,强调其鲜明的女权主义特征。

目前,妇女研究和社会性别研究已培养了一批拥有硕士、博士学位的学生;研究范围广泛,并具有跨学科特点;研究内容涵盖社会学、政治学、经济学、心理学和文化研究等;研究成果显著;国际学术交流广泛,各类国际学术活动方兴未艾。

欧洲的高等教育机构普遍开设妇女/性别研究课程。到1995年,欧洲有150所大学开设600门妇女学课程,有九个国家授予妇女学学士学位,10个国家有相关硕士学位,其中九个国家有相关博士学位。① 英国提供了很多

---

① 王政:《浅议社会性别学在中国的发展》,载杜芳琴、王向贤主编:《妇女与社会性别研究在中(1987—2003)》,天津人民出版社2003年版,第23页。

妇女/性别研究的跨学科硕士和博士学位。

(二) 妇女运动与学理思想的结合

妇女运动内部的矛盾推动了学术思想的发展,理论与运动相得益彰。

一是交叉性/交汇性理论(intersectionality theory)的发展,这一理论流派源于对以白人中产阶级女性经验为基础的女权主义理论的批判。强调阶级、种族、性别、性向、年龄、公民权等社会结构差异交织在一起造成的社会不平等。相关研究要求关注不同范畴的相互建构、系统关联性,将过程和情境加入研究中,分析结构性因素之间相互作用的个体和群体的地位。

二是后殖民主义女权主义理论,亦称为"第三世界女权主义"。它是针对西方文化霸权展开的研究,发展中国家的妇女发出多种声音。南非的女性积极参与反抗种族隔离制度的斗争,推动女性更多地参与公共生活。联合国自1975年以来组织了四次世界妇女大会。1995年,在北京举办的第四次世界妇女大会上,各国与会者表达主张,达成《北京宣言》,提出"确保妇女有平等机会取得经济资源,包括土地、信贷、科技、职业培训、信息、通信和市场"。第三世界的妇女要用自身知识谱系建构自己的妇女形象和系统知识。女性反抗性别压迫的斗争必须和反对其他形式的压迫结合起来。

三是生态女权主义(ecofeminism)理论。法国女权主义者弗朗索瓦·德奥博纳(Francoise d'Eaubonne)于1974年自造了该词。她将妇女运动与生态运动相结合,从文化意识形态上反思人类面临的环境问题。人类中心论是"男性世界观",人对自然的支配就像男性对女性的支配一样,这种意识形态表达了一系列支配性的关系理念,如:文化与自然,观念与身体,男性与女性,文明化的与原始的,神圣与亵渎,主体与客体,自我与他者。在每对二元对立的范畴中总是前者比后者更有价值,前者更能剥削和控制后者。生态女权主义的理想是建构人类同自然的新关系,倡导"母权制的想象"的新文化,崇尚用彼此关怀的精神替代男性统治的竞争和战争。

四是解构主义的女权主义。强调性别是一种关于两性性别身份的话语建构,这些话语将男女进行二元分割,由此产生了具有公共权威的文化符码

第二章 妇女运动的实践与理论

和社会规范。朱迪斯·巴特勒认为"消解性别"是一种出路,既然没有稳定的性别和性别关系,那么主体的实践行动可以解构传统的性别话语;两性间和同性间的性别塑造是互动的过程,变化和不确定的性别关系是正在进行的实践。①

近年来,LGBT 研究、男性研究和酷儿理论与社会性别研究相结合,形成了对性别身份讨论广泛的领域。LGBT 是指性少数群体,包括女同性恋者(lesbians)、男同性恋者(gays)、双性恋者(bisexuals)与跨性别者(transgenders),这四类人的英文首字母合在一起即 LGBT。这一研究关注性取向与性别身份认同的多样性。酷儿理论关注那些对性别认同感到疑惑的人,打破了性别身份的二元分割。男性研究关注对男性气质的跨学科分析,研究成为一个男人的社会过程与意义,关注男性在建设性别平等关系中的作用。其研究成果已被运用到改造社会性别权力关系的干预性项目中,如在教育领域用改造教学内容的方法改变对男孩的塑造,在家庭生活中用分享的办法来理解父母的责任与快乐,以男性承诺的方法开展反对对女性的暴力行动,等等。没有男性的参与、合作、反思与改变,将无法实现两性平等的社会建设。

第二节　中国妇女运动的实践与理论

中国的妇女运动是中国社会历史变迁中重要的组成部分。它至少是两种力量混合作用的过程。一是沿着国民革命的脉络,形成自由主义女权主义的浪潮,并随反帝制和新文化运动逐渐形成更广泛的妇女解放的思想和实践行动。二是在中国共产党领导下的社会主义运动。实现妇女解放是共产党实践的马克思主义的妇女解放理论的一部分。

---

① 参见 Judith P. Butler, *Gender Trouble*: *Feminism and the Subversion of Identity*, Routledge, 1990; *Bodies That Matter*: *On the Discursive Limits of "Sex"*, Routledge, 2011.

一、中国妇女运动史

（一）从晚清革命到民国女权运动

1900 年前后，"女权"一词从西方经由日本介绍到中国。[①] 秋瑾、唐群英、沈佩贞、徐慕兰、徐宗汉、张竹君、何震等知识女性，在投身反清革命、组织和参与革命党的同时，积极要求女性政治权和女性自立。她们是中国第一波妇女运动的先驱。《秋瑾集》表达了秋瑾强烈的革命性和对封建势力的抗争。她的《敬告中国二万万女同胞》展示了她对长期的封建礼教和性别不公的愤怒，呼唤女性自立和自强。秋瑾和唐群英、葛健豪被誉为"潇湘三女杰"。"女杰文化"既带有传统性别文化的特色，又被她们赋予了新的反封建的精神。

辛亥革命前后有女学生参与到政治活动中，1903 年的拒俄运动、1911 年的保路运动、1911 年辛亥革命时的女子军和战地救护队，都有女学生的参与。[②] 唐群英等第一波中国女权代表人物，以"大闹国会"的行动表明中国女性首先争取的是政治权利。

中国的妇女运动与晚清欧美文明的传播有关，男性知识分子，如康有为、梁启超、金天翮等对中国妇女的缠足等习俗深恶痛绝，为欧美人视其为"半开化"社会的标志感到羞耻，并要求改善妇女的地位，建立新的文明。1902 年，马君武翻译出版了斯宾塞的《女权篇》，将女权主义介绍到中国，强调了男女都一样的"自然权利"学说和进化论观点。梁启超将女权与"新国民说"相联系，倡导在国族主义的框架下通过"女国民"身份实现女性与男子同等的义务。1903 年，金天翮以"爱自由者金一"之名，发表《女界钟》，批判了压制女性的封建伦理道德和缠足等恶俗，发出了"女权"呼吁。1909 年，陈以益发表《女论》，论述了妇女问题的重要性，将妇女受压迫的根源总结为"盖君权、亲权、夫权之极端滥用所致"。

中国妇女运动的思想来源是多元的，早期妇女运动以无政府主义、自由主

[①] 须藤瑞代：《中国"女权"概念的变迁：清末民初的人权和社会性别》，须藤瑞代、姚毅译，社会科学文献出版社 2010 年版，第 16—23 页。

[②] 顾秀莲主编：《20 世纪中国妇女运动史》上卷，中国妇女出版社 2008 年版，第 90—99 页。

第二章　妇女运动的实践与理论

义和个人主义思想为基础,主要代表者是男性精英和中产阶层妇女。有学者认为,男性知识分子受到西方文明论思想的影响,提供的现代方案深刻地改变了中国妇女安"身"立"命"的场所和意义。文明论和超越文明论的框架作用于近代中国"女权话语"和现代性话语的缘起。①

新文化运动中的反封建主题与妇女解放相联系。1918 年,由《新青年》发起的贞操观讨论延续着"破"的努力和"立"的欲望,焦点从反抗父亲转移到男女两性之间在贞操方面的双重标准,要求建立以爱情为基础的"新贞操"。讨论使用的理据不再是儒家的伦理语言,而是基于生物性的现代科学话语。② 男性知识分子意识到,想要自由的婚姻和人性的解放就先要有妇女的解放。

(二) 中国共产党的马克思主义妇女观

1919 年五四运动前后,马克思主义的妇女解放理论进入中国。李大钊发表了《妇女解放与 Democracy》和《现代的女权运动》等文章。在《在湖北女权运动同盟会演讲会上的演讲》中,他分辨出母权、女权和无产阶级的妇女运动三类,倡导三个方面通力合作以求女性在参政、工作、教育和法律上的男女平等,并强调了男子同负社会责任。③ 陈独秀的《妇女问题与社会主义》、李达的《女子解放论》等都将中国妇女的解放道路引向社会主义。

妇女解放是中国共产党的初衷。共产党开创时期的参与者——王会悟是共产党妇女运动的重要领袖。五四运动后,王会悟到上海追求妇女独立之路;在上海中华女界联合会从事文秘工作。1920 年,她与李达结成伴侣。1921 年 7 月,中共一大会议在上海召开,王会悟参加了大会的筹备工作,并负责后勤和安保事务。一大会议结束后,1921 年 12 月 10 日,王会悟参与创办了共产党最早的妇女刊物《妇女声》,作为该刊物的主要负责人,她亲自撰写稿件,发表了《中国妇女运动新动向》《湖南女工之觉悟》等文章。1922 年,王会悟参与创

---

① 宋少鹏:《"西洋镜"里的中国与妇女:文明的性别标准和晚清女权论述》,社会科学文献出版社 2016 年版,第 113—173 页。
② 宋少鹏:《平等和差异:近代性"别"观念双重特性的建构》,《妇女研究论丛》2012 年第 6 期。
③ 中国李大钊研究会编注:《李大钊文集》第 4 卷,人民出版社 1999 年版,第 281 页。

办了上海平民女子学校。① 其实,在共产党发展的道路上一直有女性的身影。

在共产党领导下,中国妇女解放运动一直与阶级解放、民族解放、反帝反封建运动和革命相联结。第一次"国共合作"时期,国民党中央妇女部创办妇女运动讲习所,何香凝任所长,蔡畅任教务主任。妇女运动讲习所以培养妇女运动骨干为宗旨,为妇女运动的深入发展播下火种。中华苏维埃共和国临时中央政府于1931年在江西成立后,革命政府开始了社会主义的妇女解放实践,包括在宪法、法律、经济和妇女组织、教育等多方面的制度实践。1942年,丁玲发表了著名的《"三八节"有感》一文,将女性革命与生育、养育的性别身份相结合,表达了对于生育责任的父权制压迫的不满与批评。② 1943年,中共中央提出了新的妇女政策,即著名的"四三决定",指出要以"广大妇女参加生产为中心利益",强调"家庭与建设都过得好"。这一政策既协调了妇女解放中形成的"男女对立,青老对峙"的家庭矛盾,又兼顾了抗战利益与家庭利益的关系。这对于应对日本的军事进攻、国民党的经济封锁带来的经济危机和改善民生等起到了重要作用。它把民族解放、社会革命与妇女解放结合起来,形成了马克思主义中国化的妇女解放之路,为新中国成立后的妇女工作留下了重要经验。③ 这一决定回应了恩格斯有关妇女解放的理论:"妇女解放的第一个先决条件是一切女性重新回到公共的事业中去。"④ "妇女的解放,只有在妇女可以大量地、社会规模地参加生产,而家务劳动只占她们极少的工夫的时代,才有可能。而这只有依靠现代大工业才能办到,现代大工业不仅容许大量的妇女劳动,而且是真正要求这样的劳动,并且它还力求把私人的家务劳动逐

---

① 参见张素玲:《革命与限制:中国共产党早期妇女领袖(1921—1927)》,河南大学出版社2011年版,第二章。
② 丁玲:《"三八节"有感》,载郜元宝、孙洁编:《三八节有感——关于丁玲》,北京广播学院出版社2000版,第3—7页。
③ 周蕾:《妇女运动新方向的确立——关于抗战时期中国共产党"四三决定"的探讨》,《山西师大学报(社会科学版)》2015年第4期。
④ 恩格斯:《家庭、私有制和国家的起源》,载《马克思恩格斯选集》第4卷,人民出版社1995年版,第72页。

渐融化在公共的事业中。"①虽然在此后的社会实践中,女性还是难以摆脱家务劳动的负担,但是中国革命为妇女走出家庭开辟了道路。

1949年3月24日,中国共产党在北平召开了中国妇女第一次全国代表大会,宣布成立"中华全国民主妇女联合会"。马克思主义的妇女解放的唯物主义史观构成了社会主义妇女解放政策的核心,"以发动和组织妇女参加生产为中心"。②1950年,中华人民共和国颁布了第一部法律——《婚姻法》,该法是由邓颖超领导的妇女工作委员会组织起草的,其成员全部为女性,包括帅孟奇、康克清、杨之华、李培之、罗琼和王汝琪,她们主张反封建婚姻习俗,明确"禁止重婚、纳妾"。

中国妇女运动的第一代主要领导者是在五四时期女权主义运动中初展头角的新女性。她们于20世纪20年代初或中期加入了共产党,如邓颖超、蔡畅、杨之华、张琴秋、章蕴等。其中,邓颖超15岁时就参与组织了天津女界爱国同志会,妇女运动先驱蔡畅则成为新中国首任妇联主席。第二代是30年代或抗日战争中加入中国共产党的女青年。她们或在国统区做地下工作,或去了延安和其他抗日根据地,如沈兹九、罗琼、董边等。这些女性在新中国成立后,进入国家体制,为保护女性权益和立法做了大量工作。

(三) 男女平等作为基本国策

1949年9月,中国人民政治协商会议第一届全体会议通过了具有临时宪法性质的《中国人民政治协商会议共同纲领》,明确规定"废除束缚妇女的封建制度,妇女在政治的、经济的、文化教育的、社会的生活各方面,均有与男子平等的权利。实行男女婚姻自由"。根据共同纲领的精神,新中国成立之初,在中国共产党领导下通过开展群众运动、加强妇女组织建设以及充分发动妇女等多种努力,推进妇女运动实现跨越式发展。

毛泽东时代,在"劳动光荣"的感召下,妇女广泛参加社会公共生产劳动

---

① 恩格斯:《家庭、私有制和国家的起源》,载《马克思恩格斯选集》第4卷,人民出版社1995年版,第162页。
② 仝华、康沛竹主编:《马克思主义妇女理论发展史》,北京大学出版社2004年版,第135页。

和国家事务,呈现出"妇女能顶半边天"的社会局面。实践马克思主义的妇女解放是妇女"回到社会公共生产劳动中"。社会主义通过计划经济下的单位制在一定程度上实现了家务劳动的社会化,但妇女依然是家务劳动的主要承担者。

《中华人民共和国宪法》第四十八条第一款是:"中华人民共和国妇女在政治的、经济的、文化的、社会的和家庭的生活等各方面享有同男子平等的权利。"2012年11月,中国共产党第十八次全国代表大会首次将男女平等作为基本国策写入报告。有学者认为,市场化背景下出现了以项目为导向的"议题性的女权主义行动",这些行动基于一些具体议题将多个行动主体暂时结合在一起,用团结和集体行动的力量推动性别平等。这些议题性团体没有边界分明、明确的组织机构和组织形态,但开启了议题性女权主义与国家的连接,为推进性别平等的行动和研究提供了新的机会。[①] 我国实施的男女平等的国策已明显改变了人们的性别观念,女性更多地拥有了和男性相同的权利。1995年第四次世界妇女大会在中国的召开有力地促进了妇女研究和实践的发展,社会性别和性别平等的概念得到普及。

二、中国妇女/社会性别研究的进展

(一) 妇女/性别社会学的学科发展

由于中国学科制度的特点,1998年,教育部批准北京大学将女性学作为三级学科纳入国家研究生专业目录,北京大学社会学系建立了第一个女性学方向的硕士点。女性学教育正式进入国家的教育体制。2016年,北京大学社会学系建立了第一个女性学二级学科硕士授予点。

妇女/社会性别研究以跨学科的方式快速发展,社会学、法学、教育学、经济学和心理学等领域出现了大量硕士论文和博士论文。2006年,中国社会学会成立了妇女/性别社会学专业委员会,每年举办一次学术会议,形成了具有

[①] 宋少鹏:《议题性女权主义行动——项目导向的女权主义行动的特点和定位》,《山西师大学报(社会科学版)》2010年第6期。

共识的性别社会学的研究领域。

自 1990 年始,每十年一次的中国妇女社会地位调查为研究和学位论文写作提供了重要数据。性别教育、职业的性别隔离、性别收入差等经典社会学研究议题有了晋级性的学术积累;大量的妇女/性别研究的专著和译著出版;社会学界的一些研究开始反思以男性为中心的知识体系。

有研究指出,2006—2015 年,性别社会学形成了自身独特的研究领域、话语体系和研究范畴,涌现出一批重要的学术研究机构,对培育和引领性别社会学青年人才起到积极的促进作用。[①] 跨学科是社会性别研究突破传统知识生产模式、探索学科建设的重要路径。学生的学位论文从社会学领域拓展至历史、法律、经济、社会治理、公共政策和公共卫生等领域。

我国港台地区的高等教育机构亦较早开设性别研究课程。1985 年,香港中文大学创立性别研究计划(2000 年更名为性别研究中心),并在 90 年代初期形成了跨学院、跨学科的性别研究课程。2002 年,成立修课式文学硕士和博士研究课程,形成了系统的学术培训框架。[②] 1985 年,台湾大学成立了妇女研究室,以女性意识的成长为分类标准进行划分,台湾妇女研究经历了无知期、寻觅期、萌芽期、妇女研究中心期、挑战/冲突期、两性合作期。其中,两性合作期以性别研究为主,不仅研究女性经验,也关照性别关系,围绕着"性"与"性别"衍生的种种议题开展研究。1995 年,台湾大学建筑与城乡研究所成立了性别与空间研究室。[③] 海峡两岸暨香港、澳门的妇女和性别研究者保持着不断的学术交流和合作研究。

(二) 妇女/性别研究的组织发展

我国社会性别研究的发展深受社会主义妇女运动、国际妇女运动和学术

[①] 李洁:《性别社会学学位论文发展现状与趋势——基于对 2006—2015 年中国社会学硕博学位论文的分析》,《妇女研究论丛》2019 年第 4 期。

[②] 谭少薇、叶汉明:《性别研究课程在香港高等院校的发展问题》,载谭少薇等主编:《性别觉醒》,香港商务印书馆 2012 年版,第 25 页。

[③] 张珏、吴燕秋:《台湾各大学妇女研究与两性平等教育》,《应用心理研究》(台湾)2002 年第 13 期。

研究的多元影响。我国多样的妇女组织是推动性别平等的重要力量。

一是正式组织。高等教育机构是开展课堂教学和研究工作的重要组织力量。很多高校有妇女/性别研究中心，如北京大学中外妇女问题研究中心、天津师范大学性别与社会发展研究中心、中山大学妇女与性别研究中心、厦门大学妇女/性别研究与培训基地、南京师范大学妇女/性别研究与培训基地等。中华全国妇女联合会（简称全国妇联）是全国性的妇女组织，它具有一整套上下相连的制度体系，各省市区县都建立有自上而下的妇女组织，对促进性别平等的法治建设起着重要作用；妇联作为枢纽型社会组织，还联合有协会和联合会性质的各大妇女组织，如中国女企业家协会等。我国还有负责妇女儿童事务的政府机构——国务院妇女儿童工作委员会，其办公室设在全国妇联。其主要工作是负责编制中国妇女和儿童发展纲要并组织实施和监测评估等。中国妇女研究网（http://www.wsic.ac.cn/）提供大量新闻、研究与资讯。

二是妇女与性别的非政府组织（NGO）。这类组织代表了妇女/性别研究的实践与行动力，它们是有目标、有计划、有策略以及持续推动和实现性别平等及性别公正的行动者。这些组织致力于：妇女法律权利的维护和立法政策推进；性别教育，特别是社区性别教育；性教育；与妇女儿童相关的社区服务；行动取向的妇女服务，如独抚母亲支持小组、反家庭暴力小组等。妇女/性别研究的成果已经转化为具有社会影响力、推动性别平等的社会行动，成为行动女权主义的力量。

三是以互联网为基础的各种妇女/性别实践与研究小组。移动互联网的发展促成了大量自媒体产生，性别议题成为公共话题和热点问题。如一些微信公众号关注年轻人的自我成长和性别平等，其发布的文章引发了大量讨论，为年轻人对性别问题的反思与争论提供了重要的公共空间。

四是国际妇女组织大力支持我国的妇女和社会性别研究，联合国人口基金、儿童基金会、妇女发展基金和联合国开发计划署等相关部门一直积极资助中国的妇女/性别研究项目和实践。联合国妇女发展基金的官方网站提供了大量的国际信息,还设有自己的数字图书馆。

　　总之,男女平权的各类理论繁多,观点各异。但几乎所有的女权主义理论都认同妇女受压迫的根源是多方面的,要求不断进行社会变革;高等教育加入了妇女/性别研究的议题,这是社会变革中重要的组成部分,会不断地改变人们的性别观念。但女权主义取向的各类研究在与学术主流和社会对话过程中还面临多重挑战。这些挑战包括:第一,女权主义理论面临现代性的挑战。女权运动是不是现代化、工业化和资本主义发展的必然产物?如果是的话,社会现代化的实现就意味着性别平等的到来,并不需要更多的人为推动。第二,出现了女权运动与女权主义理论分离的现象,相关研究变得更加学科化和制度化。在妇女/性别研究中心或系所获得了世界范围内的学院体制认可时,应考虑如何实现女权运动/行动与相关理论发展间的有机联系。第三,女权主义理论的传承问题。在新自由主义倡导的竞争与理性背景下成长起来的年轻女性,对激进的女权主义有着各种怀疑;底层奋斗的女性对自由主义倡导的机会平等亦有不满,女性主义的理论发展与继承面临挑战。因此,需要有意识地发现、归纳和总结中国特色的性别平等的理论和实践,为国际妇女运动提供宝贵的知识。

小　结

　　社会性别研究是正在发展和形成的学术范畴,其理论发展与妇女运动的实践紧密相连。妇女运动在不同历史阶段的追求推动了相关理论的丰富和发展。马克思主义学派、自由主义学派和解构主义学派等对改变性别不平等现状的认知和进路有不同的取向和实践,并在公共政策上相互竞争与借鉴。性别社会学的学科建设是妇女运动发展的结果,它更关注性别知识系统的变革。此外,互联网的发展为性别平等知识的传递提供了丰富的和具有创新性的资源和渠道。

◆ 关键概念

妇女运动　自由主义女权主义　马克思主义的妇女解放　激进女权主义　文化女权主义　生态女权主义　后殖民主义女权主义

◆ 思考题

1. 试述不同女权主义理论派别的主要观点。
2. 试述中国妇女运动的特点。

◆ 进一步阅读参考文献

全国妇联妇女研究所编著:《当代中国妇女运动简史(1949—2000)》,中国妇女出版社2017年版。

全国妇联妇女研究所课题组:《社会转型中的中国妇女社会地位》,中国妇女出版社2006年版。

中华全国妇女联合会编:《中国妇女运动重要文献》,人民出版社1979年版。

顾秀莲主编:《20世纪中国妇女运动史》上卷,中国妇女出版社2008年版。

顾秀莲主编:《20世纪中国妇女运动史》中卷,中国妇女出版社2013年版。

顾秀莲主编:《20世纪中国妇女运动史》下卷,中国妇女出版社2013年版。

第二编

性别身份的文化建构

本编分析性别文化对两性关系不平等生产和再生产的作用。通过性别观念、性别社会化和话语的性别建构三个方面揭示传统性别刻板印象的传递和改变，发现其改变的动力。

第三章分析性别观念及其变迁的历史。性别观念是一整套人们对性别角色规范、性别角色分工、性别关系模式等相对稳定的看法。人们的性别观念常常以符号化互动方式作用于性别关系。现代社会经历着从传统性别观念向平等性别观念的变化，可分辨出至少三种类型的性别观念——传统的性别观念、平权的性别观念和变化的性别观念。男性统治与传统的性别观念相互依存。现代化、城市化和日益增长的个体能动性等多种力量推动性别观念的变化。儒家文化强调的中和位育的关系秩序强化了等级化的性别分工，重男轻女的生育文化持续维护着不平等的性别观念。新中国"家国同构"的制度设计和以妇女就业为前提的妇女解放赋予了人们更多的性别平等意识。21世纪，"男性觉悟"概念的提出挑战了以男性为中心的传统观念和制度设计。

第四章讨论性别社会化。性别社会化贯穿人的一生。家庭、学校、同辈群体、大众传媒、职场和社会组织等对个人学习性别社会规范、性别角色，实现性别认同起着重要的作用。两性通过教化、互动学习和反思性的实践逐渐把握社会要求的性别角色和性别规范。人们在实践中不断展示自己对性别规范和性别角色的认同、反抗和创新。弗洛伊德的精神分析理论、不同生命周期的性别社会化理论以及两性道德发展阶段理论都对性别社会化的特点和类型有重要的解释。

第五章讨论性别话语和性别叙事。人们所说的、所写的语言符号就是话语。话语是人们在互动中进行沟通的工具，用来呈现事实、表达意图，其本身就是一种社会行动，表现出特定的社会关系和权力关系。在父权制文化中，女性是个沉默的群体，已有的语言系统很少包括且难以叙述女性的生活经验和智慧。话语具有历史性和男性中心主义的特性，表现为言说中的主体、内容和受众以男性和男性经验为主。对性别叙事的研究表明，女性中的"花木兰"和"秦香莲"、描述男性的"文武双全"是传统性别气质的典型形象，这在一定意义上建构了两性的理想类型。移动互联网产生的大量自媒体为性别言说提供了广泛的空间。

第三章

性别观念及其变革

何为男人和女人？何为男性气质和女性气质？何为男性角色和女性角色？人们的看法构成了不同的性别观念，形成了一种有关男性和女性的认知。这种认知具有普遍的社会性，还会深刻地影响人们的认知和思维方式，影响了人们有关生活的想象力。

先让我们从以下对精子与卵子结合的形象讲述中，看词语的使用和语言顺序表达了人们怎样的性别观念，以及打破传统性别观念会有怎样的意义。

生物学和医学教科书对人类生殖系统的考察总是将精子描述成小巧的、活力十足的，输出基因给卵子，是精子活化了卵细胞的反应；而卵子是被动地被运送，甚至盲目地漂流。人们习惯地认为，精子是主动的、勇往直前的，而卵子是被动的、等待的。

当打破惯性思维进行观察和研究时会发现，卵子并非一个被动的大球体，等待精子钻入以产生新生命。尽管有研究赋予卵子以主动角色，但书本上还是以典型的女性化词语来描述卵子。例如，卵子挑选出合适的对象，以利于结合，以保护产生的后代免于受伤害。受精过程被描述成"精子穿透"和"精卵融合"两个步骤。在第一个步骤中，强调精子所产生的巨大推进力，而在第二个步骤中，由于精子与卵子结合，从而失去了所有的活动力。在这些描述中，卵子最终被视为捕捉、束缚精子的"蜘蛛"。实际上,精子与卵子是同样主动的伙伴。

生殖细胞的"性别化个性"已然在科学的文本中与社会关于被动女性与英雄男性的文化相连接,把社会图像移植到自然的描写中,从而反过来作为社会现象的自然解释。换言之,建构性的话语变成了中性的、科学的"前话语"。新的研究发现并没有让科学家在描述卵子与精子时消除性别偏见,科学家仅仅是以不同的,但仍是偏见性的字眼来描述精子和卵子。生物学和医学教科书传递出的依然是性别刻板印象。①

反思关于精子与卵子之结合的描述、隐喻和背后的性别观念,可以发现人们习惯将男性表述在语句的前面,如"男性和女性""男女关系",而很少用"女性和男性"以及"女男关系"。潜移默化,人们接纳了有关男强女弱、男主女从的观念。本章讨论性别观念变化的历史过程,以及推动变革的社会力量。

第一节 性别观念的演变

一、性别观念

英国哲学家伯林在《观念的力量》一书中并没有给"观念"一词下明确定义,他提到人们总是在寻找应该如何生活、如何工作的真理,并根据这些真理,确立道德理念、安排社会生活、建立政治组织以及进行人际交流。真理不仅会指出事物是什么,还会解释它们为什么成为现在这样,这构成了人类观念的核心。他认为,系统人类观念史都在阐述人类遇到的问题,其答案可以分为两类:一类是经验的回答,问题的答案最终建立在观察之上;另一类是形式的回答,问题的答案建立在纯粹的推理之上,不受客观知识约束。这涉及事实问题

---

① Emily Martin, "The Egg and the Sperm: How Science Has Constructed a Romance Based on Stereotypical Male-Female Roles," Signs: Journal of Women in Culture and Society, 1991, 16(3): 485-501.

和价值问题。人类发展的历程呈现出观念的力量,人们的观念虽然因文化而不同,但核心问题的答案却有人性的共通性。[①] 观念是人们看待自己以及自己和他人关系的基本信仰,是人类创造的生活原则。而固化的观念是指一整套不用思考就会被接纳的意识形态。人们的观念形成基本的价值观,并作用于人们的行为选择。

图3-1被称为"维林多夫的维纳斯",它被发现于奥地利的维林多夫山洞中,约产生于公元前3万年。这尊雕像以其突出的胸部、腹部和臀部的女性特征夸张地表达了对女性生殖的崇拜。生殖崇拜是人类对生物界繁殖能力的一种赞美和向往,包括女性生殖(女性乳房和臀部)崇拜,还有男性生殖(男性生殖器)崇拜,代表了原始人对生殖力量的信仰。

性别观念,确切地说是性别角色观念(gender-role attitudes),亦称为性别意识形态(gender ideology)、性别信仰(gender beliefs),是指人们因性别而建立起来的一整套有关自己以及自己和他人关系的信仰/信念,涉及:人们对性别角色规范、性别角色分工、性别关系模式等的看法;人们对什么是一个男人或女人的好的生活的看法;人们如何看待两性的行为的价值;等等。性别观念是个体持有的生活态度,但存在于广泛的社会规则与社会制度中,并多以符号化的方式作用于人们的互动关系。

图3-1 维林多夫的维纳斯

玛丽·道格拉斯在《洁净与危险:对污染与禁忌观念的分析》一书中讨论了日常生活中人们对于"洁净"与"肮脏"的观念,利用象征分析方法解析人类的思维特点,关注象征秩序与社会秩序的对应。她首先的设问是:什么是"肮脏"?如果对此不加思考,人们很可能认为肮脏就是不卫生,但事实是,肮脏并不单是科学范畴的不卫生,更是与文化习惯相联系;所有的禁忌都能反向折射

[①] 以赛亚·伯林:《观念的力量》,胡自信、魏钊凌译,译林出版社2019年版,第11页。

一个社会/文化的宇宙观。人们总是在实践中进行分类,通过分类建立起"我们"和"他们"的边界与秩序,形成分类秩序。只有在一系列的秩序观念内,如宗教的秩序,才能观察到"污染/肮脏"之物。她讨论了社会规则的矛盾问题,特别讨论了具有普遍意义的性别协作问题,发现性制度并不是相互依赖与和谐的,而是表达了严格的分隔和强烈的对抗性,形成了同一文化内不同目标间的冲突。"污染/肮脏"的观念被用来将男人和女人约束在他们分内的角色中。① 因此,关于洁净与危险的法则和观念因人、因社会结构而不同。

性别观念亦是不断变化的,现代社会经历着从传统性别观念向平等性别观念的变化。至少可分辨出三种类型的性别观念——传统的性别观念、平权的性别观念和变化的性别观念。

传统的性别观念以一系列的性别刻板印象(gender stereotypes)为基础,相信两性存在稳定的、固化的、对立的性别气质与社会分工。最终形成男性优先、女性为辅的态度和认知。现实生活中,传统的性别观念潜在于各种习俗中,如男性偏好的观念。传统的性别观念常常会形成性别偏见和性别歧视。

平权的性别观念是指相信两性的性别气质具有双性化特征,男女具有同等权利,人们在受教育、就业、收入、晋升和政治参与等公共领域具有同样的机会、责任和义务;在劳动分工上,赋予关怀伦理以价值,两性共担抚育和养老的责任并共享生活的快乐,女性可以像男性一样进入公共领域;在权力分配上,两性在各自熟悉和喜爱的领域发挥作用,相互倾听,相互支持。

变化的性别观念体现了从传统的性别观念向平权的性别观念的转变。随着民主化进程的加快,人们的性别观念逐渐发生转变。首先,在法律和制度层面,人们越来越相信两性在受教育、就业、晋升和政治参与上应有平等的机会和地位。其次,私人领域的变化很复杂。一方面,男性在逐渐转变观念,分担家务劳动;另一方面,当女性进入有酬劳动领域后,依然被期待最好以家庭为主。最后,公共领域的权力分配通过配额制度等正在渐变,但路途艰难。性别

---

① 参见玛丽·道格拉斯:《洁净与危险》,黄剑波等译,民族出版社2008年版。

观念的转变是一个历史过程,不是简单地必须从"传统的性别观念到平权的性别观念"的线性变化,可能会反反复复。

社会学的定量研究发展出对性别观念的测量。测量的内容至少包括三个方面:一是有关性别气质的,如是否认同二元对立的性别气质,即对男性要坚强与女性要温柔的认知;二是劳动性别分工,如是否认同男性应着重事业发展,女性要着重家庭发展;三是有关两性关系的,如是否认同男性为主与女人为辅的性别关系。这三方面的性别观念相互作用,共同构成人们的性别认知。性别观念中劳动性别分工的意识形态具有核心意义,至少包括三方面的观念。一是建构了有关劳动性别分工的信仰,它使人们相信"女性以家庭为主,男性以社会为主"的生物性分工是天经地义、合情、合理、合法的。二是建构性别角色意识,即对与性别分工相关的性别角色的看法,包括:(1)对传统"男主外女主内"的性别分工的看法;(2)有关女性就业对家庭及孩子影响的看法;(3)有关妇女工作在经济上的重要性的看法。三是将女性劳动视为情感劳动的信仰,相信女性的劳动付出是她们心甘情愿的,是她们关怀情绪的自然表达。由此,等级化的劳动性别分工成为看不见的、制度化的、合法化的产生两性不平等的社会机制,它使女性自觉地付出无报酬的劳动,因为她们相信,相夫教子,做贤妻良母,家务劳动和社会劳动是她们的"本分";而男性自觉地把取得社会地位和名誉视为自己的"天职",不断给自己加码,不仅要有份工作,养家糊口,还要负起光宗耀祖的责任。

二、传统性别观念与男性统治相互依存

法国社会学家布尔迪厄在《男性统治》一书分析了性别压迫的机制不断强化了两性气质的对立。女性在认同服从于贬低和否定其自身的观念中,学会了克制、顺从和沉默的消极道德;男人同样是统治者的囚徒和受害者,承受无限的压力和紧张。这种机制要求男人要在一切场合展示男子气概,这种展示男子气概的行为是其义务。布尔迪厄指出:

男子气概既被理解为生殖的、性欲的和社会的能力,也被理解为斗争或施暴的才能(尤其在报复中),但男子气概首先是一种责任。男人与女人相反,女人的荣誉基本上是消极的,只能得到维护或失去,女人的道德依次是贞洁和忠实。而"真正具有男子气概"的男人会尽自己的最大努力扩大自己的荣誉,在公共领域内赢得光荣和尊敬。对男性价值的颂扬,其黑暗的对立面是女性特征引起的恐惧和焦虑。

……男子气概是一个相当具有关系意义的概念,这个概念是面向和针对其他男人并反对女性特征,在对女性且首先在对自身的一种恐惧中形成的。

……不仅男性秩序,甚至一切社会秩序都是在这些大制度中完成和再生的(从国家开始,国家是以它的男人的"右手"和女人的"左手"之间的对立为中心构成的,学校负责一切基本观念和区分的有效再生产,它本身也是围绕相应的对立组成的)。①

男性统治通过教会、国家和学校等机制作用于人们的无意识结构。② 性别观念是宗教教义中的重要内容,无论东方的印度教、佛教、伊斯兰教,还是西方的基督教,皆是如此,基督教表现得更明显。③

现代国家将男性霸权的基本原则纳入家庭,实践公共父权制度,由此规定、认可和强化私人父权制度。公共父权制存在于所有负责管理和调节家庭的日常生活机制中,道德秩序以男人对女人、成人对孩子的优先权为基础,将道德等同于对力量、勇气和对身体的支配。性别意识形态和国家统治的内在一致性产生配套的社会制度。④ 观念最终以制度的形态产生社会影响。

巴特勒明确指出,二元对立的性别观念易于实现社会控制:

---

① 皮埃尔·布尔迪厄:《男性统治》,刘晖译,海天出版社2002年版,第69、72、160页。
② 同上书,第115页。
③ 安东尼·吉登斯:《社会学(第四版)》,赵旭东等译,北京大学出版社2003年版,第690页。
④ 皮埃尔·布尔迪厄:《男性统治》,刘晖译,海天出版社2002年版,第121页。

性别不是一个名词,但它也不是一组自由流动的属性,因为我们已经看到,性别的实在效果是有关性别一致的管控性实践。通过操演(performatively)生产而且是强制形成的。[①]

在性别观念的作用下,女性会自我矮化,认同男性占优势的社会构造。两性形成不同的文化积累:一方面是女性劣势累积,她们内化社会的期望,自愿扮演配角;另一方面是男性优势累积,在资源分配和社会选择中获得优势,自我感觉良好地占据优势地位。巴特勒的性别操演理论对僵化的性别观念进行了深刻批判,指出人们的性别观念是建立在异性恋想象基础上的。所谓的男人和女人的样子,不过是一种被理想化后的幻觉,是主流文化的表象;人们在性别想象中去完成一系列迎合主流的表演,男性要努力展现出一种支配性的男性气质,女性要呈现顺从的样子。

三、推动性别观念变革的社会机制

传统性别观念根深蒂固,但现代平等的性别观念正日益深入人心,其变化的动力机制成为性别社会学研究的重要内容。

(一)现代化与民主化进程

现代化理论认为,现代化过程是民主化的过程,对性别平等的追求是其重要的组成部分。高等教育的普及、工业化和城市化的发展等促进了民主化,促进了人们从传统性别观念向平权观念的转变。有研究认为,现当代的父母在鼓励子女的独立性、成就感、互动能力、实践活动等方面对男孩和女孩的态度正趋于一致。[②]

第一,人们受教育程度的提升能够有力地促进消除性别偏见。教育提升

[①] 朱迪斯·巴特勒:《性别麻烦:女性主义与身份的颠覆》,宋素凤译,上海三联书店2009年版,第34页。

[②] Hugh Lytton and David M. Romney, "Parents' Differential Socialization of Boys and Girls: A Meta-analysis," *Psychological Bulletin*, 1991, 109(2): 267-296.

了人们对现实不平等的感知能力,并促进其接受与追求更为平等的理念。① 在代与代之间,父母受教育程度的提高和母亲参与工作会显著地影响父母对孩子的性别角色态度;父母的态度和行为为子女提供了模仿和学习的榜样,特别是母亲受教育程度越高,对于子女,特别是对女儿的性别角色观念有着更为积极的影响。②

第二,性别平等实践改变性别观念。如女性就业与性别观念有紧密的联系。女性参加工作,无论其工作性质、职位高低、收入多少,都意味着她参与到公共生活中,有机会看到自身的社会价值和自己对家庭的价值,从单纯的"持家人"向"养家人"角色转变。男性就业地位与性别角色态度呈正相关,工作经历对女性平等观念的影响更为明显。有工作的女性支持平等就业机会,她们更易从两性平等中获益;面临歧视时,就业使女性更有信心与男性竞争,增加其对经济独立的期待;遭遇双重负担时,她们会找到更为平等的负担家务的办法。③

城市化进程挑战了传统的性别分工,竞争与理性思维对摆脱传统的性别偏见有促进作用。在中国的城市化进程中,进城的农民面对竞争压力和传统角色的冲突,产生了诸多对现代生活的妥协。城市环境和生活经验提供了思考两性平等的机会和经验,从而影响人们的性别角色观念。

(二) 主体能动性

主体能动性的理论认为性别观念受人们内在利益主导,主体的利益结构影响人们的观念。当支持性别平等的收益大于成本时,个体才会选择支持两性平等,否则将表现出性别偏见。因为两性对改变不平等状况及其结果有不同的敏感度和体验,其行动会有差异。从美国 1977—1985 年两性家庭内性别

---

① Catherine I. Bolzendahl and Daniel J. Myers, "Feminist Attitudes and Support for Gender Equality: Opinion Change in Women and Men, 1974-1998," *Social Forces*, 2004, 83(2): 759-789.

② Liat Kulik, "The Impact of Social Background on Gender-role Ideology: Parents' Versus Children's Attitude," *Journal of Family Issues*, 2002, 23(1): 53-73.

③ Catherine I. Bolzendahl and Daniel J. Myers, "Feminist Attitudes and Support for Gender Equality: Opinion Change in Women and Men, 1974-1998," *Social Forces*, 2004, 83(2): 759-789.

第三章 性别观念及其变革

分工观念的改变看,女性作为性别平等观念的受益者会倾向于采取积极态度;大多数男性是传统性别分工的受益者,其性别观念就倾向于传统。在离婚率提高、有酬劳动女性增加的开放环境下,拥有传统性别观念的女性的损失和面临的潜在危机更多,这迫使女性趋于平等观念。①

作为能动的个体,性别互动关系中人们在实践和创造着新的性别观念。研究显示,当妻子对家庭的经济贡献大于丈夫时,会直接导致女性传统性别观念的变化,她们拥有更为平等的性别角色观念。同样,如果丈夫挣得比妻子少,对家庭的经济贡献少,则会弱化其传统观念,并能够欣赏妻子对家庭做出的贡献,转向更为平等的性别态度。② 国际比较研究发现,人们的先赋因素,如性别、城乡身份、父母的文化程度、种族等因素经由社会化机构——家庭、学校和组织影响人们的性别观念;同时,人们在婚姻、教育、经济、政治等方面的实践亦作用于性别观念。③

在消费主义文化下,"新好男人"形象正在打破种种传统观念对男人的想象。情感与家庭生活的变化打破了霸权式思维方式。在一定意义上,它意味着男性解放,大众传媒呈现出男性自我实现的新途径,如表现男性乐于做一个体贴、幽默、追求家务劳动中的乐趣的人。一种打破传统性别刻板印象的性别身份正在出现——双性化或中性化,即男性气质和女性气质没有明显分化,男性和女性取长补短,人们可以兼具传统男性气质与女性气质中的优势方面。如女性可以不乏热情、泼辣、豪爽、刚烈、精明和强干,男性同样可能温柔、感情丰富和体贴。具有双性化特点的男女没有严格意义上的性别角色的限制,能够更加灵活、有效地应对各种情景,独立性、自信心强。双性化或中性化也被称为"雌雄同体",这使人们的性别观念和角色定位有了更大的空间,自我评价更为积极。"颠覆性别"是将女人和男人皆视为"人"的现代理念。

---

① Karen Oppenheim Mason and Yu-Hsia Lu, "Attitudes toward Women's Familial Roles: Changes in the United States, 1977-1985," *Gender & Society*, 1988, 2(1): 39-57.

② Catherine I. Bolzendahl and Daniel J. Myers, "Feminist Attitudes and Support for Gender Equality: Opinion Change in Women and Men, 1974-1998," *Social Forces*, 2004, 83(2): 759-789.

③ Nancy J. Davis and Robert V. Robinson, "Men's and Women's Consciousness of Gender Inequality: Austria, West Germany, Great Britain, and the United States," *American Sociological Review*, 1991, 56(1): 72-84.

第二节 中国人的性别观念及其演变

几千年来,深厚的乡土文明源自传统的农耕文化,这种文化亦孕育了传统的性别观念。随着现代工业化、城市化、科技发展与传媒的普及,传统的性别观念正面临挑战,新型的性别观念正在形成。

一、乡土中国的性别观念

(一) 中国文化中的阴阳互生与中和位育

中国传统社会多将人的发展视为正常与自然的事。《黄帝内经·素问》指出,人在发育和发展的过程中有男女之别,女子发育较早,而男子发育较晚,相差一年左右。两性虽然成长和发展的时间有异,但每阶段发展的内容大致相同,有的是生物特点,没有等级之差。阴阳五行衍生出天人合一的原则,阴阳互生,互为表里。这些思想产生了朴素的两性互补的观念。

在中国的古代艺术和神话中有不少女神的形象。妈祖、"西王母"和观音作为仁慈和悲悯的女神受到广泛的崇拜。老子的《道德经》强调的是男女同在自然中互助与和睦相处的理念。阴(女性原则)与阳(男性原则)的关系并不是被统治与统治的关系,母亲的智慧受到尊重,彰显了母性的地位。

中国人的"人观"是非个体的,是由"二人/仁"关系定义的。中国人的"个体"精神形态必须在别人"身"上才能完成,符合"仁者,人也"的儒家文化定义。强调"由己及人"的儒家文化是封建社会统治秩序的基础,且渗透到日常生活中。汉代董仲舒的《春秋繁露》把儒家思想系统化,使之变成国家学说。他在自然法与人类社会关系之间建立起隐性的符号关系,天地与阴阳的关系对应人伦关系中的君臣、父子、夫妻。君王、父亲、丈夫是阳和天,臣子、儿子、妻子是阴和被天覆盖的地。"不失其伦"是在别父子、远近、亲疏。伦是有差等的次序。人与人往来构成的网络的纲纪就是一个差序,也就是伦。费孝通

第三章 性别观念及其变革

强调乡土社会的文化规定了"男女有别"。① 社会的生育制度等皆是建立在男女有别基础上的。

人伦关系基础上构成的社会道德原则和统治秩序要求臣、子和妻以忠诚、孝顺和忠贞的服从与依附为关系原则,具体化为"三纲五常"的规矩。三纲是"君为臣纲,父为子纲,夫为妻纲"的身份关系,形成了"君臣义、父子亲、夫妇顺"的关系格局。宋之后,儒家三纲五常的文化更深入地进入日常生活。女性日常生活遵从"三从四德"的规则,"三从"出自《礼记·郊特性》:"出乎大门而先,男帅女,女从男,夫妇之义由此始也。妇人,从人者也。幼从父兄,嫁从夫,夫死从子……"在家"从父"表现为由父亲决定女儿的婚嫁事宜,女儿没有选择终身伴侣的自由。嫁人"从夫"是指嫁人后,要服从丈夫。夫死"从子",说明性别秩序先于严格的长幼辈分规则。"四德"出自《周礼·天官冢宰·九嫔》,指"妇德、妇言、妇容、妇功"。"妇德"是指要求妇女守节操,"从一而终"。"妇言"要求妇女语言得体,讲话有分寸,绝对不说粗话。"妇容"对女性的容貌提出要求,"女为悦己者容",要求女性以端庄娴雅的容貌举止取悦丈夫。"妇功"是指劳动,如纺纱、织布、缝纫、刺绣等,妇女必须且只能在这些方面显示自己的心灵手巧。班昭在《女诫》中对两性气质做了明确说明:"阴阳殊性,男女异行。阳以刚为德,阴以柔为用。男以强为贵,女以弱为美。"

上述种种深入人心的观念并不会被视为"性别不平等",因为在"安其位、遂其身"的人生目标中,重要的是"位",在儒家这种"中和位育"的思想下,人们各守其分。因此,女性的人生信仰就是做个相夫教子的"贤妻良母",母亲的身份成就了女性荣耀。而男性的人生信仰则是求取功名、报效祖先、报效国家。在传统农业的家户经济家庭中,男性家长不仅有权威,还要福泽子孙。潘光旦先生用"公道"概念讨论中国人有关男女不平等的观念,公道有两个标准:一方面是"通常一个人的发育机会、作业、享用,若是可以和他的天赋的能力相副,不过度亦非不及……这就是公道"②;另一方面是"社会良心",即"人

---

① 参见费孝通:《乡土中国 生育制度》,北京大学出版社2020年版,第41—45页。
② 潘光旦:《人文史观》,群言出版社2014年版,第152—153页。

人认定人类多形之现象,各视其性质与程度之不同而异其权利与义务之支配,达荀子所称'人载其事,各得其宜'之至理,则庶乎其可矣"①。在中国人的观念中,有社会良心,各安其位就是公道。

(二)父系继嗣与"重男轻女"的观念

历史地看,儒家文化观念的发展有一个从松散到严厉再到僵化执行的过程,这个过程是观念和制度不断发展的过程。这一过程必然导致制度不断加剧的复杂状态。父系继嗣制度是重男轻女观念的内在动力。

父系继嗣作为中国乡土财产制度的一部分,促成了看重男性价值的男孩偏好的生育观。男孩偏好是指人们在生育时对生男孩的强烈期望和偏好。在物质资源不足的情况下,为了生养男孩,女孩子面临被流产、遗弃或不被善待的情况,甚至有妻子因自己不孕而为丈夫娶妾生育的情况。对960—1949年的家庭财产继承制度的研究表明,男性子嗣的在场至关重要。在宋代,妇女可以因男性的缺席而继承财产。宗祧继承还未成为一个普遍的法律规定。在明初,由于强制侄子继嗣的实施,妇女的财产权利发生了急剧的收缩。寡妇不再能因为无子而继承丈夫的财产,她只能充当财产监护人,为应继(与亡夫关系最近的侄子)保管财产,她有法律上的义务过继他。到了清代中叶,新的法律允许寡妇在族侄中自由择继。②

男孩偏好是我国人口性别比失衡的重要原因。③ 理性选择理论认为,农业生产中的经济理性决定了男孩效用高于女孩,因此人们必须有男孩。④ 当"传宗接代"被视为人生使命时,男孩的价值得以提升。李银河对20世纪90年代山西沁县南山头村的调查发现,村落文化依然会使人有"身不由己"的趋同压力。为什么一定要生儿子?因为不生就会被人骂为"绝后"。每个人在村落生活中都感受到压力,这种要按既定规矩办事,还要争取超过别人的情境就是

---

① 潘光旦:《人文史观》,群言出版社2014年版,第74—75页。
② 白凯:《中国的妇女与财产:960—1949年》,上海书店出版社2003年版,第181页。
③ 杨菊华:《男孩偏好与性别失衡:一个基于需求视角的理论分析框架》,《妇女研究论丛》2012年第2期。
④ 董辉:《中国农民家庭功能及成员活动社会化与生育行为的思考》,《社会学研究》1992年第1期。

村落文化。农民的趋同文化压力使父权制文化通过习俗而延续。① 重男轻女观念成为就业、上学和诸多资源分配上性别歧视的根源,甚至有女性产生自我轻视的观念,这加剧了女性的依附心理。

二、变迁中的性别观念与挑战

中国的妇女解放和性别平等观念的产生和发展受到西方现代民主思想和本土实践的影响,并与婚姻家庭观念和家庭劳动性别分工观念的变迁紧密联系在一起。

如同"娜拉的出走"面临的困境一样,民国初期,女性解放面临着"离家"的种种困境,通过读书离家,早期知识女性通过抗婚推动社会变革。存在的现实问题是,当自我意识觉醒后,个体解放、社会解放和阶级解放之间存在着诸多的张力。离家者的妇女解放是不完全的,新女性要在新的共同体中找到一定的情感寄托,但这种共同体仍会演变为类似家庭的束缚,从而形成"进入—摆脱"的循环。离家的女性在情感上成了社会意义上的孤儿。② 其时,中国女性在自我意识觉醒的过程中:一方面,是从传统的家庭中独立出来;另一方面,就是走向公共生产劳动。妇女解放共同体的建立决定了中国性别平等意识变迁的底色。

新中国成立后,在马克思主义妇女观的支持下,实践毛泽东时代倡导的"妇女能顶半边天"的宣传,性别观念强调妇女走向公共生产的各个领域。随着市场化改革,生育、抚育和养老成为家庭责任,理性与竞争的理念左右人们的生活,家庭内传统性别分工成为人们应对市场经济的一种策略,其思想基础——传统性别观念亦开始呈现。

国家统计局和全国妇联自 1990 年起每十年进行一次的中国妇女社会地位调查较好地反映了国人性别观念的变迁。对 1990 年、2000 年和 2010 年三次中国妇女地位调查数据进行分析,可以将人们的性别观念分为三类,共七个

---

① 李银河:《生育与村落文化·一爷之孙》,文化艺术出版社 2003 年版,第 122 页。
② 杭苏红:《"观念解放"还是"情感解放"?——民初湖南新女性"离家"的实践困境》,《妇女研究论丛》2016 年第 1 期。

因子。第一类为对性别关系的态度,包括:不认同"男性能力天生比女性强";不认同"干得好不如嫁得好";赞同丈夫分担家务。第二类为对性别社会分工的态度,包括:不认同"男人以社会为主,女人以家庭为主";不认同"女性应避免在社会地位上超过丈夫"。第三类为对有关继承规制的态度,包括:赞同子女随母姓;赞同已嫁女儿继承家产。从 2010 年的调查数据看,在这七个反映性别观念的指标中,65.2%的人"赞同丈夫分担家务",为七个指标中认同度最高的;不认同"干得好不如嫁得好"的比例为 41.7%,为七个指标中认同度最低的。从 1990 年到 2010 年的调查数据看,三类性别观念有不同的变化模式。在性别关系方面,中国人的性别观念更趋现代和平等;在社会性别分工方面,有回归传统的倾向;在子女姓氏和财产继承等文化规制方面逐渐摆脱传统。与男性相比,女性的性别观念更为平等。① 总体而言,性别观念呈现出传统意识与现代观念并行交集、矛盾交织的状况。一方面,受教育程度、劳动参与度的提高提升了女性的社会经济地位,重塑了性别平等的关系;另一方面,市场竞争加剧了女性工作-家庭的矛盾冲突,带来了性别分工的传统回潮。

从 2010 年第三期中国妇女地位调查数据可发现:人们的性别观念依然处于传统与现代两极之中间状态,女性的性别观念更趋现代,越年轻者,性别观念越趋向于现代;男性的性别观念更偏传统,且不同年龄男性群体间有着高度的一致性与稳定性,说明男性的传统的性别观念变化不大。

中国的社会主义实践对人们平等的性别观念的形成有深刻影响,特别是毛泽东时代对"妇女能顶半边天"的社会倡导和社会实践,极大地推动了女性对性别平等观念的接纳与支持。计划经济时期对男女平等理念的倡导使我国的性别观念趋于现代。当时,中国的国家与社会关系是"家国同构",并经由单位制对社会性别进行建构,在行政上强制性推行男女平等的政策主张,将男女平等作为社会主义的价值理想落实于现实社会的制度安排。② 另外,妇女组织机构——中华全国妇女联合会是性别观念变迁的重要推手。1983 年 9 月 2

---

① 杨菊华:《近 20 年中国人性别观念的延续与变迁》,《山东社会科学》2017 年第 11 期。
② 左际平、蒋永萍:《社会转型中城镇妇女的工作和家庭》,当代中国出版社 2009 年版,第 51—52 页。

第三章 性别观念及其变革

日,中国妇女第五次全国代表大会上康克清作《奋发自强 开创妇女运动新局面》工作报告,提出"我们要'自尊、自爱、自重、自强',勇敢地捍卫法律赋予自己的神圣权利"。至今,这"四自"精神依然是女性在迎接挑战时的座右铭。

实践与行动促进人们性别观念的改变。一方面,人们的自致地位对性别观念的改变起作用,特别是接受高等教育、收入提升等直接作用于人们的观念,且对女性的作用更为显著。形塑性别观念的性别地位实践理论表明,人们的自致努力和性别地位实践可以推动人们的性别观念向现代转型,但作用于两性性别观念的机制有所不同:女性通过自身努力获得的受教育机会、职业与政治身份更能作用于现代性别观念的形成;通过夫妻间家庭性别分工的平等化可以促进男性现代性别观念的形成。对2010年第三期中国妇女地位调查数据的分析表明,外出务工对农村男女性别观念皆有影响。(1)外出务工有助于削弱农村居民对姓氏继承和性别分工的传统观念,但并未动摇财产继承这一最核心的父系家庭制度。(2)分性别的研究发现外出务工对女性的影响更为明显。女性是两性平等观念的获益者,这导致她们在流动过程中更有动力学习和接纳城市相对平等的性别观念;男性务工人员则从自身利益出发,可能对城市的现代性别观念产生本能的抵触情绪,阻碍他们观念的变迁。(3)外出务工对传宗接代和性别分工两个维度的性别观念的影响是非常持久而稳固的;务工返乡则会强化人们有关财产要由儿子继承的传统观念。① 总之,传统性别观念的既得利益者很难放弃传统看法。农村男性摆脱传统观念的束缚并接受男女平等的现代理念,是一项相对漫长的事业。

两性性别观念的变化是历史过程。现代人强调"实现自我",但两性在自我发展的方向上有差异。现代女性的性别观念中的自我发展表现为不断打破传统性别角色和传统性别分工,摆脱传统的性别依赖而独立发展。

在市场化转型过程中,男性性别观念趋向传统,城镇男性向传统观念回归的速度最快。市场化和国家退出形塑了两性在社会和家庭中的地位,女性就

---

① 许琪:《外出务工对农村男女性别观念的影响》,《妇女研究论丛》2016年第6期。

业参与率下降,在家庭中的经济贡献减少,加剧了其对配偶的经济依赖。① 家庭作为一个整体,使劳动性别分工受制于市场环境,服从家庭的理性安排。

对迁移、家庭和性别的研究发现,迁移是能够显著改变家庭生活的性别化关键性事件,促使丈夫和妻子、父母和子女重新协调其关系。

对中国进城务工人员的研究发现,移居男性在调整和改变他们的家庭照料实践和家庭角色,以此来应对迁移给家庭生活带来的挑战。男性进城务工人员的男性气质被复杂的家庭机制所塑造,这既是城乡迁移的原因,亦是迁移的后果。男性进城务工人员积极重构他们的多重身份——好的恋人、负责任的丈夫、慈爱的父亲和孝顺的儿子,这种重构与他们的城市生活经历密不可分,这种身份的重构与再协商对维持城乡家庭网络、履行传统家庭责任至关重要。有学者用"男性气质的妥协"(masculine compromise)的概念分析男性进城务工人员在向城市迁移过程中的回应、改变和能动性。这种妥协表现为男性进城务工人员坚持维护的是中国父权制的两大基础——父系族氏和从夫居,但是对于传统的"男主外、女主内"的性别界限则采取妥协退让的态度。迁移使得男性进城务工人员能用经济资源支持其父母和子女,履行自己的男性角色,但在有关孝顺和父职的叙述中则充满了依恋、渴望、悲伤、愧疚、失望、骄傲、满意和欢乐等多种情感。"男性气质的妥协"表达了某种双重性:一方面,通过在夫妻权利和家务分工中的让步,重新定义孝顺和父职;另一方面,努力维护家庭中的性别界限和其在家庭中的象征性支配地位。② 大规模的城乡迁移可能在照料实践、劳动分工和权力分配方面促进了中国家庭的性别平等,但这些实践并没有唤起与之相对的性别平等观念。实践与观念之间存在差异说明,这是一种实用主义的产物,而不是文化价值观念的变迁。这意味着一旦那些迫使男性进城务工人员妥协的条件消失,更加传统和保守的性别关系可能会复苏。期待男性气质的妥协最终能够使男性感受到性别平等的益处,使性别平等的机制能够产生持久影响。

---

① 刘爱玉:《男人养家观念的变迁:1990—2010》,《妇女研究论丛》2019 年第 3 期。
② 蔡玉萍、彭铟旎:《男性妥协:中国的城乡迁移、家庭和性别》,生活·读书·新知三联书店 2019 年版,第 174—180 页。

第三章 性别观念及其变革

世代影响(intergenerational influences)和代沟(generational gaps)是研究性别观念变迁的重要概念。世代影响是指父母一代与子女一代在性别角色的期望和观念上的连续或断裂。观念的持续性表现为各代人在生活方式、消费方式和价值观上的同化和继承,如工作的母亲会影响子女认同职业女性的发展路径。利用中国综合社会调查(CGSS)2013年的调查数据进行的研究表明,在男孩偏好影响下,有儿子可能会增强母亲性别意识形态的传统倾向。①

代沟问题突出了新生一代与父母辈之间在性别角色定位等价值观和生活方式上的分歧。年轻一代的身上出现了更多的双性气质,女孩子们会参与各种竞技型的游戏,男生开始化妆打扮,这都呈现出个体在性别角色上的自我开创。现当代的性别观念至少存在四对矛盾现象:一是传统性别观念和现代平等的性别观念并存;二是渴望性别平等的理想与性别歧视的现实之间存在落差;三是城市生活追求的个体独立与农村生活强调的家庭本位的并存对年轻人的挑战;四是东方文化以集体主义(家庭主义)为价值取向与西方文化以个人主义为价值取向的冲突。以父母"催婚"为例,两代人之间冲突明显。

有学者提出,强调"做全参与型好男人",做一个"性别平等男",这不是为了他人,而是为了自己,这将会拥有更积极的生命体验、更和谐的亲密关系、更幸福的亲子关系,会让自己感到更有力量和更有成就感。②社会对"男孩危机"或"拯救男孩"的讨论将女性超越男性的趋势看作男性的问题,甚至是社会的衰落,这在观念上依然强调男性的支配气质,是为维护父权体制所做的呼吁。"男性觉悟"概念主张男性解放的关键是唤起反思意识,认识到传统支配性男性气质是对男性和女性的共同伤害。从观念变化的角度看,相信两性合作与两性伙伴关系的建立能带来革命性的发展,实现创造生命的欢乐来替代竞争与剥夺。

---

① 孙晓冬、赖凯声:《有儿子的母亲更传统吗?——儿子和女儿对父母性别意识形态的影响》,《社会学研究》2016年第2期。
② 参见方刚:《做全参与型好男人:男性气质与男性参与》,中国社会科学出版社2015年版。

小 结

性别观念是一整套人们对性别角色规范、性别角色分工、性别关系模式等相对稳定的看法。人们的性别观念常常以符号化互动方式作用于性别关系。现代社会经历着从传统性别观念向平等性别观念的变化,可分辨出至少三种类型的性别观念——传统的性别观念、平权的性别观念和变化的性别观念。男性统治与传统的性别观念相互依存。现代化、城市化和个体能动性的增长等多种力量推动性别观念的变化。儒家文化强调的中和位育的关系秩序强化了等级化的性别分工,重男轻女的生育文化持续维护着不平等的性别观念。新中国"家国同构"的制度设计和以妇女就业为前提的妇女解放赋予了人们更多的性别平等意识。21世纪,"男性觉悟"概念的提出挑战了以男性为中心的传统观念和制度设计。

◆ 关键概念

性别观念 中和位育 男性觉悟 三从四德 "四自"精神

◆ 思考题

1. 试述性别观念的基本类型。
2. 试述在定量研究中,测量人们的性别观念需要考察的变量有哪些。
3. 试分析推动人们性别观念变化的社会力量。

◆ 进一步阅读参考文献

刘爱玉、佟新:《性别观念现状及其影响因素——基于第三期全国妇女地位调查》,《中国社会科学》2014年第2期。

杨菊华、李红娟、朱格:《近20年中国人性别观念的变动趋势与特点分析》,《妇女研究论丛》2014年第6期。

第四章

性别社会化

人的成长受到多种因素的影响,性别身份在其中的作用不容忽视。在"什么因素促使我成为现在这个样子的男生/女生?"的作业中,一位女同学以《我是女生》为题写下她的成长经验:

我是女生,一个直到去年都拒绝承认这一事实的女生。

我已不记得自己是何时意识到男女是有别的……但是我却清楚地记得从心理上拒绝、排斥自己女性性别的开端。小学三四年级时读到一篇优秀学生作文,是一篇自我小传,通篇用极其自豪的语气表达了一个意思:我是"假小子",我为此而骄傲!这篇文章对我震动极大,向我传递了一个暗示:女不如男,因为女生以"假小子"为荣,表明"小子"的地位要高于"丫头"。自此往后,我对男女地位问题就十分敏感。很不幸,诸如"娘娘腔""妇人之仁""女人是祸水"等都或明或暗地表达了世俗的观点:女子不如男……

"女子不如男"的观念在我心中所激起的叛逆精神使我走向极端,一次又一次地自我暗示,有时简直就是神经过敏,我告诉自己要"坚强""勇敢",故意做各种女生和男生都不敢做的事情;我为被自己鄙视的"懦弱"女生出头,跟欺负她们的男生打架;我和男生玩,跟他们比跑步、跳远,不屑与女生为伍;我拒绝文静,拒绝饰物,拒绝裙子……总之,我拒绝一切"女人味",追求与男生绝对的平起平坐,但又因为自己毕竟是女生,"心虚"而导致行为往往比男生更男生——这一疯狂而盲目的状态一直持续到初中毕业,这一阶段是由社会对某些女性特质的否定评价导致我全盘排斥女性特质的阶段。

进入高中后,尽管内心仍秉承对"女子不如男"的反叛,但我的行为有所改变,开始接纳被社会普遍赞同的女性特质,如开始变得沉稳、温柔、文静。另外一个很重要的转变是,我开始承认女生在体格上确实不如男生,这让我既气馁又无奈,但我转而找到了"补偿"办法,证明自己在智力上可以超过他们,起码不能输给他们。于是,我将目光投向了物理,因为在一般人看来,物理是女生的禁区,是证明男生比女生"聪明"的最没有争议的领域。入学时我立誓:别的科目可以不管,但一定要把物理学好!说到做到的我全身心地投入物理学习,第一次考试就取得了全年级唯一的满分。我用我的成绩反驳了人们关于女生在高中时成绩会下降的论断,并以全校第一的成绩考上北大。

但是正是从高中开始,越到后来我越是觉得孤独,觉得疲惫,觉得不堪重负,觉得迷茫。一方面,我偏离了女生走的航道,离女生这一群体越来越远;另一方面,男生这一群体也并不接纳我。在双方的眼中,我都不是他们的同类,是异类。我只有女生的痛苦,没有"小女生"的快乐;只有男生"拼杀"的痛苦,没有"大丈夫"的快乐。我想要挣脱这张痛苦的网,但是骑虎难下,越挣扎,缠得越紧。……

高考后,我买了第一条裙子,原先以随时与男生决一雌雄为己任的我如今偃旗息鼓……我决定回归女生群体。对于这一转变,我不清楚是对是错。男女平等以什么来衡量?……

性别社会化贯穿人的一生,社会固有的性别文化先于个人存在。从"一名女生的自我成长"可以看到与性别相关联的个人成长有赖于学习和领悟性别角色规范与相关价值,这是个不断克服心理危机和在实践中反思、摸索的过程。就上述例子而言,性别身份认同的动力机制既可能达成自我否定的"女不如男"的社会想象,又可能给人以激励,成为证明女生可以超越男生的行动力。两性都在经历性别社会化,都需要不断打破传统的性别刻板印象。

第一节 性别社会化过程

一、成长与性别社会化

(一)成长、性别刻板印象与性别角色塑造

从嗷嗷待哺的婴儿成长为在社会上生存的自食其力的成年人是每个人都要经历的过程。微观上,个人通过社会化获得社会角色,并内化其角色价值与角色规范,获得社会生活的能力。宏观上,社会化过程保障了社会和社会群体的延续,按一定方式和方法培养子代,成为文化世代相传的主要渠道。性别角色理论认为,两性的社会行动依从性别角色体系,人们内化了性别角色的价值观来行动。人们在社会化过程中学习到"男人以事业为主,女人以家庭为主"的社会规则,女性会逐渐认同生育与养育的价值,男性会逐渐认同发展事业的价值。

人在成长之初,通过"刺激-反应"模式对自己的行为可能引起的社会后果有了明确的意识,当一种姿势对发出者及其对象有共享意义时,它就成了"有意义的姿势",即符号,如拥抱与微笑间的联系。儿童在游戏和组织游戏的过程中逐渐学会区分"主我"与"客我",形成有意识的自我间的互动。性别本身成为符号,从出生起两性就被分别界定为"应当去闯天下的男孩"和"应当被呵护的女孩"。

刻板印象影响角色定位。刻板印象是指人们对某一事物形成的固定看法,人们会把这些看法推而广之,认为同样的事物都具有相似特征。刻板印象的积极方面是有助于人们组织、存储和使用信息,简化认知过程以利于处理复杂的事务;但固化的认知模式有明显的消极作用,使人们缺少对事物变动的、多元的认知。性别刻板印象是指人们对性别气质存有固定看法,习惯性地认为男性和女性各有不同的能力和特质;用这种固定看法对待两性,使性别角色和性别气质固定化。

传统性别刻板印象认为男性"自然"更为理性、独立、有动手能力、阳刚、有控制力、冲动、具有主体性,女性更为感性、依赖、软弱、有语言能力、顺从、被动。传统性别角色是沿着父亲或丈夫与母亲或妻子的家庭角色实施性别社会化和定型化的。因此,性别社会化过程将两性塑造为各异的性别角色,养家糊口的、坚强的父亲和养育子女的、温顺的母亲。这种性别角色的塑造在不知不觉中掩盖了男强女从的等级秩序。性别社会学的任务是警惕、反思和批判,当个体面对性别刻板印象的束缚时,不用自责和恐惧,要深知挑战的是传统父权制文化的压制,要批判的是将性别气质刻板化和等级化的文化。

通过一个英国短片《性别差异:男孩玩具与女孩玩具》,可以理解性别刻板印象的普遍性。这个短片记述了这样一个实验过程:

> 实验人员找来几个小男孩和小女孩让他们互换衣服,然后将孩子们放在摆满各类玩具的毯子上,邀请成年志愿者陪孩子玩耍,观察成人和孩子的互动。志愿者不断地将毛绒摇铃、河马和小猫等给穿着裙子的"女孩",把小机器人、串珠给那些穿着像男孩的"女孩"玩。甚至有志愿者明确说:"我觉得她特别喜欢那个粉色娃娃呢!"
>
> 当志愿者们知道真相后,非常惊讶。他们承认当时的心态是:"我可能想着她是个小女孩,我得给她女孩子玩的东西。"志愿者承认性别刻板印象在作怪,也承认自己的行为有引导性。无论男女,所有志愿者都表现出相似的性别偏见:给男孩机器人、小车,陪他们玩空间认知和体能锻炼的游戏;给女孩选择娃娃和毛绒玩具,却不玩空间认知和体能锻炼的游戏。
>
> 短片问观众一个问题:男性在数学、空间认知及肢体运动等领域都占据了绝对主导地位,这是由于男性天生更擅长这些事还是由于他们得到了更多的培养?当孩子们经常玩空间认知类游戏时,他们的大脑在三个月内就会出现生理性变化。从志愿者的反应知道,女

孩子有多难接触到这样的训练,成年人对待男孩和女孩的方式中有性别刻板印象和性别偏见,差异化的养育会对孩子成长发育产生重大影响,让男人和女人变得不同。这是一个循环,当人们认为男孩空间感更好,因此带男孩玩空间认知游戏,游戏会促使男孩生理结构上成长为空间感好的人,而这个结果又会被人们拿来证明"男孩空间感好";女孩子由于很少接触有助于空间感形成的玩具和游戏,导致这部分潜能不能得到充分开发,长大后可能空间感差,从而强化了"女孩空间感不如男孩"的性别偏见。

社会建构造成的性别差异成了人们习以为常的"男女天生不同"的证据,刻板印象随之固化。那些自认为思想开明的人,结果发现其性别刻板印象早已根深蒂固。当女性的性别角色被限定在以家和抚育孩子为中心时,过家家、照顾"娃娃"和玩毛绒类等玩具就自然地属于女孩;男性的性别角色要求他们以社会为中心,汽车、枪、积木、运动类玩具自然成了他们的专属。商业社会进一步加深了这一刻板印象,将玩具简单地分类为男孩的和女孩的,增加商品的辨识度,抓住大众的标签心理,孩子的性别社会化简单粗暴地被装进了已有的"性别壳子"里。一些商家对这种性别刻板印象的社会结果有所认识,做出了积极的反应。美国大型玩具连锁店"玩具反斗城"2013年在"Let Toys Be Toys"等团体的压力下取消了将门市玩具按性别分类的做法,只按年龄段、品牌及品种划分,给孩子同等的机会去选择玩具。

(二)性别社会化

社会化(socialization)是指使人们获得个性并学习社会生活方式的个人与社会相互作用的过程,它是联系个人和社会的必要环节,并且是一个终身的过程。社会化过程是个人成长为社会成员、独立地参与社会生活的过程,是人们领悟社会角色和社会规范的过程,文化由此得以延续。社会化是潜在的社会控制,一旦人们把现存的社会角色规范内化,就会控制自身行为,并以此要求他人。人的社会化是一个终身的过程,在社会化过程中,人们学会基本的生活技能、社会规范、生活目标和社会角色。在学习中,人们习得与社会角色一致的态度、动机和行为。人们内化了社会规范,成为按社会要求行事,为自我负责的人。

性别社会化(gender socialization)是人们学习、领悟、效仿和反思性别规范、性别角色和性别期待的过程。性别社会化从人一出生就开始进行,在社会学习和互动的过程中,人们学到了做男人或女人的价值观念和行为方式。英国社会学家吉登斯说:"在每天无数的小活动中,我们社会化地再生产着——亦即制造和再制造着——性别。"①性别社会化包括"性别角色定义""性别角色诠释""性别角色接收"和"性别角色扮演"的复杂辩证关系,包括个体的主体、客体、主体间性等方面,性别社会化可视为个人在一生中、在互为主体的脉络中自我归属认同的全过程。就像章首《我是女生》中所说:"高考后,我买了第一条裙子……"一条裙子对一个青春期的女生来说,可能意味着对社会性别期望和规范的屈服、反抗和反思。性别社会化是个人被整合进既有的性别角色体系的过程。在这个过程中,人们内化、反思或反抗性别角色的价值体系,形成扮演这一性别角色的内在动力。

性别社会化是学习的过程。第一,儿童通过观察模仿父母的行为了解到性别差异。在观察学习的过程中,自我规范和自我强化是两个重要方式,前者是学习到观察对象的行为标准,并成为自我规范;后者是根据标准对自己的行为进行肯定。如反对电视节目中暴力镜头的专家认为,儿童通过观察暴力行为可能学习到不良的习惯和行为方式。第二,社会通过奖励与惩罚可以强化或弱化某些行为。儿童除了模仿同一性别的行为,还会对异性行为进行观察和模仿,他们遭遇的奖励与惩罚会强化某类性别气质。当女孩子像男孩子一样与人打架时,会受到比其兄弟更严格的惩罚,这些惩罚会减少女孩子的打斗行为。第三,性别认同和价值观念的形成。人们从模仿和奖惩中逐渐将经验转化为理念,形成自己行为的标准和价值体系,做出自认为有价值的性别行为会使自我得到满足。

性别社会化的方式是多元混合的,有教化式、互动式和反思式。教化式的

---

① 安东尼·吉登斯:《社会学(第四版)》,赵旭东等译,北京大学出版社 2003 年版,第 133 页。

第四章 性别社会化

性别社会化是相对被动的,主要是家长、教师、其他长辈和组织权威通过奖励或惩罚的方式引导两性青少年掌握有差异的行为模式。男孩子勇敢的行为会得到鼓励,爱哭的男孩子则受到嘲笑和指责;温柔和顺从的女孩子会得到成人的赞美,"疯丫头"则受到指责。奖惩机制强化了青少年遵从社会期望的性别角色。互动式的性别社会化则使社会化对象具有了能动性,使他们在日常生活的互动中学习和领悟到性别规范、扮演社会期望的性别角色。如作为特殊互动形式的目光接触——凝视,对两性就有着相异的行为规范和要求。一个男人凝视一个女人被视为"自然的"或"清白的"行为;如果这个女人感到不舒服,她可以转过脸去或中断互动来避开凝视。反之,如果一个女人凝视男人,则常常被视为是挑逗或色情的行为。① 在互动过程中,双方会运用奖惩机制,但互动式学习常常会强化男性支配的模式。反思式的性别社会化表明了人们的能动性及性别规范与性别角色的可变性。随着性别平等意识的普及,父母对待男孩和女孩的方式变得更加一视同仁。互动式的性别社会化过程中,两性交往的规范是实践性的,如恋爱交往中谁应当买单,正从由男性买单到交替式买单。反思式的社会化还包括人们对话语和大众传媒的反应。面对电视节目中男性倾向于扮演更积极、更具冒险性的角色,女性常常被描写为被动的、被期待的和家庭取向的角色时,看客会做出自己的评论和选择。社会学习理论特别强调父母与子女的互动关系。随着社会变迁,父母在鼓励子女的独立性、成就感、互动能力、实践活动等方面对男孩和女孩的态度正趋于一致。② 在现代化的文化创新中,性别文化悄然变化。

二、家庭对性别社会化的作用

个人的成长环境对人的性别社会化有重要影响,包括:家庭,涉及父母、兄弟姐妹等;学校,涉及同辈群体和老师;组织,涉及领导和同事;大众传媒,涉及书籍、报纸、电视、电影和网络信息。这些因素合力影响个人成长,其中的知识

---

① 安东尼·吉登斯:《社会学(第四版)》,赵旭东等译,北京大学出版社2003年版,第105页。
② Hugh Lytton and David M. Romney, "Parents' Differential Socialization of Boys and Girls: A Meta-analysis," *Psychological Bulletin*, 1991, 109(2): 267–296.

以竞争的方式作用于个人的社会化。儿童的社会化首先是从家庭开始的。在家庭中,在父母的影响和指导下,儿童获得了最初的生活经验、社会知识和行为规范,并且在以后的生活中会不断强化这种影响。可以说在儿童的性别角色社会化过程中,家庭作为初级社会化单位,具有直接、深刻、持久的影响;而次级社会化单位,如学校的老师、同辈群体、组织中的领导和同事等发挥的作用有赖于初级社会化,在一定意义上有拟家庭化的特点。

家庭对人的性别社会化的影响十分复杂,生物性的、社会性的和认知性的因素在共同发挥作用。有不少的课题需要得到研究,包括:(1)家庭成员的性别构成,即父母的性取向、婚姻状况、兄弟姐妹的性别构成;父母经历的性别社会化;父母和子女的内在和外显的性别角色认知如何影响孩子的性别社会化;通过比较研究考察父母与孩子之间的互动关系;比较同一家庭中父母对男孩和女孩行为反应的异同。(2)关注性激素对家庭性别关系的影响,如青春期、孕期、更年期时的性别互动。(3)研究生物性因素与人类性别社会化和性别角色认知之间的相互作用,由此回应生物性因素对社会建构理论的挑战。

(一)父母期望与教育卷入

社会化的理论认为,儿童在成长初期,"一般化他人"和"重要他人"对其成长有重要意义,儿童通过前者学习一般性价值和道德规则,通过后者学习重要的价值和道德规则。孩子的父母常常成为其早期成长过程中互动型的重要他人与榜样型的重要他人。父母的性别角色行为和性别角色期望对儿童的性别角色社会化会产生重要影响。

家庭结构和父母养育方式直接作用于子代的早期性别社会化,形成子代的性别规范、性别角色和相关的情感模式。性别的自我认同是在不断克服社会环境与成长条件的危机中逐渐形成的。如果一个社会存在明显的性别偏好,那么这一性别偏好会在孩子成长的过程中以资源分配和情感分配等方式显现出来。在养育孩子的过程中,父母的性别意识、期望和性别角色分工都会影响子代。从长辈给孩子"取名字"开始,婴儿就被打下性别烙印;养育者通过鼓励或惩罚孩子的某类行为而对其性别角色产生作用;同时,兄弟姐妹在家庭中的出生顺序可能会影响到其性别社会化。

中国文化中的"望子成龙",特指父母对儿子/男孩子有很高的向上流动的期望。有研究认为,中国现阶段教育出现了性别"逆转"现象,女生成绩超越男生,这与父母对女生较高的教育期望相关。一项基于中国教育追踪调查(CEPS)2013—2014年基线数据的研究认为,我国中学生教育期望存在性别差异,女生的教育期望水平显著高于男生。父母教育卷入对初中生的教育期望具有显著影响,即其他因素保持不变,学习管教、沟通交流和父母教育期望越高,子女的教育期望越高。父母教育卷入对初中生教育期望的性别差异具有调节效应,家庭管教和交流沟通对男生受教育期望的正向影响比对女生的正向影响效应更为显著,父母的教育期望无论对男孩还是女孩的受教育期望都具有较强的促进效应。[①]

家庭中的亲子互动关系贯穿人的一生。父亲在家中与母亲分担家务的形象,对女孩和男孩都有积极的影响,更可能使其形成平等的性别观;在这样的家庭中成长的女孩长大后的自尊水平会更高,更加相信自己值得爱;她们的职业抱负和对自我的期望也更高。[②] 具有性别平等意识的父母在亲子活动中为下一代的性别平等观念的形成树立了榜样。

(二) 学校的性别社会化

学校对学生性别社会化的作用是全方位的,包括同学之间、师生之间和老师榜样等多重影响,学校性别社会化直接反映为两性学科兴趣的差异。

一项对某省近5年来高考完整数据的分析发现,该省高考考生当中,理科生的男女性别比达1.35,而文科生的男女性别比为0.37,文理科的性别结构分异显著。[③] 其性别社会化的过程表现为老师对不同性别学生给予的学业期待、鼓励、机会以及不经意的打击;高中文科班上的男生常常感受到巨大的性别压

---

① 周菲、程天君:《中学生教育期望的性别差异——父母教育卷入的影响效应分析》,《教育研究与实验》2016年第6期。

② A. Croft, et al., "The Second Shift Reflected in the Second Generation: Do Parents' Gender Roles at Home Predict Children's Aspirations?" Psychological Science, 2014, 25(7): 1418-1428.

③ 李代、王一真:《科学专业中的女生:高等教育机会与专业选择的性别差异》,《社会发展研究》2019年第3期。

力,由此导向其学术兴趣和职业发展方向的性别分化。

一项对全国 85 所高校的抽样调查发现,高中选择读理科的女生比例远小于男生,这一性别分化进一步传递到大学的专业性别化,即使排除了两性在生理、能力、兴趣和家境的差异后,男女生在专业选择上仍然存在显著的性别分化。① 无疑,学校中存在的性别角色期待带来了专业选择的性别分化。在有着性别刻板印象的师生互动和同辈互动中,男女学生产生了不同的专业偏好。

在职业发展的个人抱负上,来自父母、老师和同辈的期望对个人的自我期望产生重大影响。男性被鼓励应在事业上取得发展,成为未来的一家之主;对女性的期待随着生命周期而变化。在初高中,由于学业的要求,人们对两性的期望差异不大;但进入大学后,特别是进入婚育期,两性都感受到家庭责任的压力,女性感受到的是偏于婚育的压力,男性感受到的是偏于事业发展的压力;最终会形成有性别差异性的发展道路。

(三) 朋辈参与的性别社会化

在人们生命的不同阶段,朋辈(朋友或同辈群体)起着重要的社会化作用。友谊在诸多维度上满足人们的需求,人们由此获得社会整合感。有研究表明,在各个生命阶段,无论男女,同性朋友始终占据重要地位。在儿童期、青春期和成人期,同性朋友通过互惠过程提供经验分享、友谊和支持,同时这种同性友谊可能会加深性别隔离。② 性别隔离可能从童年的交友过程就开始了。

因为男女两性在劳动力供给、婚姻角色和为人父母方面有着不同的地位,其友谊的建立有着各异的机会和限制。女性多在组建家庭和生育后将更多的时间和精力投入家庭,如承担更多的家务、养育子女和卷入情感活动等,这些使其失去了结交朋友的环境,限制了女性花在个人友谊上的时间和精力。而随着年龄的增长,老年女性的友谊再次呈现积极的状况。相比之下,男性通常

---

① 马莉萍等:《大学生专业选择的性别差异——基于全国 85 所高校的调查研究》,《高等教育研究》2016 年第 5 期。

② Clare M. Mehta and JoNell Strough, "Sex Segregation in Friendships and Normative Contexts across the Life Span," *Developmental Review*, 2009, 29(3): 201-220.

不会因婚姻和家庭牺牲发展友谊的机会。

友谊模式亦存在性别差异,并强化了分化的性别气质。女性友谊多是"面对面的",男性友谊多是"肩并肩的"。女性朋友之间更有可能自我透露关于感情、烦恼和个人关系等私密信息。男性朋友之间较少进行情感交流,常常因为共事而建立情感联结,其活动内容多以一起运动为主,专注于完成任务,体现了男性友谊的工具性和能动性。① 男性会有意避免与朋友进行具有女性气质的表达性活动,有意识地通过参与男性化的活动展现身体和精神的力量。②

在各类互动关系中,男孩多被鼓励独立行动和参与体育项目等团队活动,这使男孩的社会性得到培养。女孩子常常被要求遵守更多的性别约束,更多参与近距离的家庭和学校活动。早期社会化形塑了性接触中更主动的男性和被动的女性。

职场和媒体对人的性别社会化亦有重要作用,这将在后面章节中讨论。

第二节 性别社会化的理论

性别社会化时刻在进行,但学者的相关研究并不充分,人们对分性别的教养与教育多习以为常。本节对性别社会化相关理论进行回顾性讨论,希望对认识固化的和等级化的性别有启发意义。

一、精神分析的理论

现代精神分析或精神分析治疗强调分析有助于人们把不同领域的经验联结在一起,以将过去与现在、意识与潜意识、人际事件和隐秘的幻想等联系在一起,使之成为认识自我与他人的有效工具,其对性别身份认同的分析具有广

---

① Clare M. Mehta and Yulia Dementieva, "The Contextual Specificity of Gender: Femininity and Masculinity in College Students' Same-and Other-Gender Peer Contexts," *Sex Roles*, 2017, 76(9-10): 604-614.

② Todd Migliaccio, "Men's Friendships: Performances of Masculinity," *The Journal of Men's Studies*, 2010, 17(3): 226-241.

泛影响。

西格蒙德·弗洛伊德(Sigmund Freud)在20世纪初开创了精神分析理论，并创新性地讨论两性气质及其形成机制。他质疑欧洲文化中有关性别的、理所当然的说辞，反对将性别气质视作天然的。弗洛伊德认为，人格结构由本我、自我和超我三部分组成。本我是一种自然我，受到性欲和攻击性等原始欲望的支配；自我是指现实生活中表现出来的、可见的我；超我是受道德约束、由社会力量塑造的自我，超我对本我进行监督，并将本我的欲望和攻击性升华至艺术。性本能和攻击本能作为本能不可能被消灭，只是被"压抑"，成为潜意识；而超我内化了群体要求和压力，它有能力压抑或升华人的本能。因此，自我永远悬置在本我和超我之间，由社会化力量形成的超我不断强迫自我把本能保持在潜意识中，或将其升华。超我具有性别特征，即个体压抑的性欲和攻击欲有性别差异，其压抑或升华的手段亦不相同。

弗洛伊德提出俄狄浦斯情结(Oedipus complex)和厄勒克特拉情结(Electra complex)的概念，即男孩的"恋母情结"和女孩的"恋父情结"，他们通过产生的危机感形成性别身份认同。男孩与父亲的对抗加深了他们"恋母情结"中"阉割/去势情结"的危机感，对母亲的依恋使男孩子渴望自己和父亲的身份一致。其结果是，一方面，他发展出对父亲的攻击性；另一方面，他内化了父亲所代表的权威和道德规范，恐惧自己的乱伦倾向而形成超我，儿子将父亲以道德规范的面目安置在自己心中。在道德规范的指引下，男孩的成长表现为：原有的"恋母情结"越明显，受到的压制越强烈，形成的超我就越有力，两者成正比。弗洛伊德以对应的方式理解女孩子的成长经历，提出"恋父情结"。女孩最初对母亲有爱恋，认为自己同父亲是一致的，但到5岁左右她发现了两性生殖器的差别，她因没有男性生殖器而做出消极反应，产生了"阉割/去势情结"，认为自己的身体是不健全的，并为此感到痛苦。于是，女孩不得不放弃自己的男性化要求，转而认同母亲的身份，并设法引诱父亲，形成"恋父情结"。在"阉割情结"和"恋父情结"的共同作用下，女孩的受挫感越来越强烈，一方面她爱着自己的父亲，另一方面又徒劳地想和他一样。在超我的发展过程中，女孩子的乱伦倾向受到压抑，但因社会对"恋父情结"没有像对男孩子的"恋

第四章 性别社会化

母情结"的规定那么严格,因此女性的超我力量不强,她们出于"阴茎羡妒"(penis envy)而接受了自身的次等地位。弗洛伊德的理论建立在阴茎价值及中心立场上,女性并非男性的对应物、他者或非此即彼的存在。精神分析无法解释为什么女性会成为"他者"。

美国心理学家南希·乔多罗在《母职的再生产:精神分析与性别社会学》一书中专门讨论母亲和孩子的关系。她认为,人的自治不是从内部产生的,而是在与他人的连接、分离和重新连接的经验中产生。人们在行动中形成经验感,在过去和现在之间建立起联系。精神分析是重建个体与过去的联系,她从母子关系入手与弗洛伊德对话。性别差异源自恋母情结,与弗洛伊德一样,她认为孩子天生是双性恋,母亲是孩子的第一个性对象。与弗洛伊德不同的是,她认为孩子的自我是从对母亲主导地位的反应中形成的。男孩的独立身份是在认同父亲和脱离母亲中形成的;女孩形成独立身份要付出更多的努力,她们既要与对父亲的情爱做斗争,又要在和母亲的连接中做挣扎。孩子与母亲的联系非常重要,母亲操持家务的形象深深地扎根在孩子心中,这一形象对男孩们来说是否定性的,他们必须抑制自己最初产生的对母亲的认同感,否定自身的女性倾向和情感,尽力走出恋母情结,走向象征界,即认同父亲的权威。[①]

精神分析界一直有着生物/实在论与文化/建构论之间的争论,前者关注性别差异的起源,强调生理构造即命运,而后者强调社会文化。乔多罗强调社会化过程存在一整套母职再生产的逻辑,它使女性看起来乐于承担母亲角色,男性却没有为父职做好准备。男孩和女孩因妈妈的作用发展出不同的"性别个性",女孩会倾向于复制母亲的角色,男孩会倾向于寻找和母亲相似的伴侣。霍克希尔德对乔多罗提出了批评,她认为社会化对象的认知亦很重要,他们是否认同母亲角色、男性气质和女性气质的文化塑造皆很重要。[②] 中国文化倡导

[①] 参见 Nancy J. Chodorow, *The Reproduction of Mothering: Psychoanalysis and the Sociology of Gender*, University of California Press, 1979。

[②] 参见 Arlie Hochschild with Anne Machung, *The Second Shift: Working Families and the Revolution at Home*, Penguin Books, 2012。

的"严父慈母"表明父亲和母亲在社会化过程中有不同功能:"严父"强调的是道德教育,"慈母"强调的是关怀。

二、生命周期的性别社会化理论

生命周期也叫生命历程(life course/life cycle),指一个人由出生到死亡的全程,也就是人们在不同年龄阶段皆要经历相似的、重要的生命事件(life events),这些生命事件包括:出生、上学、就业、结婚、生育孩子、离婚或丧偶、孩子成长至结婚、退休至死亡等。生命周期理论认为,重要的生命事件是人生的重要转折点,人们在每个转折点都会遇到危机,能否度过危机,即个人能否从一种生活状态和社会角色向另一种生活状态和社会角色转化,这是观察个人成长的重要方法。每个转折点可被视为生命历程中的道路标识,这为理解个人与社会间的互动关系提供了有效工具。生命周期理论为理解性别社会化提供了重要的手段,从中可以观察到一种分性别的社会化。

从0岁开始,两性差异就开始显现。性别偏好决定了一个孩子出生时受欢迎和被期待的程度。儿童3岁左右开始有性别意识,能够准确地说出自己的性别。当儿童逐渐意识到他们是某一性别群体的成员时,他们就会逐渐领悟该性别应有的行动规范。6岁左右他们进入学校,开始经历学校教育,受到老师和同学的影响。

青春期(12—20岁左右)是社会化的关键时期。这一时期的社会化除了家庭、学校因素外,又加入了大众传媒和同辈群体的影响。青春期的性别社会化是建立在人生理变化的基础上的。女性的月经初潮和男性的遗精成为其生命历程中具有标志性的事件。随着第二性征的出现,青少年的社会文化明显划分出男性与女性角色、活动、权利与责任的差异。男性多被鼓励从事体育活动,女性开始关注自己的言行是否得体。身体变化增加了青少年对性别认同的自觉,并使其更清楚地领悟性别文化符号的意义。对女性月经禁忌的研究表明,传统文化视月经期的女性为不洁,因此月经期的女性不能参加宗教活动等。这导致了在文化符号意义上女孩子对自我性别认同的自卑感,甚至有不少女孩子以此为自己数学成绩不理想找到借口。同时,伴随第二性征的出现,

第四章 性别社会化

对女性身体规范出现了双重标准,这使其生活目标亦与男性不同。

进入婚育期,社会普遍鼓励男性往事业上发展,鼓励女性向着妻子和母亲的性别气质发展,择偶过程加剧了性别刻板印象式的社会性别气质的塑造。

成年期男女会普遍地存在成就恐惧症,其程度、取向以及衡量成功的标准皆呈现性别差异。男性以事业成功、女性以家庭幸福为主要衡量标准。随着社会变迁,"角色创造"在现代社会变得更加丰富多元。女性追求事业成就亦成为普遍事实。这一时期,两性面临工作和家庭的冲突,生育和养育对女性造成了更大的压力。

老年期是常常被人忽视的年龄段,但性别社会化依然在起作用。社会对女性和男性的老化有不同的反应。如果社会化传递的是女性的价值在于"像花一样美丽"的话,老年女性就会被固化为不再具有性吸引力的、满是皱纹的、爱唠唠叨叨的和无用的老太婆形象。"更年期"是建构中老年女性心理的重要生命事件。更年期多指50岁左右的女性连续12个月没有月经,并因雌性激素下降出现潮红、多汗或胸闷等生理现象。许多人认为更年期的女性是病态的、缺乏处理问题能力的。事实上,并非每个女性都会经历更年期,"更年期综合征"的概念具有符号意义,贬低了中老年女性的生命价值。当将事业成功作为男性气质的核心时,一直以事业为主的男性到老年亦会遭遇到失去自我价值的挫败感,甚至变得离群索居。

波伏娃在《论老年》(*La Vieillesse*)一书中指出,老年人受压迫的原因是别人期望老年人有"尊严"。人们假借"尊严"的名义,想制止女人表达激情或反抗之情。在尊严问题上,性别的双重标准和年龄的双重标准叠加。但波伏娃强调老年女性的生活要比男性来得顺畅,因为男人一向充满了自信,他们自以为拥有权力和责任,当他们年老的时候,他们的一切都破灭了,他们无法面对25岁的儿子超过自己的事实。相形之下,女人仍然拥有她们可扮演的角色和在家庭中的功能。她说:

> 我不赞同妇女们把家当作活动的中心,老是在煮饭和照顾她们的孙子们——这些事情的范围太狭窄了,终其一生她所做的也无非

就是这些事。但无论如何,这总是一项使她们活得较好的实际状况和心理资源。①

因生理差异,两性生命周期中的社会差异会以优势或劣势积累的方式呈现出两性发展的最终社会结果,由此亦可以理解持续终身的性别社会化过程。

三、两性道德发展阶段理论

任何社会都期待某一年龄段的人在行为能力上达到某种程度,这是个人的发展任务(development task),它强调年龄与心智成熟的配合关系。认知发展理论认为,认知的发展是分阶段的,认知发展的阶段呈现为道德发展的不同程度。个体随年龄增长逐渐学到是非标准及按规范行事。第一阶段是"知"的道德,涉及是非善恶的判断。第二阶段是"行"的道德,涉及道德理念的具体实践。心理学家让·皮亚杰(Jean Piaget)经过多年的观察研究指出,人的智能发展的内在动力是失衡(disequilibrium),人们因失衡而求恢复再平衡的过程产生了适应(adaptation),适应能力的发展促进了智能的不断发展。人的道德发展可分为两个时期:一是他律期(heteronomous stage),此时期大约出现在5—8岁。此时期儿童(学前儿童居多)对道德的看法是遵守规范,服从权威,对行为对错的判断依从行为的后果,不考虑行为的意义。二是自律期(autonomous stage),自律道德始自八九岁。儿童不再盲目服从权威,开始考虑当事人的动机,具有了道德感。

美国社会心理学家劳伦斯·科尔伯格(Lawrence Kohlberg)使用连续测量的方法,在不同年份记录了72个10—16岁男性青少年的道德判断,并到世界各国去推论验证其研究成果。后来,在上述研究的基础上,他提出了三期六段的道德发展理论。第一期为道德前期(preconventional level),区间大约在幼儿园至小学低年级。这一时期分为两个阶段:第一阶段是避免惩罚力求服从取向(punishment and obedience orientation)的阶段,这时的儿童缺乏是非善恶观

---

① 参见爱丽丝·史瓦兹:《拒绝做第二性的女人——西蒙·波娃访问录》,顾燕翎、梁双莲等译,中国友谊出版公司1989年版,第79—80页。

念,只因恐惧惩罚而服从规范;第二阶段是相对工具主义取向(instrumental relativist orientation)的阶段,这时儿童的行为好坏取决于他可能获得的结果,孩子为了求得奖励而遵守规范。第二期为道德循规期(conventional level),区间大约为小学高年级到青春期。该时期分为两个阶段,即第三阶段是寻求认可取向(good-boy-nice-girl orientation)的阶段,并遵守符合"好孩子"的各种规范;第四阶段是顺从权威取向(law and order orientation)的阶段,服从团体规范,行使法律权威,开始使用法制观念来判断是非。第三期为道德自律期(postconventional level),区间大约为青年末期到人格成熟。该时期分为两个阶段,即第五阶段是法制观念取向(social contract legalistic orientation)的阶段,这一时期的青年开始尊重法制,相信法律是为了大众利益而制定的;第六阶段是价值观念取向(universal ethical principle orientation)的阶段,人们相信道德法则的普遍价值,认识到人性的尊严,凭自己的良知进行是非判断。科尔伯格认为,道德发展有高低差异,每个人能够依次达到不同的道德阶段。

科尔伯格在研究道德发展时,采用了给儿童讲故事的方法,这些故事都涉及令人左右为难的道德判断问题。故事讲完后,受试者凭自己的判断指出故事中当事人应如何处理这些两难问题。

故事一　丈夫偷药救妻

海太太患上了一种特别的疾病,生命危在旦夕。经医生诊断,只有一种药物可治该病,而该药物只能在镇上一家药房买到。因为是独家生意,药房老板就把原价两百美元的药价提高到十倍,索价两千美元。海先生因为太太久病已用尽所有积蓄,他四处求亲告友,也只能凑到一半的钱。海先生恳求药店老板仁慈为怀,让他先付一千美元药款先取得药物,余款留下字据,以后补足。药店老板不为所动,坚持一次付现。海先生绝望离去。第二天夜里,他破窗潜入药房,偷走了药物,及时挽救了妻子的生命。海先生的做法对不对呢?

故事二　警官的矛盾

与海先生同住一个镇子的警官布朗先生,在夜间完成值班后回家。在回家的途中,他正好看见海先生击破窗子进入药房,而且他也听说了海先生缺钱买药。布朗觉得虽然值班时间已过,但维持镇子的治安仍然是其职责所在。在迟疑之间,海先生已经偷得药物离去。布朗应不应该进一步追查海先生破窗偷药的案件呢?

面对上述故事,受试者要回答两个问题:一是她/他认为当事人应当怎么做,二是说明当事人应该这样做的理由。研究者按照预先的标准将受试者分别列出等级,归属于道德发展的三期六段之内,评定受试者的道德认知发展达到什么程度:男生更倾向遵守法规,而女生则更具有人情味。研究者通过回答上述问题得出在同年龄的道德发展程度上,男性道德发展程度高于女性的结论。

因为科尔伯格的研究对象是男生,哈佛大学的心理学家卡罗尔·吉利根(Carol Gilligan)在20世纪80年代初将女生纳入研究。她认为,原有研究只能代表男生成长的经验,并没有反映女生的经验,无法解释和推论一般儿童的道德发展趋势。吉利根用科尔伯格使用过的故事,讨论两性的道德发展。

吉利根写下《不同的声音——心理学理论与妇女发展》一书,讨论两性道德发展,提出女性主义的关怀伦理。她指出,男女在道德判断上有根本差异,这种差异是方向性的,而不是水平高低之差。(1)男女在道德发展上存在差异,男性重是非、讲法制,多从"理"的观点看问题;女性重善恶、讲人道,多从"情"的观点看问题。她对11岁男女儿童重复做了科尔伯格的研究后发现,男性的回答的确多达到第四阶段,而女生多停留在第三阶段。她认为,这种差异是道德类别的差异。第三阶段注重的是人际和谐和情感关系;第四阶段注重的是法制权威,强调法制与理性。(2)男女在道德发展上的差异是社会化的结果,社会学习过程鼓励两性的品质向不同方向发展。(3)两性道德发展的差异是方向之差,重感情与重理性之间没有等级性。(4)两性道德发展的特点可以更好地解释两性在公共生活和个人生活上的思考方式,以往人们对自我和关系的界定是以男性为中心的,把男性的经验当成整个人类的自我和关系的经验。而加入女性的经验将超越传统认识论的局限。(5)政治秩

第四章　性别社会化

序和男女心理的活动是联系在一起的,女性的关怀伦理对改变父权制有决定性作用。而现实的情况是,父权制的统治使"许多妇女通过限制自己的声音,有意和无意地使男人声音的文明永久化,使一种基于同妇女分离的生活秩序永久化"①。

吉利根的结论引发了社会强烈的反响。有两种观点:一种观点认为,男女生理差异是一种本质存在,这种差异跨文化和跨历史地存在。正是两性的生理差异产生了性别差异,两性各有优势,产生不平等只是生理意义上的自然现象。另一种观点认为,两性生理上的差异不是造成性别不平等的原因,不平等是社会有目的地建构两性差异的后果,社会定义和鼓励了两性行为的社会价值,从而生产了不同的伦理行为。吉利根持后一种立场,强调两性道德发展方向上的差异是社会化的结果。"失去声音"或"赋予声音"是性别社会化中的关键机制,理解性别社会化的最佳方法是倾听不同的声音。

小　结

性别社会化是社会化的重要组成部分,贯穿人的一生。家庭、学校、同辈群体、大众传媒、职场和社会组织等对个人学习性别社会规范、性别角色,实现性别认同起着重要的作用。两性通过教化、互动学习和反思性的实践逐渐把握社会要求的性别角色和性别规范。人们在实践中不断展示自己对性别规范和性别角色的认同、反抗和创新。弗洛伊德的精神分析理论、不同生命周期的性别社会化理论以及两性道德发展阶段理论都对性别社会化的特点和类型有重要的解释。吉利根揭示出两性社会化过程的差异导致男性道德成长似乎更看重法理,形成法制伦理;女性道德成长似乎更重人情关系,形成关怀伦理。

---

① 卡罗尔·吉利根:《不同的声音——心理学理论与妇女发展》,肖巍译,中央编译出版社1999年版,第13页。

◆ 关键概念

社会化　性别社会化　生命周期　关怀伦理

◆ 思考题

1. 描述自己印象深刻的性别社会化事件，理解自己成长过程中性别所起的作用。
2. 讨论生命周期不同阶段性别社会化的特点。

◆ 进一步阅读参考文献

卡罗尔·吉利根:《不同的声音——心理学理论与妇女发展》,肖巍译,中央编译出版社1999年版。

埃托奥、布里奇斯:《女性心理学》,苏彦捷等译,北京大学出版社2003年版。

第五章

文化研究、话语与性别叙事

人们说出来、写出来的语言被称为话语,这包括人们说什么、如何说以及说话时的关系、场景及其社会后果,话语构成了人与人之间互动的基础。现代社会,大众传媒形成了公共话语空间,深深影响着人们的性别社会化和性别关系。大众传媒以生动的形象展示了社会对理想的男性气质和女性气质的期望,建构今日男女的生活。讲什么样的故事、如何讲故事都会渗透到建构性别气质的生产活动。例如,从"白蛇传"叙述方式的历史演变可以看出男性气质和女性气质的理想类型是如何被新的时代所阐释的。

"白蛇传"的故事始于民间传说。明代作家冯梦龙将这一民间流传的故事编入了《警世通言》,取名为《白娘子永镇雷峰塔》,这一故事是对海淫海盗的警告,它告诫年轻的读书男子要以考取功名为首要使命,但是在求取功名的路上会遇到各种诱惑,特别是要警惕美丽女性的诱惑。美丽女人很可能是蛇蝎所变,它会使男人沉迷于色情,最终让男人伤痕累累。同时,它告诫女人们不要轻信爱情,男人是关心女人出身的,一旦真相大白,男人多是负心人。

到了清代,陈遇乾将这一故事改编为《义妖传》,青、白二蛇成为"义妖",她们为民看病,解救受苦的人。故事表达了世人对于善良义妖来解救人们疾苦的渴望。

1956年,曾被人们热烈讨论的《白蛇传》再次被改写。作家赵清阁改编的

《白蛇传》的主题发生了更大的变化,故事的主题由受到诱惑的年轻人屈服于封建势力,渐渐演变成他们对封建压迫的反抗。赵清阁在"前言"中说明了"白蛇"演变的过程。主人公白素贞由一个可怕的妖怪,渐渐演变成一个富有人性的、坚强勇敢的、可爱的女性;许仙也由一个薄情负义的男子,演变成一个忠诚善良的好人;法海由一个慈悲的和尚渐渐演变成一个阴险残酷的封建统治者。更重要的是,它的主题从男子负心的爱情悲剧演变为反抗封建势力破坏的爱情悲剧。其主题的变化反映了当时中国政治的需要,刚成立的新中国要对传统进行革命,需要宣传人民反对封建势力、争取个人自由幸福的大众文学作品。

20世纪末,女作家李碧华在《青蛇》一书中重述白蛇的故事,以解构男权话语。她以青蛇的口吻表达了对种种已有叙述的不满,在她(青蛇)看来,白娘子对许仙的爱情"一半因为人,一半因为色"。

由传统文本改编的各种写作在文学批评中被称为"文本互涉"(intertextuality),叙述故事并非独立事件,而是互动的,前一个文本构成批评以及颠覆的可能,反映了时代氛围和时代叙述者的意识形态及价值观念。从早期白娘子的美丽、顺从、富有牺牲精神,到现代的女妖精对于情欲的释放,就体现了这一点。

本章关心性别气质的叙述及其在现代大众传媒中的建构。大众传媒包括电视、报纸、电影、杂志、广告、各类网站等。自媒体的出现为大众参与性别气质的自我建构提供了新的空间。

第一节 文化研究与性别话语分析

一、文化研究、话语与诠释

20世纪60年代中期开始的文化研究在批判西方传统知识分子的精神主义的基础上,关注社会中下阶层以及与他们相关的文化,力求从民众的日常生活和经验之中展示其"活的"知识,将大众文化置于广阔的历史背景和社会环

第五章 文化研究、话语与性别叙事

境中,由此大众传媒和流行文化进入了学术殿堂。目前,文化研究至少有四条分析路径。

一是雷蒙·威廉斯(Raymond Williams)的文化唯物主义(cultural materialism)研究。他们把文化视作一种特殊生活方式,以揭示社会制度和日常行为中的某些价值和意义。研究关注作为整体生活方式的日常生活,特别是其中的"表意的"和"象征的"文化体系,它们用不同的形式创造意义。"经验"和"情感结构"是两个重要概念:经验是指个人在日常生活中积累起来的心理体验;情感结构是指生活在同种文化中人们拥有的共同心理经验。

二是罗兰·巴特(Roland Barthes)和路易·阿尔都塞(Louis Althusser)的结构主义的文化研究。他们将文化视为一整套符号,个体经验在很大程度上是由意识形态结构决定的,是人们对"想象性关系"的再现,而一整套隐蔽的观念体系影响着人们的感知和想象世界,人们在意识形态的镜像中识别出"自我",并依此召唤"主体"。人们的主体性依赖生活于其中的意识形态的塑造,这些意识形态塑造了人们的自我形象、文化身份,以及自己与国家、社会和世界的关系。安东尼奥·葛兰西(Antonio Gramsci)的"文化霸权"概念强调支配与从属关系之间有关文化能力的斗争、妥协、让步与混杂。

三是后结构主义和后现代主义的文化研究。米歇尔·福柯(Michel Foucault)的"知识考古学"和"知识谱系学"提出了"权力-知识"的概念,用以讨论权力关系,权力以微观方式渗透到整个社会和个体的身体规范。法国的后现代主义学者利奥塔尔则将话语视为权力与斗争。他认为,话语游戏有两个原则:说话就是斗争,语言行为属于一种普遍的竞技;可观察的社会关系是由语言的"招数"构成的。微不足道的"自我"或"个体"处在各种复杂多变的社会网络中,人们"处在不同性质的陈述经过的一些位置上。即使是最倒霉的人,他也从没有丧失陈述的权利,这些陈述一边穿越他,一边确定他的位置,他或者是发话者,或者是受话者,或者是指谓。……或者更简单地说:社会关系的问题,作为问题,是一种语言游戏,它是提问的语言游戏。它立即确定提出问题的人、接收问题的人和问题的指谓,因此这个问题已经是社会关系了"①。

四是符号互动论的文化研究。它强调语言符号在沟通中的作用。共享意义是由"话语"或"文本"展示的。语言不仅是沟通工具,而且是社会生活的本质,使用语言是一种社会行动,它表达权力和社会关系。"阐释共同体"概念是指文本的阐释并非读者个人随意的自由解释。相反,每个读者都从属于社会的某一权力、经济、文化或宗教共同体,因而,对文本的解读必然受该共同体的价值判断和道德观念的约束。②

性别文化的研究借由上述种种文化理论而拓展,种种有关性别的话语和叙述构成了竞争的权力场。

二、有关性别的文化研究

性别社会学认为,性别范畴或性别差异不仅仅是"天然"的生物差异,更是由文化和语言创造的被"定义"的差异,语言赋予了性别社会与政治地位,亦为其改变提供了多种可能。

(一) 女性的"失语"状态与分离意识

性别社会学认为,在文化进程中,女性缺少表达自己经验和情感的话语,基本处于失语状态。人类的信仰和知识是情境化的(situated),社会情境对知识生产有重要影响,女性话语的缺失历史性地影响了性别知识的生产。历史上种种对女性命运的解释存在一个共同缺陷,就是这些解释常常以男性经验、父权结构和男性主流意识形态为主,女性"被适应"进他者的论述中,同时,女性又缺少表达的机会和准确表达其感受的语言,因此,女性在社会中常常是"沉默的群体"。

一个人的母语结构模式决定了其理解世界的方式,精神层次的思维依赖语言,语言结构决定了某个文化群体成员的行为和思维习惯。看似性别中立的英

---

① 让-弗朗索瓦·利奥塔尔:《后现代状态:关于知识的报告》,车槿山译,生活·读书·新知三联书店1997年版,第32—33页。

② 参见 Stanley Fish, *Is There a Text in This Class? The Authority of Interpretive Communities*, Harvard University Press, 1982。

第五章 文化研究、话语与性别叙事

语单词,却常用男性代词指代所有人,如主席(chairman)、警察(policeman)。近年来英语世界对此有所纠正,出现了"chairwoman"和"policewoman"等词。吉利根、波伏娃和米利特等学者都认为,在整个西方历史中,科学方法论和知识的标准都采用了阳性话语。如果能够采用阴性的科学方法和话语将会生产出非常不同的科学知识。

在美国,德博拉·卡梅伦(Deborah Cameron)和她的学生们做了一项有趣的练习。她把学生们按照生理性别分成两组,请他们分别列出表示男性生殖器的词。女性写出了 50 个词,男性则写出了 144 个词。要是让他们回想或创造表示女性生殖器的词,又会有多少?只有在女同性恋文化而非异性恋文化中,才能找那种恣意纵情、挥霍用词的对女性生殖器的文化欣赏。① 而英文中至少有 220 个词用来形容女性"性生活放荡",只有 20 个左右这样的词来形容男性。② 法国学者伊里加雷(又译伊利格瑞)指出:

> 这个错失,这个匮乏,这个"空洞",不可避免地只能提供给女性少之又少的形象、图景或表现,可以用来表现自身。并不是因为她缺少某种"主导能指",或者说并不是因为根本就没有这样的能指强加在她身上……她确实借来了能指,但却不能在这些能指上留下自身的标记,或者对它们重新进行标记。③

性差异不能被缩减成一个纯粹自然的和超语言的事实,它切入语言,亦被语言所切入。对法语语法的分析发现,性差异决定着代词、所有格形容词、名词的性及它们在语法范畴中的分布系统。男性有意或无意地给事物赋予性别意义,他将自己的姓氏给予妻子、孩子,将自己的性别给予上帝。男性在中立的面具下,将男性象征给予宇宙法则,给予社会秩序。他们从不质疑这一分配的谱系学。就两性平等而言,只要女性的类属、个性、差别不能被如其本身地

---

① 布赖恩·特纳编:《Blackwell 社会理论指南(第 2 版)》,李康译,上海人民出版社 2003 年版,第 405 页。
② 孙汝建:《性别与语言》,江苏教育出版社 1997 年版,第 7 页。
③ 布赖恩·特纳编:《Blackwell 社会理论指南(第 2 版)》,李康译,上海人民出版社 2003 年版,第 405—406 页。

界定,她们就可能仍然被排斥在语言之外,就不会创造出自己的身份。女人对言说的要求,本质上就是对女性公民权的要求。①

哈丁指出,纵观各种理论框架及对女性和性别关系的研究,人们一直能够使用的学术话语是男性化的,很少有女性的声音。讨论女性经验的困境在于,女性是消失在这些学术概念和范畴之中的。② 史密斯指出,认识者的立场会受性别的影响,社会学家使用的数字或资料是被一些机构和专家(如医生、警察与法庭、社会工作者)包装过的,它表达和强化了统治关系。女性只能根据男性的概念图式来描述自身体验,这使她们身心分离,史密斯称之为"分离意识"(bifurcated consciousness),即女性生活经验与其使用的话语、概念、知识和理论框架存在严重分离。③ 女性自信而明确地表达自己面临着特殊障碍。

语言限制了人们的认知能力,要改变现实就必须建构新的语言,赋权应首先在语言和符号中实现。倾听、挖掘和创造新的语言是性别社会学研究的重要内容。大众传媒的发展,特别是互联网中自媒体的发展正在创新多元话语。

(二) 语言与符号暴力

法国社会学家布尔迪厄(又译为"布迪厄")用"语言与符号暴力"阐述语言中的权力运作。语言是沟通手段,也是实现权力关系的一种工具或传媒。在话语的关系中,言说者各自所属的集团间的力量关系以一种变相的方式体现出来。因为任何语言交流总是涉及被授予特定社会权威的言说者与在不同程度上认可这一权威的听众之间结构复杂、枝节蔓生的历史性权力关系网。语言的生产关系结构取决于言说者之间的符号权力关系。④

以强奸话语体系为例,男权文化使强奸一事无法真实地被叙述,甚至可能扭曲现实,置女性于不利地位。莎伦·马库斯用"强奸的语言脚本"概念分析

---

① 波拉·祖潘茨·艾塞莫维茨:《露西·伊利格瑞:性差异的女性哲学》,《江西社会科学》2004 年第 3 期。
② S. Harding, "The Instability of the Analytical Categories of Feminist Theories," Signs, 1986, 4: 646.
③ 参见 Dorothy E. Smith, The Conceptual Practices of Power: A Feminist Sociology of Knowledge, Northeastern University Press, 1990.
④ 参见李猛:"布迪厄",载杨善华主编:《当代西方社会学理论》,北京大学出版社 1999 年版,第 286—298 页。

了文化创造的强奸形象。这些语言先于人们的生活而存在,女性生活融入了一套已经存在的语言并融入了一套社会已经决定了的意义。从暴力语法的角度来看,"强奸的语言脚本"标识出男性是暴力的主体,女性不仅是暴力的客体,还是恐惧的主体。① 性别语言符号中的主客体关系作用于人们在现实中的主客体关系。

(三)厌女症与女性书写

厌女症(misogyny)是指社会存在的厌恶和仇视女性的心理,是社会以明显的形式表现出来的对女性毫无道理的恐惧和痛恨,具体表现在文化制度、书籍、仪式和其他行为中;特别是在言论和写作中侮辱女性,视其为邪恶的,是万恶之源,是祸水。一种弗洛伊德学派的精神依赖理论认为,男性因为阉割焦虑而憎恨女性;男性对女性的依赖心理和渴望回归的心理产生的被动状态使其转而憎恨女性,厌女症是父权制文化的结果。

与厌女症相对应的是女性写作。肖瓦尔特在《她们自己的文学》一书中将女性的非主流文学的发展分为三个阶段。② 第一阶段是对主流传统中盛行模式的模仿期,内化了主流文化的艺术标准和社会角色定位。第二阶段是对主流标准的抗议期,批判厌女症,倡导少数群体的权利和价值观。弗吉尼亚·伍尔夫(Virginia Woolf)的《一间自己的房间》、凯特·米利特的《性政治》都揭示了厌女症的父权制本质。第三阶段是自我发现期,摆脱对主流标准的依赖,探求自我身份。女性写作在与主流文学的关系中走过了服从、抗议和自主的阶段,在形象、隐喻、主题和情节等主题上相互联系。③ 只有克服二元对立的性别气质的想象,使男性能够参与到养育的全过程,建立两性伙伴关系的社会,才能够改变固化的性别气质,摆脱厌女症。

男女两性都可以成为主体,主体间性使人们能够思考和体验他人作为主

---

① 莎伦·马库斯:《战斗的身体,战斗的文字:强奸防范的一种理论和政治》,载王逢振主编:《性别政治》,天津社会科学院出版社2001年版,第57—58页。
② 伊莱恩·肖瓦尔特:《她们自己的文学——英国女小说家:从勃朗特到莱辛》,韩敏中译,浙江大学出版社2012年版,第10—11页。
③ 参见 David D. Gilmore, *Misogyny*: *The Male Malady*, University of Pennsylvania Press, 2001。

体的经验和感受。个体在与他人的互动中看待自己,并相互承认。当个人的情欲能够自由地表达时,相互作用的个体会获得自我提升,由此个人通过幻想或投射实现多元声音的相互倾听。①

女性写作更多地体现了后现代精神,女性书写流动的、充满变化和弹性的自我,展示伴随着人的生命全过程的灵性和创造性。女性在对自我的书写中,认识到弗洛伊德的精神分析理论忽视或错误地叙述了女性性快感。女性对自我经验和快乐的言说体现出其争取性快乐的权利。在自媒体高度发展的当下社会,女性和性少数群体在反抗父权制文化霸权的书写过程中,不断开拓自己的话语空间,发展与自身经验和展望多种可能性的想象力相关的新的叙事。

第二节 中国社会变迁中的性别文化研究

一、中国传统文化中的性别形象

（一）中国文字中的性别

中国的象形文字是一种象征意义符号,每个文字的组成都有其意义,特别是与日常生活相关的文字表达了人们对性别气质和性别关系的想象和定义。从"男、女、妇、嫁"等的词源上看,日常生活中的性别关系都隐含其中。"男"字是由"田"和"力"组成,"力"指一种古代农具"耒","男"是指在田间耕作、使用农业器具的人。"女"字是一个跪着的人,双手温顺地放在胸前,这意味着跪着且听话的人是"女人"。"妇"字描绘出一个跪着扫地的女人形象,女性的职责被固定在操持家务的领域。"嫁"字的原意是"回家",女子出嫁意味着回家,即女性注定是丈夫家的人,她为夫家出生。在早期的中国社会中,女孩子出生后没有名字,统称为"某氏",她们像是暂时被寄养在娘家的人,她们的身份和地位取决于夫家的身份和地位;到了夫家就在其姓氏前加上丈夫的姓氏,如"张某氏"。"媳妇"一词的原意是繁衍后代的女子,这意味着女性的角

---

① J. Benjamin,"Intersubjectivity and the Struggle to Think," paper presented at 1998 Spring Meeting, Division 39 of the American Psychoanalysis Association, New York; J. Benjamin, "Beyond Doer and Done to: An Intersubjective View of Thirdness," *The Psychoanalytic Quarterly*, 2004, 73(1): 5-46.

色和作用是服从丈夫,操持家务,生儿育女。

在中国近代史上,"她"字被认为是五四时期中国人"发明的最迷人的新语词之一"。① 第三人称"她"字的创生反映了近代中国的变迁过程,是中西方文化相互接触的体现,是两性知识分子能动的文化创新活动。五四时期,男女平等思潮激发女性现代自我意识的觉醒,部分知识女性对于那些传统汉语里与"女"有关的字词,尤其是那些"女旁"文字格外不满,主张废弃"她"字。从现在性的历史内涵看,"她"字的产生和社会化认同的实现与男女平等、女性自主的价值原则,以及大众至上的民主想象有重要的联系。最终,"她"字用于对祖国的代表和象征,既是"中国传统妇女和性别观念发生改变的结果,又反过来有助于巩固和发展尊重妇女这一新时代的性别价值取向"②。在文字发展的历史上,"她"字的产生和使用呈现的性别观念依然值得深入讨论。

(二) 中国传统文学作品中的女性形象和象征意义

中国传统文学作品中有着丰富多彩和富有生命力的女性形象。"三从四德"的传统文化中有"烈女"形象;效仿男性经验的叙事中有"女杰"文化,如"花木兰"式的女扮男装的形象;还有表达忠烈的"杜十娘怒沉百宝箱"中女性对婚姻自主热烈追求的形象。历史上出现过"女书",这是一种非女子不能书写、非女人无法辨识的文字,创造了一种女人独有的言说方式。

戴锦华指出,在中国历史与文明中充满了对女性的表象和关于女性的话语,但女性的真身与话语却成为一个永远的"在场的缺席者"。女性的文化挣扎就是试图将无声的记忆用话语加以表达。在她看来,不存在所谓关于女性的"真实"。第一,一种关于女人的真实是不可能用菲勒斯中心主义和逻各斯中心主义的男性话语来表达的;第二,一种女性的真实亦不可能是本质论的、规范与单纯的。女性的困境,源于语言的囚牢与规范的囚牢,源于自我指认的艰难和迷惘。戴锦华用"背解红罗"形象分析古老的中国民间传说的意义。

---

① 刘禾:《跨语际实践——文学,民族文化与被译介的现代性(中国,1900—1937)》,宋伟杰等译,生活·读书·新知三联书店2002年版,第49—52页。

② 黄兴涛:《"她"字的文化史——女性新代词的发明与认同研究》,福建教育出版社2009年版,第172页。

这个少女，首先是一个无名者，在一个国势衰微、战事频繁、皇帝荒淫的年代，为了逃过皇家的选妃，她名不在户籍。其次，为了从皇帝的威逼下救出年迈的父亲，她在金殿之上、众人面前，背对皇帝解开了一个千结百扣的红罗包裹。这是敌国的"礼物"，如果无法打开，则会开战。最后，少女为了"救万民于水火"而被选入宫中，册封为正宫娘娘，依然无名而无语。初始，她力争摆脱女性的悲惨命运，继而，为父亲和为百姓立下功绩，但在历史的"背后"点缀在男性的故事中。① 花木兰的形象现已成为全球化背景下典型的中国女性形象。戴锦华称中国文化史上有两种形象代表着女性的命运：一是"花木兰"，二是"秦香莲"。前者指涉公共空间内的化装术，女性需要强装成男人取得社会地位；后者指涉私人领域内的老传统，女性只有安分守己，才能收获社会的认可。② 花木兰代表女性进入公共领域的形象为全球文化所借鉴，演绎出各种可能的性别类型。

语言所创造的性别故事以典型形象流传。唐群英以"英雌"自称，秋瑾自号"竞雄"，但这类词语在历史发展中逐渐消失。在语言的简化中，当今只剩下"女汉子"的称呼，难有创新。

（三）中国传统文化中的男性气质与象征

有学者认为男性气质的西方模式并不符合中国情境。雷金庆通过对中国文学人物的研究提出了文武理论。他通过对武圣关羽的分析指出其具有"武"的男性气质，特点是身材高大、体格雄健、有暴力倾向；但要形成真正的英雄形象还有一个重要的条件，就是能够抵御女色诱惑。③ 中国人理想的男性气质是文武双全。"文"指精湛的文学素养、有教养的举止和一定的受教育水平等属性；"武"指强壮的体魄、无所畏惧的精神和格斗技能等特质；文优于武。文武双全作为中国男性气质的最高理想类型是难以实现的，现实中，男性在任意一方面获得较高成就都会令人满意。在当代道德和文化相关的中产阶

---

① 戴锦华：《电影批评（第二版）》，北京大学出版社2015年版，第228—241页。
② 戴锦华：《涉渡之舟：新时期中国女性写作与女性文化》，北京大学出版社2007年版，第4—6页。
③ Kam Louie, "Sexuality, Masculinity and Politics in Chinese Culture: The Case of the 'Sanguo' Hero Guan Yu," *Modern Asian Studies*, 1999, 33(4): 835-859.

层男性气质的建构过程中,围棋是琴棋书画四艺之一,而拥有精湛的棋艺表明男性气质被认可。①

流行文化中出现的"都市美形男",在一定意义上与传统男性气质中的"文"相关,这一类型的男性关注自身外表,注重日常生活的享受,去美容院、健身房、关注时尚等,看似完全颠覆传统男性气质,却只是比大男子主义更加温柔,他们以"文"的男性气质显示其坚强和富有竞争力的一面。② 中国道家文化中的阴阳观对中国人两性气质的影响很深远,特别是人们对"刚柔兼济""柔能克刚"等气质的追求表达了中国人打破刻板僵化的二元思维的生活底蕴。

二、对现当代文学的性别研究

现当代文学是个宽泛的概念,包括电影、电视剧、小说、话剧、评论等表现形式。以性别视角对现当代文化进行评论,保持了性别敏感。

(一) 男性写作与女性写作

文学作品的写作,无论男女都是叙述的主体。两性作家的话语风格和叙述内容成为引人关注的一个话题。男性或女性是如何书写男性气质和女性气质的呢?他们的写作会产生怎样的性别后果?文学批评界对男性写作与女性写作有广泛的讨论,表现为两种倾向。一方面,人们反思长期占据主流话语权的男性写作体现了怎样的意识形态以及对两性关系和女性气质的想象;另一方面,相对女性声音的长期沉默,女性写作被赋予了重要的社会文化意义。

从"五四"文学革命来看,20世纪初中国最杰出的男性知识分子及男性作家无一不是妇女运动的有力推动者。1914年,上海春柳社将易卜生名剧《玩偶之家》带到中国,其中女主角娜拉那句著名的台词"首先我是一个人,和你

---

① 参见 Kam Louie, *Theorising Chinese Masculinity: Society and Gender in China*, Cambridge University Press, 2002.

② Kam Louie, "Popular Culture and Masculinity Ideals in East Asia, with Special Reference to China," *The Journal of Asian Studies*, 2012, 71(4): 929-943.

一样的一个人",令当时无数被物化的中国女性的独立意识开始觉醒;冯沅君的小说《隔绝》中"身命可以牺牲,意志自由不可以牺牲,不得自由我宁死"的呼喊,代表了五四一代女性写作者的勇敢与决绝。20世纪的第二个10年,女学生们拿起笔"我手写我口",开创了一场与性别有关的文学写作革命。如丁玲、萧红、张爱玲等不仅成为百年中国文学史上最优秀的女作家,也是中国现代文学史上的优秀作家。

无论男性写作还是女性写作,都面临作者的性别观问题:男女作家们如何理解两性平等?男性作家如何克服男性意识?女性作家如何理解女性在写作中的优长与劣势?这需要关注文学作品中有关性别的呈现方式、作者的性别以及作者对人物的阐释方式,切不可简单粗暴地把写作仅归于性别差异。

铁凝对"您认为女性写作的意义是什么?您是否愿意自己的写作被称为女性写作?"问题的回答是:"不回避性别,同时以文学的方式获得超越性别羁绊的能力,从被代言的漫长历史中走出来,从'他人是这样说的'到'我在说',我以为是女性写作的部分意义。"而施叔青的表态更为直接,她不愿意被称为"女"作家,并且认为,作家就是作家,不应有性别之分。或许如伍尔夫所言,好的文学都是雌雄同体的。①

有研究认为,20世纪90年代以来中国的女性写作发生了一次腾越,出现了多元文化的格局。女性的私人生活和个性化写作挑战了传统的男权文明,展示了女性更大的心灵自由空间。要给女性写作实践下定义几乎是不可能的,因为女性写作的实践永远不可能被理论化、被规范化,它力求超越男性中心的话语体系,它是从哲学理论统治之外的领域产生的。因此,有多少女性,就会有多少种关于女性写作的自我解说和实际创作。所谓的女性写作就是由女性书写的,怀有自觉或自在的女性意识,反映了女性实际生存状况的作品。②

---

① 张莉:《关于当代作家性别观的问卷调查——十位作家的同题回答》,《当代作家评论》2019年第2期。
② 徐坤:《转型期的女性写作:理论与实践》,载孟宪范主编:《转型社会中的中国妇女》,中国社会科学出版社2004年版,第275页。

其中的"身体写作"彰显了女性用自己的笔墨来叙述自我主体经验的积极努力。

(二) 革命的女性形象

新中国成立后,出现了一系列以女性革命者形象为主体的文学作品,如《红色娘子军》和《烈火中永生》等。"红色娘子军"的改编和艺术重构为中国的革命形象提供了话语资源。对"红色娘子军"式革命女性反复塑造和摹写,并根据不同时期的现实需要和社会氛围形成相应的叙事规范,这为社会主义中国的革命想象提供了话语资源,创作者们诠释了革命对女性成长乃至无产阶级解放的意义,还将革命历史和时代特征紧密结合,使女性形象具有了不同的叙事侧重和表达方式。阶级与性别两个叙述角度的相互渗透和转换有助于激发受众对无产阶级革命的文化想象。①

对"妇女能顶半边天"话语的分析,可以窥见在现代语境下,女性被鼓励自行想象自己能拥有与先辈不同的世界。②

贺桂梅通过对《李双双》《人到中年》《杜拉拉升职记》三部电影中的女性形象——李双双、陆文婷、杜拉拉的分析,阐述了新中国成立后近60年的三个历史时期中的社会性别制度和女性形象。在具体的历史语境下,中国女性有着自己的实践和经验,女性作为影视的主体,影视作品呈现出她们在婚姻家庭制度中的地位和实践。③ 电影的视觉形象深受大众欢迎,有广泛的影响力,性别关系是其中永恒的主题,构成了性别文化分析的重要题材。

(三) 自媒体时代的性别叙述

互联网的出现正在改变人们生活的秩序和生活的图式,它是一个由全球

---

① 王小蕾:《革命的想象:〈红色娘子军〉中女革命者形象叙事规范的生成及更新(1956—1976)》,《妇女研究论丛》2019 年第 3 期。
② 钟雪萍、任明:《"妇女能顶半边天":一个有四种说法的故事》,《南开学报(哲学社会科学版)》2009 年第 4 期。
③ 贺桂梅:《三个女性形象与当代中国社会性别制度的变迁》,《中国现代文学研究丛刊》2017 年第 5 期。

计算机网络形成的互动空间。在这样的网络空间里，具体的"人"成为另一个人电脑屏幕上的信息。人们可以建立自己的虚拟身份，通过互联网以隐匿性别的方式出现。

乐观的观点认为，互联网对人类互动有积极作用，它扩大和丰富了人们的社会网络关系。悲观的观点则认为，如果人们把越来越多的时间用于网上交流或处理日常工作，有可能会减少在现实世界里与他人交往的时间，因此会产生社会隔离，损害人际关系。但值得关注的是，性别内容成为"吸睛"的重要手段。

互联网呈现出新的性别空间：一是大量网站充斥女性美容瘦身、购物消费、家居育儿、情感时尚等内容。大众传媒对女性的定位基本上是时尚的消费者和家庭的照顾者，这体现了社会对传统性别角色的期待。二是互联网在虚拟与真实之间，充斥着性别、职业身份、阶级和城乡差异等社会结构性问题，性别身份嵌入复杂社会结构。三是互联网为集体创造知识提供了新空间，创造出更加柔性、个体性、非男权主义、非工具性的、大众的文化体系。① 网络作为一个高度开放和动态的结构，为两性身份认同和性别文化的拓展提供了多种可能。有研究认为，同人文在共同的阅读和写作行动中建构起清晰的群体边界，通过写作和阅读中的异托邦建构，创生出女性的阅读空间。这种边缘空间成为反抗男权文化霸权的"边缘革命"的一种可能路径。②

进入移动互联网时代，各类媒介中的性别形象更加多元和丰富。两性皆获得言说的权力，沉默的女性群体面对各种侵害，有些女性开始勇敢地站出来说"不"，其信息传递的速度、引发社会舆情的关注与支持的程度都是前所未有的。其中虽不乏网络暴力，但更有保守的男权文化与现代平等的性别文化之间的冲突与变革。

---

① 沈奕斐：《赛伯空间中的主体技术和性/性别政治》，《妇女研究论丛》2009年第1期。
② 郑丹丹：《异托邦建构与想象的共同体——女性阅读中呈现的身份政治萌芽》，《青年研究》2016年第4期。

第五章　文化研究、话语与性别叙事

小　结

　　人们所说的、所写的语言符号就是话语。话语是人们在互动中进行沟通的工具，用来呈现事实、表达意图，其本身就是一种社会行动，表现出特定的社会关系和权力关系。在父权制文化中，女性是个沉默的群体，已有的语言系统很少包括且难以叙述女性的生活经验和智慧。话语具有历史性和男性中心主义的特性，表现为言说中的主体、内容和受众以男性和男性经验为主。对性别叙事的研究表明，女性中的"花木兰"和"秦香莲"、描述男性的"文武双全"是传统性别气质的典型形象，这在一定意义上建构了两性的理想类型。新中国对"红色娘子军"式革命女性的塑造表现了性别形象具有的政治寓意及阶级与性别身份的相互渗透及转换的能力。移动互联网产生的大量自媒体为性别言说提供了广泛的空间。

◆ **关键概念**

　　文本互涉　失语　分离意识　文武理论　女性写作

◆ **思考题**

1. 举出日常生活中的一组对话，并分析话语隐含的性别意义和反映出来的社会关系。
2. 试从社会性别视角对某个网络事件进行话语分析。

◆ **进一步阅读参考文献**

　　刘禾:《跨语际实践——文学，民族文化与被译介的现代性（中国，1900—1937）》，宋伟杰等译，生活·读书·新知三联书店2002年版。
　　黄兴涛:《"她"字的文化史——女性新代词的发明与认同研究》，福建教育出版社2009年版。

雷金庆:《男性特质论:中国的社会与性别》,刘婷译,江苏人民出版社2012年版。

贺桂梅:《女性文学与性别政治的变迁》,北京大学出版社2014年版。

黄巍:《自我与他我——中国的女性与形象(1966—1976)》,社会科学文献出版社2016年版。

第三编

性别的身体建构与人的再生产

第三编讨论影响两性不平等的重要机制之一———身体、性关系和婚姻家庭制度。两性通过生殖器的结合产生新的生命,构成了人类生殖活动的基本内容。人们的身体、性行为和性关系受到历史、文化和现实社会结构与制度的规范。人们对身体的感觉和处置的方式既是个人权利,又涉及隐秘的、性别化的、生产性的权力关系。

第六章通过对身体和性社会学的讨论强调身体和性关系皆是由文化定义的。传统的身体观将身体与精神对立起来,无视身体的存在。身体社会学将人们支配身体的权利视为基本人权。性别不平等的意识形态以两性身体差异为基础而形成身体性别秩序,以男性中心主义的观念建构性别符号秩序。传统中国人的身体观是性别分化的,贞洁烈女文化和女性的缠足实践表现了传统社会对女性身体的规训。随着现代化进程的加快,传统贞操观和性道德面临挑战。现当代中国人的性观念正在发生变化,虽然女性依然处于被压抑的状态,女性的身体有被弱者化和病理化的趋势,但在互联网时代,有不少女性勇敢地面对传统的身体规范,创造自己的身体美学。

第七章讨论婚姻制度和亲密关系。性-爱-婚姻是人类初级生活圈。婚姻制度是一项规定两个成年男女结合在一起的制度,明确了夫妻双方的权利与义务。现代婚姻史的演变是从传统的以男性家长为中心的婚姻模式向平等的伙伴关系模式转变,妇女解放和避孕方法的普及是现代平等婚姻的基础。中国婚姻制度的不断变化反映了传统社会倡导的男尊女卑的婚姻关系寿终正寝,两性平等自主的新型婚姻关系正在形成。

第八章讨论亲密关系的结果——生育与抚育的问题。随着人口转变,出现了家庭的核心化和小型化,生育越来越成为可以自主选择的事情。在后家庭时代,出现了要求父母陪伴孩子成长的新育儿文化。在这一过程中,母职概念得以强化。母职既是一种意识形态又是一种社会实践。母职的悖论在于其既是一种性别压迫的机制,又是自我认同和解放的机制。中国传统文化讲求"父慈母爱"和"慈孝一体",通过亲亲与尊尊的规范建立起差序格局的社会秩序。在现代化的过程中,新的育儿文化加重了家庭内抚育的责任,母亲、父亲和祖父母等皆加入抚育过程,养育活动需要公共政策的支持。

第九章讨论性-爱-婚姻关系中的不和谐音——各类基于性别的暴力。性骚扰、熟人强奸、分手暴力和家庭暴力等犯罪行为是基于性别的暴力,这些暴力活动给女性造成巨大的身心伤害,更有些暴力活动因其隐秘性使犯罪分子无法得到法律制裁。至少有四大机制一起作用于暴力的生产和再生产:一是"男性统治"制造的"男性暴力文化";二是性别气质的刻板印象的双向建构;三是性道德的双重标准;四是公私领域分割的边界效应。这四大机制使性别暴力被遮蔽,难以进入公共领域的法律范畴。我国的反家庭暴力立法在反对基于性别的暴力方面迈出了重要的一步。

第六章

身体与性社会学

1997年11月底,《人民日报》《中国妇女报》《人民公安报》《中国青年报》《北京晚报》等十多家报纸相继报道了这样一个事件:1997年11月25日,打工女孩唐胜利(24岁,职业学校毕业)因被不法之徒骗进"娱乐场所",被逼迫做"三陪小姐",她与同伴试图越窗逃跑时,不慎从二楼失足跌落,严重摔伤导致终身残疾。

有关报道无一例外地将事件定性为"烈女抗暴",一些媒体直接以"尊严无价""宁为玉碎不为瓦全""烈女抗暴 铁骨铮铮"等标题来报道此事。在社会伸张正义的呼声下,逼良为娼的犯罪分子被判五年有期徒刑。

2001年,中国妇女杂志社记者对唐胜利进行了追踪采访,采访中,唐胜利表示自己并没有拿生命与健康孤注一掷的主观动机,其越窗行为只是她自救行为中的意外。唐胜利谈道:"不后悔……我想我若真是受辱了,那我肯定一死了之。"唐胜利的胞姐从旁自豪地补充说:"我们这样的家庭从小就是这种观念。"

"一死了之"的自我宣称与媒体报道中的"节烈""誓死抗暴"的描述,有意无意地将女性贞操视为生死攸关之事。记者张晓君在题为《一次灵魂的探险》的附记中写道:

……对烈女的采访意味着对贞操观念的质疑——这是穿越中国传统文化的精神狭地的探险。

……

在旁人的眼里,每一个女人在此种时刻面临的是泾渭分明的两种抉择:含垢忍辱苟且偷生与宁为玉碎不为瓦全。选择前者意味着没有人格和尊严;选择后者就是三贞九烈,足以垂范后世。

然而,我要问的是,媒体在对"人格尊严"进行高谈阔论之时,是否忽略了对一个女孩生命个体的关注……

在采访中,面对一位年轻女孩用青春和鲜血换来的精神层面的"贞节牌坊",自认为受过现代教育的我突然迷惑了:"贞节"到底是个什么东西?!以至于让包括唐胜利、洪招娣、童书君在内的几十个女孩毅然就死?难道一时失身会比终身残疾或者失去生命更加可怕?①

唐胜利一再强调"真是受辱了,那我肯定一死了之"。这种有关贞操的性文化左右着女性对生命的选择。这暗含着将女性视为男性的财产,"饿死事小,失节事大"的贞操观,认为贞洁的价值高于生命的价值,要求女性竭尽全力捍卫自己的贞洁,即使牺牲生命,也在所不惜。这样的事情虽日渐减少,但依然在发生。本章讨论社会对两性身体和性行为的文化建构,并寻求通过身体解放实现性别平等的可能性。

第一节 身体秩序的社会建构

生物社会学的亲本理论认为,两性有不同的身体构造,性行为的生物基础以生殖为目的。因此,生殖行为与生物进化有关,生殖本能使男性/雄性倾向于尽可能多地使女性/雌性受孕,以获得使基因有更多传递的机会。女性/雌

---

① 参见匡文立:《女性用生命反抗性暴力的精神追踪——从打工妹跳楼事件谈女性"贞节观"》,载王红旗主编:《中国女性在行动》,中国时代经济出版社 2003 年版,第 343—368 页。

性倾向于尽可能地寻找稳定的性伴侣,以求后代有安全成长的环境。在人类社会,这种亲本现象表现为男性倾向于寻找健康的、漂亮的女性,因为其有利于基因的传递;女性倾向于寻找收入高、社会地位高的男性,以利于保护子代成长。[1] 两性的性行为和生殖活动仅仅是本能行为吗?人的身体是文化和社会的载体。人类社会发展出有关性与生殖的婚姻制度表明,人类的身体和相关性活动受文化和制度的规范。同时,阶级、性别和城乡等社会结构性因素亦通过身体得以体现。身体是性别社会学研究的核心问题之一。

一、有关身体的观念史

身体的观念史是指人类看待自己身体之态度的演变史,是身体意识形态的变迁史,是人类有关如何使用自己身体的伦理观的演变历程。身体状态常常被视为自然的事,但人们看待身体的方式、用身体表达爱意的形式和使身体获得愉悦的方式都受到文化的左右。人类的身体观有其历史性、文化性和变化性,如生死和生命的意义一样是哲学的核心问题。

(一)身体与精神的二元对立观

身体与精神的二元对立是人类二元对立思维模式的中心内容。西方哲学传统视身体对立于精神,将自然/身体/欲望当作一极,把理性/技术/思想当作另一极,两者相互对立。精神生活、理性与思想比快感和(身体的)欲望更有价值且更为重要,而后者则是罪恶的、不可言说的。在精神高于肉体的思想中,身体被预设为固定的、没有灵性的存在。古希腊哲学家柏拉图的身体观深刻影响人们看待身体的方式,他认为一个哲学家(爱智慧的人)应该抛弃身体,只有身体死亡了,灵魂才能更加活跃,智慧之路才能畅通。这成为精神/灵魂高于身体的普遍认知。[2]

古罗马帝国时期天主教思想家奥古斯丁将肉体有"罪"化。整个中世纪,

---

[1] 参见 David P. Barash, *Natural Selections: Selfish Altruists, Honest Liars, and Other Realities of Evolution*, Bellevue Literary Press, 2007。

[2] 柏拉图:《柏拉图全集》第1卷,王晓朝译,人民出版社2002年版,第61—65页。

身体被视为滋生罪恶的源泉。在原罪的逻辑里,女性是诱惑者,是罪恶之源。

英国哲学家罗素在《婚姻革命》一书中分析了基督教的道德观。他指出:

> 基督教的道德由于注重性的纯洁性,所以极大地降低了妇女的地位。由于那些道德家都是男人,所以女人都成了妖妇;如果道德家都是女人,那么男人也就取代了女人的位置。既然女人都是妖妇,所以我们应当减少她们引诱男人的机会。结果,那些有地位的女人越发受到约束,而那些没有地位的女人则被视为罪恶的,受到极大的鄙视。①

可以看出,基督教的性道德限制和规训的是女性身体。艾斯勒指出:"我们所看到的西方宗教有一个最大的可悲之处,就是它将人类的体验割裂开来,尤其是将虚幻的或'精神'的爱置于实在的或'肉体'的爱之上。关于人类体验的这种分裂的观点,并非西方宗教所独有。这种观点不是宗教所独有的。古希腊哲学家和中世纪基督教学者留给我们的遗产的一部分是认为,性感觉是'低贱的',而爱则是心灵的事情,人们所说的更高的意识只是一种思想的而不是肉体的状态。"②基督教的文化在原罪概念中发展出了性别的等级观,女性因为原罪之身而受到贬低。

(二) 身体社会学

在精神与肉体二元对立的思维模式中,身体是被无视的。哲学家尼采还原了身体的位置,将身体带回了哲学和社会科学的视野。法国哲学家莫里斯·梅洛-庞蒂(Maurice Merleau-Ponty)指出,人的知觉是从身体"角度"观察外部,要对身体进行研究,人们支配身体的权利是基本人权。

身体社会学的研究认为:第一,身体是一种社会存在,具有从出生、发育、生育、衰弱到死亡的生命历程。第二,身体是一种社会符号,是可实践的"有意义的"物件。第三,身体是被话语建构出来的,是叙述、规定和诠释的对象。人

---

① 伯特兰·罗素:《婚姻革命》,靳建国译,东方出版社1988年版,第42页。
② 理安·艾斯勒:《神圣的欢爱:性、神话与女性肉体的政治学》,黄觉、黄棣光译,社会科学文献出版社2019年版,第173页。

第六章　身体与性社会学

们控制身体,如减肥、禁欲等活动就是人类力求以意志力管控身体。第四,现代社会治理以管理身体为中心,人的身体被整合进知识和权力的结构中。身体成为规训的对象。第五,身体呈现出性别符号的意义。隆胸、"拉皮"等美容术塑造着当代女性;男性的身体同样被电影和广告所塑造,如"增高术"就是为了增加男性气质。① 身体作为一种社会文化和社会规训的表征和符号而存在。

身体社会学有三条理论主线,分别讨论作为文化象征的身体、作为社会建构的身体和作为欲望规训的身体,这三者相互联系。

玛丽·道格拉斯深入讨论了作为文化象征的身体。她认为,个体兼有物理和社会身体,通过赋予物理身体以社会意义的象征而实现身体的转化。她用洁净与肮脏的隐喻建构社会秩序的分类体系,由此,身体在文化象征意义上被结构化。建立身体边界的话语服务于构成身体的适当界限、位置与交换模式,由此建立起秩序的表象。② 身体的社会建构理论强调两性通过身体表演展现和改变自己的不利地位。身体规训的理论主要以福柯为主,他创造性地把权力引入分析视野,提出"权力力学"的概念,强调人们如何控制人的肉体。纪律制造出驯服的、训练有素的肉体。③ 社会通过学校、医院、军队等组织来规训身体。

二、性别社会学视野下的身体

(一)身体的性别秩序

身体是建构性别气质的基础,并与欲望的建构相结合生产出特定的性别秩序。康奈尔指出,真正的男性气质几乎总被认为是从男性身体内产生的,即它内在于男性身体,它指导男人的性冲动;因此,男人天生比女人有侵略性,强

---

① 参见布赖恩·特纳编:《Blackwell 社会理论指南(第 2 版)》,李康译,上海人民出版社 2003 年版,第 17 章"普通身体社会学概述"。
② 参见玛丽·道格拉斯:《洁净与危险——对污染和禁忌观念的分析》,黄剑波、柳博赟、卢忱译,商务印书馆 2018 年版。
③ 米歇尔·福柯:《规训与惩罚》,刘北成、杨远婴译,生活·读书·新知三联书店 2019 年版,第 148 页。

奸可被解释为受到无法控制的性欲望或性本能的影响。① 女性气质则取决于女性柔弱的身体和与生俱来的生育能力。两性身体力量的差异为男强女弱的性别秩序提供了合理性解释。

布尔迪厄指出,两性的身体差异是依照男性中心观念来构造的,逐渐变成了与这种观念的原则相一致的意义和无可辩驳的事实。把性别差异当成客观基础,性别是被当成等级化的两种社会本质来构造的。两性差异是一种性别统治关系的躯体化过程,是性别统治关系的法则。通过漫长的、持续的、巨大的集体作用的社会化过程,性别统治得以成为人们的习惯。这种思维模式将性别差别纳入看似自然的系统,将它们"自然化",以男性为中心的身体认知将女性分配到更低一级的社会地位,且逐渐符号化,成为文化统治。② 两性在身体和性功能上的差异,使男性通过使女性处于一种永久的身体不安全状态,或更确切地说,一种永久的象征性依赖状态而实现统治。③ 男根-逻各斯中心主义(phallogocentrism)是指男性中心主义的思想,它建立在男性生殖器的身体优越感之上,并将女性他者化。

以男性为中心的身体和性的认知是从社会化初期就开始的,包括对身体可展示等方面进行控制。回顾每个人的成长历程,自有性别意识起,一个性别化的身体就处在社会的监控之下,同时在互动中人们发现了自己的身体。在一个不断个体化的社会中,觉醒的身体和社会的身体规训之间形成多元的张力,性的身份认同成为个人自我成长的重要内容。男性为了培养出支配性男性气质亦要付出相应的成本和代价,这些代价包括身高危机、体魄焦虑和感情生活匮乏等。同时,对男性气质的狭隘定义使那些从属的和边缘的男性气质遭遇社会歧视和不公待遇。要改变、动摇和消解男性中心主义就应当从反思身体迷思开始。

(二)性权利与身体的政治

性权利即性自治权是人的一项基本权利。它包括选择与合适对象发生性

---

① R. W. 康奈尔:《男性气质》,柳莉等译,社会科学文献出版社 2003 年版,第 60 页。
② 皮埃尔·布尔迪厄:《男性统治》,刘晖译,海天出版社 2002 年版,第 27—28 页。
③ 同上书,第 90—91 页。

行为的积极自由,包括拒绝与他人发生性行为的消极自由。只要是出于自觉自愿、自主自由的选择原则,享有某种性关系或拒绝某种性关系都属于性权利的范畴。

身体政治包括多个方面。一是争取为自己身体命名的权利。男根-逻各斯中心主义本质上暗含对女性身体的贬损,叙述和讨论女性身体本身就成为政治议题。用"新语汇"发现和反抗支撑父权制的知识与文化,通过唤起女性的勇气,鼓励她们给自己的身体命名,创造一个承认女人的新环境。[①] 二是福柯强调的身体管控的政治。人类社会通过控制和管理人的身体实现社会治理。在工业化资本主义的需求下,现代社会需要对身体进行系统的管理和控制。以身体为中心,把人的身体整合到知识和权力的结构中,成为符合各种规范的主体。由此,历史是身体遭受惩罚的历史,是身体被纳入生产计划和生产目的的历史,是权力将身体作为一个驯服的生产工具进行改造的历史,是生产主义的历史。[②] 以身体适应社会需求不是简单的自我管理,而是政治的、依从于权力关系的。在西方社会,从传统的女性束胸到今天的"脱掉束身衣"的运动,女性用身体权利争取社会地位。

(三) 性别表演中的身体与流动的身份

从解剖学和生理学的角度来看,两性体能的差异常常会暗示女性的身体弱于男性,进而导致两性在性别气质上的不同,为两性的不平等制造了大量"证据"。性别本质主义强调"生理即命运",男性统治地位具有其合理性。性别建构主义强调这些差异导致的社会偏见和歧视加剧了性别不平等。巴特勒对这种二分思想进行挑战,强调社会性别只是表演和模仿一种理想模式而已,以此解构性别本身。她既把身体作为讨论的中心,又在某种程度上忽视和抛弃了身体对性别的作用。她用性别表演(gender as performance)的概念与性别建构主义对话。性别的产生主要是性别规则和习俗作用于身体的结果,性别是一种重复性表演的效应(effect)。性别表演遮掩了个体性别行为的矛盾性

[①] 参见 Mary Daly, *Gyn/Ecology*: *The Metaethics of Radical Feminism*, Beacon Press, 1978.
[②] 葛红兵、宋耕:《身体政治》,上海三联书店 2005 年版,第 45—46 页。

和不稳定性。性别的表演性给性别身份带来了多样性空间,开启了对性别规范进行挑战和反抗的可能。①

巴特勒认为,在异性恋体制下,个人必须展现对异性的欲望才能得到正常的性别身份,这就形成了性别的表演行为,人们按照学习到的性别想象来完成表演。就像人们学会根据情境来使用语言一样,人们学会要像个女人或男人那样行事,通过模仿、奖惩系统和语言,人们学会了使自己的身体、姿势、衣服、行走的姿态和谈话的样子呈现女人或男人的风格。所谓的女人或男人的样子是被理想化的,是一种幻觉,是主流文化的表象。其本质是制造了关于身体、性、性别认同和性征的自然意象,掩盖了性别与男性主宰的生殖取向的异性恋制度间的内在联系。②巴特勒的性别表演理论颠覆了性别本身,即性别差异是社会为了实现以生殖为目的的异性恋制度而塑造出来的。由此可以反思和审视建构身体的所有话语体系和制度。

第二节 中国人的性社会学

一、儒家文化的礼教与身体的规训

(一) 贞洁烈女的塑造

中国社会的儒家文化和道家文化皆有独特的性观念。道家的性观念主张道法自然,强调血脉之重要。如《孝经·开宗明义》中指出,"身体发肤,受之父母,不敢毁伤,孝之始也。立身行道,扬名于后世,以显父母,孝之终也"。

儒家文化在两性关系上强调"礼"教,"性"是伦理之"性"。如《诗经》中的"发乎情,民之性也;止乎礼义,先王之泽也"。情感之行为不能逾越礼法。《孟子·离娄上》也指出:"男女授受不亲,礼也。"

为了保持女性的纯洁性,女性身体受到严格监控,社会倡导传统的贞操

---

① 朱迪斯·巴特勒:《消解性别》,郭劼译,上海三联书店2009年版,第217—219页。
② 参见朱迪斯·巴特勒:《性别麻烦:女性主义与身份的颠覆》,宋素凤译,上海三联书店2009年版。

观。传统社会中,女性可被标签化为两类人:一类是守贞节的,另一类是放纵的。"贞节"代表女性对性诱惑有拒绝能力,"节妇烈女"代表女性的社会声誉取决于她们抵制性诱惑的能力,她们会因守节受到社会嘉奖,家族得以荣耀。而放纵的女人是放荡的、不道德的,会受到族长的惩罚,被社会唾弃。

烈女文化是典型的代表。西汉的刘向对截至汉代的约100名妇女做了专题记载,写出《列女传》,此属首创之举。书中只记录了少数有不良行为的妇女,其余的都是品德优秀的女人。有优秀品德的女性人物成为对女性最好的教化。同时,《列女传》还出现在歌谣、汉画、戏剧说唱中,有利于不识字的女性学习,这些女性形象逐渐成为父权道德的标本。

宋代的程颐谈论寡妇在贫困无助之际是否可以改嫁的问题时,说了句"饿死事小,失节事大",妇女一旦失贞要以死表明清白,殉节而死的女性被归为"列女",并建有"贞节牌坊"。

《大明会典》记载:"凡民间寡妇,三十以前夫亡守志者,五十以后不改节者,旌表门闾,除免本家差役。"由此,寡妇守节不再是其个人选择行为,而是关系亡夫家庭甚至整个家族荣誉和经济利益的事情,即洁烈一事要求妇女"顺从"和服务于丈夫家的利益。

有研究认为,应当分辨"现实"的贞洁烈女状况和"记载"的贞洁烈女状况,文献记载的贞洁烈女涉及一种文化的生产机制,但历史的社会心态和集体实践要复杂得多。有学者通过对明清徽州贞洁妇女群体性节烈行为的剖析认为,其主体性因素表现为女性对贞节伦理的守护、对家庭责任的担当、对困窘生活的逃避以及留名传世的愿望等;在内外因素共同作用下,明清徽州节妇烈女是宗教化贞操观的牺牲品。[①] 关于女性身体贞洁的理念延续至今。

(二)缠足:对女性身体的控制

中国历史上出现过控制女性身体的极端手段——缠足。缠足的起源有多种说法。一说始于商代,《古今事物考》记载:"妲己狐精也,亦曰雉精,犹未变

---

① 王传满:《明清徽州妇女群体性节烈行为之主体性因素探究》,《山东科技大学学报(社会科学版)》2008年第5期。

足,以帛裹之,宫中皆效焉。"春秋、战国、汉朝、唐朝、五代等各朝代都有关于裹足的记载。二说裹足之风起于隋唐,隋唐以前没有缠足的确证,唐初才有了实据。① 缠足先在宫廷和上层妇女中流行;至北宋中后期,缠足之风渐盛;至南宋时,缠足之风由北方向南方流行;明朝缠足之风已极盛。清代,康熙、乾隆两朝皇帝多次降旨不准裹脚缠足,但汉族妇女仍然缠足。19世纪末期,康有为、梁启超等一批忧国忧民的知识分子率先倡导"天足运动",积极建立天足会和不缠足同盟。而直到新中国成立,缠足恶习才彻底禁绝。无论这一恶习的起源是什么,它达到了控制女性的社会目的。(1)确定了男女有别。儒家伦理中的男尊女卑以男女服饰、言行、体态的严格区别得到实现。(2)建构了病态的男性审美。士大夫们普遍把女性的纤纤玉步、弱柳扶风之态视为美,甚至认为如此可以刺激男性性欲。(3)约束女性。《女儿经》上说:"为甚事,裹了足,不因好看如弓曲。恐他(即她)轻走出房门,千缠万裹来拘束。"(4)维护女性贞操。女性举步维艰、整日闭门守房可以帮助她们守节。当缠足在民间普及时,年幼女孩的身体被摧残到难以正常行走。如此被控制的身体无从谈自由。

中国女性的缠足史是将女性身体隐秘化的历史,人为地塑造了女性的柔弱、顺从和依附的气质,甚至由此衬托男人身体的强壮与自由。

女性身体是一种性别关系的存在,悲切、愁怨和婉约的女性能够唤起男性的怜悯之情。现当代女性在媒体中的身体呈现依然有以柔弱为美的取向,对应地形成了反抗的类型——独立、大胆、强健的现代女性身体。

(三) 新文化运动和"新性道德论争"

在20世纪20年代,中国开始迈上现代化道路之初,知识界就开展了对"贞操问题"的讨论,形成了"新性道德论争"。周作人翻译了《贞操论》,胡适和鲁迅批判"节烈救国"的伪善和荒谬,批判传统贞操观,揭示"礼教杀人"的机制和旧贞操观对人性的伤害,将贞操问题视作女性解放的问题,由此进一步讨论"新的性道德"问题。激进的观点认为,爱情和婚姻在伦理上是分离的。在伦理价值的层面上,性与爱更为紧密地结合,同时性和爱作为结合体和婚姻

---

① 高洪兴、徐锦钧、张强编:《妇女风俗考》,上海文艺出版社1991年版,第95—114页。

脱嵌,宽容"开放式关系"。贞操则是自律的问题,新的性道德赋予了爱情道德的内涵,促进了性的自由的形成。① 然而,这些主要是男性知识分子的主张,在这样的讨论当中,几乎没有女性的声音。

以潘光旦为代表的社会学家更加关注现实生活中的家庭伦理,新的性道德的论争仅仅是一种思潮,应看到其前瞻性。潘光旦认为,激进一方的观念强调的是"个人"以及"个人的自由与幸福";保守的一方"重社会,拘泥于礼教"。双方都注重性道德问题的横切面,而忽视了历史的连续性。潘光旦强调"优生善种"的观念,认为种族繁荣才是家庭的根本功能。② 可以看到,现代化之初遇到的性问题就是社会与个人的关系冲突。

二、现代中国人的身体与性存在

社会学对当代中国人的身体和性行为的研究相对不足,新中国成立后到改革开放这一时期,对性问题几乎绝口不谈,对身体的讨论主要从科学视角出发。近年来,随着性别社会学、身体社会学和性社会学的发展,相关研究日渐增多。

潘绥铭使用"性存在"(sexuality)的概念来讨论与性行为有关的五个基本命题,强调性存在是社会建构。第一,性欲的强弱是受社会因素作用的结果,其次才是生理因素;第二,性欲的实现(主要表现为性生活的频率)主要是受到社会因素的影响,然后才是"生理驱动";第三,性欲得以实现的具体方式(性生活技巧)同样主要被社会因素影响,而生理因素排在其次;第四,性高潮,这个被视为"生理反应"的现象,仍然主要受到社会因素的影响,生理因素是第二位的;第五,所谓的"性功能障碍"主要受到社会因素的影响,生理因素发挥的作用相对较小。性关系以性行为为基本指向,包括情感、欲望、性想象、

---

① 参见姜玛:《新文化运动的性道德话语——以 20 世纪 20 年代的两次争论为中心》,《妇女研究论丛》2021 年第 3 期。
② 参见潘光旦:《中国之家庭问题》,载李文海主编:《民国时期社会调查丛编·二编:婚姻家庭卷(第 2 版)》,福建教育出版社 2014 年版。

性文化等诸多方面的内容。①

潘绥铭的"初级生活圈"理论对理解"性-爱-婚姻"的关系具有启发意义。初级生活圈理论认为,人类自产生之初,个体自生命之始,就存在于一个由性、性别、生殖、养育、爱情、婚姻共同构成的生活系统之中,而且被这些因素所制约和形塑,然后才可能后续发展出个体与人类的一切。在这个初级生活圈中,性生活、爱情与婚姻这三者共同构成了任何一种性关系的"核心结构",成为中国成年人最重要的生活内容与意义载体。研究发现,人们对于性、爱情与婚姻分别的满意度,最显著地作用于自己的整体幸福感,远远强于其他任何一种社会经济文化因素,也远远强于基本的身心健康状况。② 在性别社会学的研究中,可以将性别身份纳入"初级生活圈",两性对于性-爱-婚姻的不同观念、处境、资源以及角色差异对其日常生活中的平等关系有重要影响。

白威廉的研究认为,21世纪初,女性被压抑的状况依然存在,女性为自由的性要承担更多的成本。这些成本包括:(1)对身体条件的要求和付出身体的成本,如性感。通过对两性体重和身高以及他们对自己体重和身高的满意程度的研究发现,女性为了使自己更加苗条,往往通过节食以保持身材,但长期节食会导致她们形成厌食的习惯,这对女性的健康非常不利。(2)受到家庭暴力的威胁。(3)性生活障碍,包括性生活中的焦虑感。(4)性病对女性的威胁。③ 女性要比男性为性自由付出更高的代价。

21世纪以来,消费社会加剧了女性对外貌的焦虑和男性对身高的焦虑,身体在当代性别气质的塑造过程中处于核心地位。有研究发现,女大学生通过性别社会化学会管理自己的身体,并通过身体表达自己的性别气质,男权文

---

① 参见潘绥铭:《性社会学基本命题的实证》,《社会学研究》2004年第6期;潘绥铭:《性社会学的实证化构建——基本命题的实证》,载潘绥铭主编:《性的沟通——当今中国的实况研究》,香港大道出版社2005年版,第264—282页。

② 张楠、潘绥铭:《性关系的核心结构及其意义——非婚同居与婚姻的实证比较研究》,《学术界》2016年第6期。

③ 白威廉:《中国人性行为的发展趋势》,载北京大学社会学系主编:《21世纪与中国社会学——庆祝北京大学社会学系建系20周年学术讲座论文集》,北京大学出版社2004年版,第255—259页。

第六章　身体与性社会学

化和精英文化的审美标准都作用于女大学生的身体管理。①

一项对灾后重建的参与式研究探讨了性方面的决定权对女性的意义。该研究通过女性的个人故事发现,在特殊社会情境中困扰着她们的性关系、性别关系与性别角色有其独特性,女性在性方面的决定权成为女性赋权的介入点。② 这一发现将传统女性不可言说的性的行动力呈现出来,并应用于社区社会工作的实践。

三、青少年性教育

青少年一般指青春期的男女,年龄在 14—24 岁。改革开放前,我国青少年性教育长期处于禁闭状态,性是不能言说之事。改革开放后,随着国外性教育理念的引入,人们对青少年性生理、心理、权利、疾病预防等方面的认识逐渐加深,青少年性教育开始发展,从国家层面开始出现对青少年性教育的统一规划,青少年性教育逐渐走进学校课堂。青少年应成为性教育的主体,但很少听到他们的声音。不了解青少年日常生活及文化的丰富性,就难以开展有效的性教育。③ 2018 年,联合国教科文组织会同联合国艾滋病规划署等单位,共同发布了《国际性教育技术指导纲要(修订版)》,提出实施"全面性教育"是实现人类健康与福祉的必经之路,这是目前国际社会上对性教育模式的最新倡议。④ 我们提倡的性教育是全方位的,身体尊严的教育应当贯穿始终。性教育关心的不仅是性,还有社会关系和自身权利。

具体到我国青少年性教育,存在如下特点。

第一,性教育的供给和需求存在矛盾。我国青少年的性教育还具有"隐晦式性教育模式"的特点,表现为家长对性教育闭口不谈,或者采取回避或含糊

---

① 高修娟:《身体管理与女大学生性别社会化》,《中国青年研究》2018 年第 7 期。
② 裴谕新:《性、社会性别与充权:关于四川地震灾区妇女刺绣小组领袖的个案研究》,《妇女研究论丛》2011 年第 5 期。
③ 黄盈盈、张真智:《青少年隐私研究的方法学综述——以近 20 年来的"性-爱"主题为例》,《中国青年研究》2016 年第 10 期。
④ 刘文利:《全面性教育的十大特点》,《教育家》2018 年第 41 期。

不清的态度;学校性教育流于形式,或只是在生理卫生课上附带讲授。① 一项针对14—17岁青少年的全国随机调查发现,高达73.5%的青少年认为学校没有讲授过性相关知识。与此同时,青少年的性尝试则变得越来越开放。在互联网高度发达的背景下,青少年接触的性信息的渠道越来越多。一方面,多数父母和教育者仍视青少年为天真无邪的孩子;另一方面,青少年敏锐的观察力和模仿力催生出多样态的性实践。② 因此,涵盖性权利、性的自我保护和性的社会关系等内容的性教育应加快发展。

第二,性教育常常是分性别进行的,这可能会强化有关性的双重标准。对女孩子的性教育更多的是身份呵护,这些呵护可能会限制她们身体活动的时间和半径,在心理上限制她们对未来生活的想象力。女性身体甚至成为某种禁忌文化的象征。李银河认为,对女性自慰行为普遍存在的否定性评价是来自这样一些价值观念:(1)以生殖为性的唯一合法动机的价值观念——如果人们相信除了生殖,其他因素(如快乐)一概不可以成为性行为的动机,那么自慰当然要遭到否定。(2)禁欲主义价值观——如果人们相信性的快乐是不应当追求的,甚至是罪恶的,那么自慰当然要被否定。(3)男权主义价值观——如果人们认为女性的性仅仅是为男性服务而不是为自身而设的,那么女性自慰当然是罪恶的。③ 性教育要加强性别平等理念和社会性别的教育。

第三,对青少年的性教育可能存在禁欲型和权利型教育的差异。警告式教育强调青少年性方面的问题,如出现初次性行为提前、不安全性行为比例提高、意外怀孕增加等问题,并加以警告。这种禁欲型性教育可能潜在地支持了传统的性别角色,难以有效地引导青少年为自己的行为负责,甚至会伤害女性。权利型教育是从青少年身心发展和社会环境等方面的需求出发,开展有关性安全知识的教育,更重要的是开展生命教育和尊严教育。

第四,家庭、学校和社会应合力开展性教育。有研究指出,父母或家人传授遗精与预防性病的知识更为有效;学校讲授月经与自慰知识更为有效。但

---

① 薛亚利:《青少年成才、性认知与性教育模式问题》,《当代青年研究》2009年第4期。
② 王曦影、王怡然:《新世纪中国青少年性教育研究回顾与展望》,《青年研究》2012年第2期。
③ 李银河:《性文化研究报告》,江苏人民出版社2003年版,第86页。

两者对青少年避孕知识的回答正确程度都没有发挥显著的影响,即无效。青少年的性知识的正确程度与他们发生性行为的可能性之间并不存在显著的相关关系。中国性教育应该坚定不移地把目标置于促进青少年自己的权利、快乐与健康上。① 在互联网高度发展的社会,性话题随处可见,应从预防为主的他律教育转向促进权利和健康的自律教育。

四、女性身体:避孕、堕胎与生育

两性身体的最大差异是女性承担了生育责任。俗话说"为母则刚"。作为母亲,女性是更具有权力呢,还是她们因为生育被视为更弱的、更需要依赖男性呢?这可能是情境性的,需要深入讨论和考察。

避孕方法的发展和完善以及人工流产的普及和合法化使人类性活动与生殖分离,性行为具有了生育与愉悦的双重功能。妇女对自己生育能力的控制是她们享受其权利的重要基础。发达国家的妇女大多享有了基本的生育自由,能够获得避孕知识和工具,可以相对自主地决定生孩子的数量和时间间隔。而发展中国家的妇女常常由于贫穷而无法获得低廉的避孕药具,在决定生育时间和数量方面仍然缺少自主性。虽然避孕药具的普遍使用和人工流产的合法化增进了妇女的自主性,但广大女性对于避孕药具和人工流产的使用主要是出于经济方面的考虑,她们很少自觉地将这一行为与妇女解放联系在一起。

避孕药具的使用减少了妇女非自愿生育的数量,但是非自愿怀孕仍是广大妇女恐惧之事;即使可以选择流产,流产对女性身体的伤害是难以估量的。节育、避孕和人工流产为妇女提供了有效的生育控制手段的同时,使女性单方承担避孕责任和避孕失败的后果,缺少两性对非自愿怀孕的共同担当。

中国的人口普查表明:1949 年,中国女性的总和生育率为 6.14,到 1980 年为 2.24,2020 年为 1.3。20 世纪 90 年代,中国已实现生育转变,人口生育模式

---

① 潘绥铭、黄盈盈:《我国 14—17 岁青少年性教育效果的实证分析》,《中国青年研究》2011 年第 8 期。

已从新中国成立初期的早婚多育的传统模式转向了 1990 年后的晚婚少育的现代模式。但这背后是中国女性的高人工流产率。避孕责任主要由女性承担和各类扭曲的"人工流产"知识将女性身体处于医疗风险和道德风险之下。①

有研究认为，在近现代历史上有一种将女性身体病理化的力量，它将女性的生育等自然活动塑造为"病"，医学用合法化的知识塑造女性弱者化的身体。

生育作为生命事件，女性要经历怀孕、待产和产前检查、分娩、哺乳等一系列的过程，各种社会关系和知识都会进入这一过程。对城市女性的产前检查、身体经验与主体性的研究表明，现代城市中生育被健康话语主导，医疗技术的干预使孕妇自身的身体经验被不断贬低，并屈从于医学话语的建构，怀孕的身体受到医学凝视，被客体化而失去自身的主体性，母职的体验变成经由现代医学健康方案所主导的想象。②

对剖宫产的研究表明，女性的生殖过程是一个不断被定义为疾病的过程，不断被医药干预。一个多世纪以来，医生乃至整个医疗体系强调使用新生殖技术的重要性，越来越多的医疗手段介入分娩。剖宫产这一只是分娩过程出现严重问题时才采取的非常规医疗手段有不断"常规化"的趋势。在 2007 年 10 月至 2008 年 5 月期间，亚洲剖宫产率为 27.3%，南美洲为 30%，非洲为 10% 左右，而中国的剖宫产率竟高达 46.2%，位居世界第一。其中，中国有 25% 的剖宫产并不是出于医疗需要。国家政策、医疗论述和行动者对剖宫产场域均有影响，医疗论述建立在专业性权威的基础上，并影响国家政策。"医疗"不仅指有形的医务人员、医院、医学专业，还包括影响日常生活的无形的认知、意识形态和想象。③

对经历过乳腺癌的女性的研究发现，乳腺癌患者在与其家人、朋友、医生和其他病人之间的社会互动关系中，女性的身体经历了从"疾病"到"残缺"的

---

① 李桂燕、佟新：《将女性置于多重风险中的"无痛人工流产"研究》，《妇女研究论丛》2014 年第 2 期。
② 林晓珊：《母职的想象：城市女性的产前检查、身体经验与主体性》，《社会》2011 年第 5 期。
③ 范燕燕、林晓珊：《"正常"分娩：剖腹产场域中的身体、权力与医疗化》，《青年研究》2014 年第 3 期。

变化。乳腺癌使乳房呈现于各种社会目光之下,切除乳房意味着女性一个重要性征的缺失。经历乳腺癌及其治疗的女性在确诊阶段经历了第一个维度的"残缺",它与疾病本身的关系更为直接。她们在从"健康人"到"乳腺癌患者"的过程中,重新建构正常的健康人身份。在治疗过程中经历了掉发、切乳之后,第二个维度的身体"残缺"逐步凸显,且与疾痛相互交织。到了恢复期,身体的疼痛感在逐步消失,身体功能逐步恢复,但是,没有了乳房的身体给女性的性别形象带来的挑战愈发凸显,性别态身体开始显现。危机感影响自我认同,威胁"正常人"的社会角色。自我认同与人际关系的"残缺"感从医院延续到日常生活空间。重要的发现在于,在经历乳腺癌及其治疗的过程中,女性从否定到不得不接受再到逐步顺应和正面抗争。多数女性以积极的态度管理身体,并在日常生活中使自己的身体呈现为"正常"状态。同时,以漫长和隐性的方式对身体的命名进行抗争,从主体视角审视医学和性别规范对身体和日常生活的控制。① 事实上,女性在不断争取掌握对身体的命名权和重新赋予身体新的意义。

小 结

身体和性关系皆是由文化定义的。传统的身体观将身体与精神对立起来,无视身体的存在。身体社会学将人们支配身体的权利视为基本人权。性别不平等的意识形态以两性身体差异为基础而形成身体性别秩序,以男性中心主义的观念来建立社会符号秩序意义和政治意义。传统中国人的身体观是性别分化的,贞洁烈女文化和女性的缠足实践表现了传统社会对女性身体的规训。随着现代化进程的加快,传统贞操观和性道德面临挑战。现当代中国人的性观念正在发生变化,虽然女性依然处于被压抑状态,女性的身体有被弱者化和病理化的趋势,但在互联网时代,女性亦勇敢地面对传统的身体规范。

---

① 黄盈盈、鲍雨:《经历乳腺癌:从"疾病"到"残缺"的女性身体》,《社会》2013年第2期。

◆ **关键概念**

身体政治　男根-逻各斯主义　性教育　烈女文化

◆ **思考题**

1. 试分析身体观念和身体性别观念演变的历史。
2. 试分析缠足在实践上对女性的束缚和历史意义。
3. 试述你是如何理解身体政治的。

◆ **进一步阅读参考文献**

布莱恩·特纳:《身体与社会》,马海良、赵国新译,春风文艺出版社 2000 年版。

托马斯·拉克尔:《身体与性属:从古希腊到弗洛伊德的性制作》,赵万鹏译,春风文艺出版社 1999 年版。

克里斯·希林:《身体与社会理论(第二版)》,李康译,北京大学出版社 2010 年版。

潘绥铭、黄盈盈:《性社会学》,中国人民大学出版社 2011 年版。

鲍雨、黄盈盈:《经历乳腺癌:疾病与性别情境中的身体认同》,《妇女研究论丛》2014 年第 2 期。

第七章

亲密关系与婚姻中的性别

致橡树

舒婷

我如果爱你——
绝不像攀援的凌霄花,
借你的高枝炫耀自己;
我如果爱你——
绝不学痴情的鸟儿,
为绿荫重复单调的歌曲;
也不止像泉源,
常年送来清凉的慰藉;
也不止像险峰,
增加你的高度,衬托你的威仪。
甚至日光,
甚至春雨。

不,这些都还不够!
我必须是你近旁的一株木棉,

作为树的形象和你站在一起。

根,紧握在地下;

叶,相触在云里。

每一阵风过,

我们都互相致意,

但没有人,

听懂我们的言语。

你有你的铜枝铁干,

像刀、像剑,也像戟;

我有我红硕的花朵,

像沉重的叹息,

又像英勇的火炬。

我们分担寒潮、风雷、霹雳;

我们共享雾霭、流岚、虹霓。

仿佛永远分离,

却又终身相依。

这才是伟大的爱情,

坚贞就在这里:

爱——

不仅爱你伟岸的身躯,

也爱你坚持的位置,

足下的土地。

舒婷的《致橡树》是一位现代女性的爱情宣言。她用"攀援的凌霄花"和"痴情的鸟儿"来比喻传统痴情女子的形象,并将其视为只是"增加你的高度,衬托你的威仪";现代女性要成为"你近旁的一株木棉,作为树的形象和你站在一起","分担"和"共享"成为爱的基础。这首诗从两性关系的角度重塑了爱的关系:爱的关系不是依附,不是衬托,而是分担,是共享!

第七章　亲密关系与婚姻中的性别

　　传统的婚姻制度以"父母之命,媒妁之言""门当户对"确定婚姻关系。舒婷的《致橡树》则反对依赖关系,倡导"分担与共享"。本章将从理解婚姻制度出发,看婚姻制度的变迁和变迁过程中性别关系的变化,讨论建立新型的平等、分担和共享型的恋爱与婚姻关系的可能性。

第一节　婚姻制度和亲密关系

　　人是情感动物,婚姻制度是指规定两个成年男女如何结合在一起的制度,由此建立起人类社会的姻亲和血亲关系,为人的再生产提供制度保障。婚姻制度具有历史性,不同时代人们生活在一起的形式受到经济、文化、规范以及法律的制约;同时,一段亲密关系或婚姻关系的产生与消亡又与个人的文化、经济、政治和自我认知等相互影响。

一、西方(欧洲)性、爱与婚姻的演变史

　　从人类历史进程看,人类的性关系制度经历了多种形式。史前社会主要以杂婚为主,旧石器时代和中石器时代主要是群婚,新石器时代开始出现多偶婚,奴隶社会以来出现了以一夫一妻制为主要形式的对偶婚。[①] 性关系制度的演变与社会物质生产水平的发展相关,即使在对偶婚阶段,婚姻形式也是复杂的。

　　罗素在《婚姻革命》一书中描述了欧洲人的性、爱与婚姻的演变史,称其为一个"从不知父亲的时代到父亲统治的时代"。当父亲的"种子"的身份被发现之后,性就成为一件具有重大意义的事。人类社会从生殖崇拜转向阳物崇拜,从赞美性活动到禁忌性活动。

　　　父权的发现导致了女人的隶属地位,这是保证道德的唯一手段——这种隶属起初是生理上的,后来则是精神上的,在维多利亚时代达到了登峰造极的程度。由于女人的这种隶属地位,在大多数文

---

① 　高奇:《文明的历程》,山东画报出版社2003年版,第34页。

明社会中都没有夫妇之间的真正的伉俪之情;夫妻之间的关系一方面是一种主从关系,另一方面是一种责任的关系。①

在西方基督教的影响下,父权以性道德的名义对女性的亲密关系和性行为加以监管。

对爱情的信仰是近现代的事情。柏拉图式的爱情被称为精神之爱,是排斥肉欲的纯爱;他把爱视为一种极难得到的珍贵之物;人们需要付出极大的努力才能赢得爱情。

文艺复兴时期,人们对爱的追求不再是柏拉图式的,出现了浪漫爱的概念。法国大革命后,革命性的创新思想就是视婚姻源自浪漫的爱,不应受到限制;父母包办是传统婚姻,应当反对。浪漫之爱强调主体体验到的身体和心理上的对他人的亲密感和渴求在一起的状态,它是自由的。

弗洛伊德强调爱欲根源于人的无意识本能。这是不受约束的性本能和发源于性本能的、具有升华性质的冲动,同时包括自我保存的本能。爱欲追求的是目标的实现,遵从的是快乐原则。这是生命体不断融入更大统一体的努力过程,是寻求结合的生命本能。②

罗素认识到避孕方法的发明和妇女解放粉碎了传统的性道德。他深刻地论述了性禁忌与幸福婚姻的关系。当性、性器官、裸体等在父母的训导中是"肮脏的",那么两性的结合就是不为人道的。

> 这些孩子认为,他们父母之间的行为是见不得人的,是难以启齿的,因为他们总是极力遮着掩着。而且他们还知道,那些看来可以指导教育他们的人,也在有意欺骗他们。他们对于父母、婚姻和异性的态度因此而无可挽回地受到损害。那些受到过传统教育的男女,很少有人能对性和婚姻产生高兴的感觉。他们所受的教育告诉他们,欺骗和说谎在他们的父母和老师眼里都是美德;一切性关系,即使是在婚姻以内,都是可恶的;在传播物种的时候,男人所服从的是他们

---

① 伯特兰·罗素:《婚姻革命》,靳建国译,东方出版社1988年版,第17页。
② 参见西格蒙德·弗洛伊德:《自我与本我》,林尘、张唤民、陈伟奇译,上海译文出版社2011年版。

第七章 亲密关系与婚姻中的性别

的兽性,女人所服从的则是她们痛苦的责任。这种观念使得婚姻对于男女双方都不是一件快事,而且那种得不到满足的本能变成蒙着道德假面具的残暴行为。①

罗素指出,婚姻革命的前提是妇女解放和性知识的普及,"爱"成为婚姻的重要组成部分。当女性摆脱了束缚其行为的传统性道德时,她们所要求的是和男人一样,她们的先辈追求的是道德束缚中的平等,然而现当代女性追求的是道德自由中的平等。② 由此,爱成为婚姻的动机。在现实生活中,那些能使婚姻关系美满且能满足它的社会目的的爱,虽然并不浪漫,但却是更亲密、更热烈、更现实的。③

> 爱远非仅仅是性交的欲望,它也是免除孤独的主要手段,因为大多数男女在他们的大部分人生中都会有孤独之感。在大多数人中都存在着一种对于世界之冷酷和人类之残暴的巨大恐惧;同时还存在着一种对于爱情的渴望,尽管这种爱经常由于男人的粗鲁、暴躁或霸道,以及女人的无事生非和碎嘴唠叨而荡然无存。④

婚姻革命呈现出现代婚姻有两个重要的原则:一是使双方融为一体,并使双方得到充实和提高的爱情;二是若有孩子,使孩子在身体和心理上得到充分的关心。美满婚姻的本质是对彼此人格的尊敬,以及肉体和精神方面极为深切的亲密关系。艾斯勒提出的"伙伴关系"的概念,强调人类对亲密接触的渴求和对于内在联系的渴望。人类具有高度的潜力,能建立有意识和关爱的联系,即爱的关系。⑤ 现当代社会中,亲密关系出现了多种形态,同居、在婚、离婚、再婚等。无论在哪种形态中,人们都在勇敢地努力建设平等的亲密关系。

---

① 伯特兰·罗素:《婚姻革命》,靳建国译,东方出版社1988年版,第67—68页。
② 同上书,第59页。
③ 同上书,第53页。
④ 同上书,第83页。
⑤ 参见理安·艾斯勒:《圣杯与剑——我们的历史,我们的未来》,程志民译,社会科学文献出版社2009年版。

"性、性爱和情爱既有关联又不相同,没有对方,它们则几乎不可能存在。"①现代社会有两种文化策略解决解决性、性爱、情爱之间内在的张力。一种策略是基于国家立法、教会和学校的意识形态的作用,在性爱的想象自由之上,强化性的生殖功能。另一种策略则具有反叛的色彩,斩断性爱与性之间的联系,把性爱与情爱系在一起。后现代社会发生了前所未有的突破,宣称独立于性爱与情爱的性的存在,它大胆宣布自己就是自身存在的唯一且充分的理由和目的。在人类的发展史上,性、爱情和婚姻的关系一直充满张力,而婚姻制度力求从制度上加强性爱关系中的生殖功能以及个人的发展与社会稳定。

二、个体化社会与亲密关系的变革

吉登斯针对现当代生活提出了"亲密关系变革"的概念,指出在一些结婚率很低的国家,人们开始选择"伙伴婚姻",即以同居而不以国家认可的"登记"手续来建立亲密关系;个人的主体性和对情爱关系的诠释成为其前提。人们对亲密关系的渴望已经成为现代生活的一部分,人们渴望通过与他人建立的关系更好地发现自我和发展自我。现代亲密关系的理想状况是:打破传统的、以父权制为基础的、指向生育目标的夫妻不平等关系,建立平等的、和睦的、民主的、双方共同发展的关系。

伙伴型亲密关系的特征是:第一,优先发展自我,而不是为了"找个人去爱"。第二,逐步发展关系,以求得长时间的满足,不仅仅是当下的满足。第三,有选择自由,不是强迫对方做爱或献身。第四,关系具有平衡性和相互性,是和谐和协商的关系,分享需求和情感的关系,而不是权力控制。第五,直接坦白,适度信任,接受彼此的个性,而不是缺乏信任,操纵,试图改变伴侣以适应自己的需要。第六,性源自友谊和关爱,在给对方自由的同时,积极关注对方的幸福和成长,共同解决问题,使舒适感和满足感循环出现,而不是回避不

---

① 齐格蒙特·鲍曼:《个体化社会》,范祥涛译,上海三联书店2002年版,第288页。

快之事,或激情与恐惧混杂,使痛苦与失望循环出现。① 亲密关系通过在私人领域建立起对平等和独立能力的尊敬,而实现性别平等。它与整个社会的民主化进程联系在一起。当双方以平等方式对待他人并受到尊重时,新型亲密关系打破了男尊女卑的传统关系模式,这种关系将在更广泛的意义上实现两性在社会上的平等。

由此,传统的婚姻发生了变化。第一,"情感或爱情"是基本的动机和要素。第二,婚姻变得并非唯一的选择,一些人开始选择独身,并把独身视为一种生活方式。结婚、同居或独居都是理性选择的结果。第三,晚婚成为普遍趋势。亲密关系的质量和生活价值得以提升。

三、性别社会学视野里的婚姻制度

性别社会学关注性关系、亲密关系和婚姻关系包括的两性等级化或平等化的状况和改变的条件。

(一) 亲属关系

时至今日,关于母系社会是否存在以及何时存在,有各种争议。但人类历史上确实存在过只知其母、不知其父的时代;在那样的历史时期,血缘关系成为人们建立联结、维持生存和持续发展的基础。原始社会,亲属关系组织着生殖、经济、政治和庆典等社会活动。人类学认为,"亲属关系"是人类社会关系的第一原则。克洛德·列维-斯特劳斯(Claude Levi-Strauss)的《亲属关系的基本结构》是理解人类婚姻制度的重要著作。

1975 年,卢宾在《女人交易——性的"政治经济学"初探》一文中指出:因为列维-斯特劳斯认为亲属制度的精髓在于男人之间对女人的交换,所以他不经意地构造了一套解释性压迫的理论,即亲属关系制度规定了男人对自己的女性亲属的权利,而女性没有这种权利;可以看出将女性置于压迫中的不是其

---

① 安东尼·吉登斯:《现代性与自我认同:现代晚期的自我与社会》,赵旭东、方文译,生活·读书·新知三联书店 1998 年版,第 105 页;安东尼·吉登斯:《亲密关系的变革——现代社会中的性、爱和爱欲》,陈永国等译,社会科学文献出版社 2001 年版,第 125 页。

生物性，而是一整套可以交换女人的社会性别制度。原始社会中，女人从一个男人，即她的父亲或兄弟手中被传到另一个男人——丈夫的手中，由此建立社会纽带和亲属关系，这一整套的交易是由赠送和接受这一女人的男人联系起来的，女人是这种关系中的链条，而不是伙伴，男人是这一交易的受惠者。

与莫斯的送礼研究对话发现，送礼是为了表达、确认或创立交换者之间的社会联结。卢宾认为，以女人为礼品的交换远比其他礼品交换意义深远，它不仅是互惠关系，还是亲属关系。在各种文化的性实践中，女人在婚姻里被赠送、在战争中被掳走、被当作贡品献出、被买卖等，这不仅存在于原始社会，在"文明"社会中更明显和更商业化。[①]

现代社会中，亲密关系与货币的关系依然是研究的重要主题。泽利泽认为，人们对于货币习惯用"敌对世界"的思维，认为货币化的社会关系随着全球扩张会侵入亲密关系。货币被视为通用的、精致的、非人格的媒介，使人们之间的关系成为贫瘠、脆弱和计算性的关系，但是这种思维却忽视了亲密关系与货币交易常常是共存的。亲密关系的交易产生和维持着宏观的阶层、种族和族群，甚至性别的不平等。交易是发生在社会关系中的。对亲密关系的研究表明，与"敌对世界"思维得出的结论相反，在各种亲密关系中，人们会努力把货币转移整合进更大的相互义务网络中，同时又不会损害所涉及的社会关系。货币与亲密关系是共存的，甚至对社会关系具有维持的作用。[②] 彩礼、婚戒、礼物等在亲密关系中的意义正在与货币发生直接关系，需要深入研究。

（二）爱情、性别与情感投入

现实生活中，当人们相信爱情是婚姻的基础，不再用传统的经济关系、性关系和生育关系来保障婚姻时，婚姻本身会变得极为脆弱。婚内爱情的消失和婚外爱情的诱惑皆成为威胁婚姻的重要因素。"爱情是宗教消失后的宗教，

[①] 盖尔·卢宾：《女人交易——性的"政治经济学"初探》，载王政、杜芳琴主编：《社会性别研究选译》，生活·读书·新知三联书店1998年版，第34—39页。

[②] 薇薇安娜·A.泽利泽：《亲密关系的购买》，姚伟、刘永强译，上海人民出版社2009年版，第17—19页。

第七章　亲密关系与婚姻中的性别

是所有信仰尽头的终极信仰。"①当爱情在现当代获得了空前的位置、被当作人生最美好的事情被加以歌颂时,人们就会对爱情充满迷恋,爱情成了现代神话。

人们通过观察会看到,两性对爱情的期望有所不同,爱情对女性比对男性显得更重要。当男性的社会价值被推向事业时,女性的价值往往会被推向情感。爱情对女性有特殊的生命意义。波伏娃在《第二性》的"情妇"一章讨论了爱情一词对两性的不同含义,这是引起两性之间严重误解乃至分裂的原因之一。在爱情的观念上,男性是主体,女性是其生命中的一种价值,他们希望把她并入自己的生存,而不希望把生存完全浪费在她身上。相反,女性的爱就是为主人放弃一切,爱成为女人的宗教,在爱的关系中女性是客体的存在。其主体性的呈现是在爱情中,女性把她的性爱和她的自恋很好地协调在一起。否则,女性的情感和性爱处于多种矛盾中。②对爱情的关注使两性的生活出现悖论:一是女性越是看重爱情,越希望通过爱情获得圆满和快乐,越是容易在现实生活中遭受情感的伤痛。二是对男性来说,爱情是其事业成功、地位有成的一部分,是其事业有成的证明。由此,看守住一位事业有成和有地位的丈夫成为女性生活的重要内容。在社会化过程中,女性领悟到的爱情总是与其对男性的顺从联系在一起,男性领悟到的爱情总是与能为女性提供的生活联系在一起。在社会学意义上,爱情具有明显的交换性和工具性。悖论是:爱情可以成为女性受到关注、得到名声和自尊的工具;同时,为了获得关注、名声和自尊,女性又可以牺牲真正的爱情。在爱情的神话里,两性相爱就像一场战争,永远会有"征服者与顺从者"。女人多因美丽赢得男人,男人多因其社会地位而"征服"女人。

费尔斯通提出了"性的辩证法"的概念,指出男性将"性与情感"割裂,并由此获得政治优势;女性则渴求"性与情感"的结合,因此处于不利位置。在爱情中,男人依然在思考、写作和创造;女人则被爱情占据了整个身心,用爱情

---

①　Ulrich Beck、Elisabeth Beck-Gernsheim:《爱情的正常性混乱》,苏峰山等译,台湾立绪文化事业有限公司 2000 年版,第 21 页。

②　西蒙娜·德·波伏娃:《第二性》,陶铁柱译,中国书籍出版社 1998 年版,第 725—756 页。

换取安全感。在爱情和婚姻中,女性自居弱势地位,愿意付出时间和努力去认同对方;这并非爱情的错,而是权力不平等的结果。[1]

男性气质强调男性在情感上要以冷漠和理性为优势。"不表达的男人"(the inexpressive male)的概念定义了美国社会中男性因性别社会化成为沉默的人。一方面,成年男人不会表现出喜爱、柔情和情感;另一方面,成年男人不被鼓励向配偶或爱人表达情感。"不表达的男人"有两种形象:一是"西部牛仔",以冷酷(cool)为标准;二是"花花公子",以对女性不负责、不认真和不付出为典型。这在一定程度上造成了美国家庭和社会的悲剧,需要男性解放运动。[2] 学者指出,将"不表达的男人"归结为性别社会化过于简单了,这些"不表达的男人"是因为男性气质一直要求他们关注权力,对权力的紧张生产出沉默的男人,其本质是一种性政治。如果说这是社会的悲剧,它更是性别政治的悲剧。[3] 因为沉默的行为往往被社会等同于客观、冷静、理智、独立自主以及适合有权力的人。男性气质有意无意地塑造出冷酷形象维护其社会地位和权威。男性并非沉默的人,而是沉默本身成为其利益表达的一种方式。在情感的表达上,性别差异和阶层差异交织在一起。[4]

爱情同样受到男性统治的法则支配,有着最微妙、最不易察觉的暴力形式。[5] 爱情不仅意味着温柔体贴和无微不至,也要求"因为你爱我,我需要爱的顺从的证明",由此产生充满束缚和压迫的操纵和控制关系,严重时形成精神的和肉体的暴力,当事人会受到一系列心理和情绪伤害,爱成为隐形的枷锁。

---

[1] 参见 Shulamith Firestone, *The Dialectic of Sex: The Case for Feminist Revolution*, Farrar, Straus and Giroux, 2003。

[2] Jack O. Balswick and Charles W. Peek, "The Inexpressive Male: A Tragedy American Society," *Family Coordinator*, 1971, 20(4): 363-368.

[3] Jack W. Sattel, "The Inexpressive Male: Tragedy or Sexual Politics?" *Social Problems*, 1976, 23(4): 469-477.

[4] Robin W. Simon and Leda E. Nath, "Gender and Emotion in the United States: Do Men and Women Differ in Self-Reports of Feelings and Expressive Behavior?" *The American Journal of Sociology*, 2004, 109(5): 1137-1176.

[5] 皮埃尔·布尔迪厄:《男性统治》,刘晖译,中国人民大学出版社 2017 年版,第 149 页。

第七章　亲密关系与婚姻中的性别

艾斯勒用"统治关系"的概念分析亲密关系中的控制,她认为情感模式中有"统治关系"和"伙伴关系"两种。如果在早期的长幼关系中已经被培养得适应了统治和服从,那么它会不知不觉地影响人们的性关系和所有的关系。反之,如果在早期的长幼关系中学会并且不断地练习相互尊重和关心的支持型关系,人们的社会关系就会与建立在强制和恐惧之上的统治关系格格不入。① 平等和美好的伴侣关系是相信"因为我爱你,我愿意尊重和支持你的选择",互相支持是伙伴关系的重要基础。

(三) 性别、阶层与择偶

进化心理学中的"亲本投入理论"关注因求偶产生的适应性发展。(1) 同性竞争。同性之间竞争与异性的交配机会,让生物体在同性竞争中获胜的每一种特征都将通过胜利者的繁殖活动传给下一代,同性间竞争导致进化。(2) 异性选择。这是指被异性看重的那些特征遗传给后代的概率高,由此实现了择偶偏好的异性选择。(3) 这样的生物进化理论运用于对人类两性择偶策略的研究时产生了"双亲投资理论",因为怀孕的生物性,男性和女性在亲代付出/投资方面存在差异。男性的亲代投资最低限度是交配,而女性的最低限度是交配、"十月怀胎"和生产。这使男性间的竞争性更强,而女性不仅要选择适应度最高、基因良好的男性,还需要其有高社会地位与资源,以确保子代在出生后的利益。因此女性在养育后代方面投资更多,她们在选择伴侣时,比男性有更强烈的偏好。②

亲本理论引申到择偶关系,为女性选择"多金男"和男性选择"美女"奠定了合理性基础。这表达出人们在择偶时必然会理性地考虑未来的生存与发展问题。"门当户对"意味着择偶受到阶层、文化背景、家庭出身等社会因素的限制。择偶不可能是绝对自由的,由此形成婚姻圈。通过婚姻改变阶层地位可成为社会流动的一种方式。

---

① 理安·艾斯勒:《神圣的欢爱:性、神话与女性肉体的政治学》,黄觉、黄棣光译,社会科学文献出版社 2009 年版,第 168 页。

② R. L. Trivers, "Parental Investment and Sexual Selection," in B. Campbell, ed., *Sexual Selection and the Descent of Man, 1871-1971*, Aldine, 1972, pp. 136-179.

有研究把择偶标准分为两大类：一是工具性的标准,包括经济、社会地位等标准；二是情感性的标准,包括感情和谐等因素。由此可以进行定量研究。①

从男女的征婚或征友广告中可以发现:女性更可能凭借自己的外表追求经济稳定性；男性更可能追求身体吸引力,包括具体的面部和身体特征。看中女性的外表对女性来说会带来很不幸的后果。它不仅会引起对身体的控制和节食,还会误导女性更重视外在特征而忽视了行为和成就。强调人不能控制的特点而非那些可以实现的品质,会降低人的自尊。② 影响择偶的因素很多,性别、种族、城乡身份、受教育程度、阶层等多因素交叉发挥着作用。

第二节 中国的婚姻制度与变革

认识中国社会的两性关系秩序必须理解中国的婚姻家庭制度。一方面,中国社会以家庭为中心来组织社会生产和生活,家庭是最基本的社会单位；另一方面,以男性家长为中心的封建"君臣、父子、夫妻"的等级秩序塑造了家庭内男性优先的秩序,这一秩序从家庭扩大至社会的方方面面。1949年后的社会主义改造和社会主义革命冲击了传统家庭制度；1978年后,市场化改革引发的个体化转型导致婚姻的变迁。

一、传统家长制的婚姻制度

在中国传统文化里,家庭一直被视为社会的最小组成单位。家国同构是儒家文化在政治上的核心观点,家庭制度是社会制度的核心部分,男性家长权力是最高统治权力。即使到今天,家庭依然被看作社会的、经济的和政治的基本单元。

许烺光在研究人类亲属关系结构时提出"许氏假说",即现在每个社会的亲属结构中,只有一种支配性的关系,其关系的特性可以影响亲属结构中的所

---

① Willie Melton and D. L. Thomas, "Instrumental and Expressive Values in Mate Selection of Black and White College Student," *Journal of Marriage and the Family*, 1976, 38(3): 509-517.

② 埃托奥、布里奇斯:《女性心理学》,苏彦捷等译,北京大学出版社2003年版,第236—237页。

有其他关系。在中国传统社会中,支配性的关系为父子关系,以此为主轴,其运作的方式会直接影响或支配其他关系的运作,即"父子轴家庭"。① 这一婚姻制度在文化规范上受到儒家礼教文化的制约,这一婚姻制度准确地说应称为"家长制",男性家长具有支配权。中国传统社会的婚姻制度是一整套以男性利益为中心的生活规则,包括父系继嗣、包办婚姻、从夫居、从父姓、生育中的男孩偏好等。传统婚姻的基本特点如下:

第一,"男大当婚,女大当嫁"的自然婚姻观使婚姻具有强制性。在自然婚姻观下,男女进入性成熟期就自然要结婚了,早婚是普遍现象。婚姻的强制性表明,几乎每个人都在婚姻内生活。1990 年人口普查的数据表明,年龄到 30 岁的中国妇女中 99% 有过婚姻经历,某些队列的已婚率甚至高达 100%,中国被视为有高结婚偏好的国度。② 在传统文化意义上,没有过婚姻生活的人就是个失败者。

第二,婚姻制度决定了父系继嗣的财产分配关系。一般状况下,儿子结婚时分家,独立门户;其妻子通过"同居共财"获得丈夫的财产。因此,在娘家的女儿是没有财产权的,她只有通过婚姻获得丈夫的财产。滋贺秀三专门讨论过"未婚女子"在父权制的家庭财产继承中的状况。未婚女子在父母家是没有权利的,她就像暂时被娘家养着的人,不可能成为父亲财产的继承人。"女儿因出嫁断绝了与娘家家产的关系,即使后来父亲死亡,对于已出嫁的女儿来说,虽然在某种程度上分得父母的遗产,但本意并非分配遗产。"③"若分割家产,则兄弟成为所分得的财产的独立所有者并有其各自的家。相对于此,即使当时仍有未婚的姐妹,那也不构成一家。父母在世时分割家产,未婚的女儿跟随父母。"④

父系继嗣不仅是继承财产,还包括儿子有权享有家庭、家族的政治地位,

---

① Francis L. K. Hsu, "The Effect of Dominant Kinship Relationships on Kin and Non-Kin Behavior: A Hypothesis," *American Anthropologist*, 1965, 67(3): 638—661.
② 斯坦·约翰逊:《论现代中国的收养》,《人口研究》1995 年第 6 期。
③ 滋贺秀三:《中国家族法原理》,张建国、李力译,法律出版社 2003 年版,第 354 页。
④ 同上书,第 357 页。

如世袭官爵等。女孩嫁到夫家,对娘家来说是"泼出去的水",她不被当作父亲家的人,不会被记入父亲家的族谱。

第三,"父母之命,媒妁之言"的包办婚姻是传统社会"约定俗成"的择偶方式。在这种婚姻中,男女青年都没有选择配偶的权利,只能服从家庭或家族的需要。在"男大当婚,女大当嫁"的观念下,男性家长为了家庭和家族的利益,在"门当户对"的条件下为自己的儿女决定终身大事。包办婚姻是指儿女到了一定年龄,就有媒人上门说亲,儿女本身没有择偶权,他们要服从"父母之命,媒妁之言"的父权制家长权威。家长们主要依从"门当户对"原则,为儿女择亲,这一原则保障了多数婚姻是在阶层内缔结,但父系的家庭权势仍在择偶中起重要作用。谈婚论嫁的过程就是双方父母对儿女,特别是对女儿的议价过程。对女性来说,存在着"上嫁"与"下嫁"之说,所谓"上嫁"就是嫁给比女性原生家庭地位高的男人,即女性通过婚姻向上流动的可能性较大。

第四,从夫居。这是指女方嫁人后居住到男方家的社会规则,男女结婚之时并不另立新家,而是由男方将女方娶进家门。虽然存在"倒插门"的夫人妻家的情形,但这种情况是拟传统性别关系的,即入赘女婿形同女性,没有社会地位。从夫居对于女性来说意味着自结婚之日起她就要离开娘家,脱离原有的社会关系网络,进入夫家的生活环境。

第五,女性没有离婚的权利。原则上,传统社会不鼓励离婚。只有丈夫有休弃妻子的权利。丈夫休妻,无须征得女方同意,只需写一纸"休书"即可将妻子驱之门外。《大戴礼记·本命》有言:"妇有七去:不顺父母去,无子去,淫去,妒去,有恶疾去,多言去,盗窃去。"社会制定出保护婚内妻子的规则,禁止丈夫休妻的理由是"三不出":妻同守三年丧;娶妻时丈夫家贫贱,结婚后富贵;妻子无可归之处。在这三种情况下不能休妻。

第六,从父姓。这是指夫妻生育孩子后,出生的孩子取夫姓。生育中的男孩偏好强调的是婚姻的生育功能。传宗接代是结婚的主要目标,生养男孩具有重要意义。"不孝有三,无后为大。"如果一位女性不能替丈夫生育男孩,就有为丈夫另娶妻子生育男孩的义务,这样的女性是有"德"性的人。

新文化运动时期,封建的包办婚姻受到批判,知识分子论著要求择偶自由权。陈独秀、胡适、鲁迅、陶孟和和刘半农等人在《新青年》等杂志上公开倡导自由恋爱和自由婚姻。明确呼吁禁止重婚,主张婚姻自由。离婚应由男女双方同意决定,任何一方都可根据一定理由向法院申请离婚;容许寡妇再嫁。这些思想影响到中国的相关立法,开启了中国婚姻制度向法制化迈进的进程。

二、性别社会学的婚姻研究

性别社会学认为,工业化、城市化和现代化改变了人们的婚姻观念,观念变迁又促成了婚姻变革,传统的家长制婚姻向着个体自由的现代婚姻转变。现代社会的婚姻关系建立在爱情基础上,婚前性行为相对宽松,婚姻关系以自主自愿以及平等和相互尊重为原则。

(一) 近现代婚姻制度的变革

清朝末年,传统中华法系发生重大变化。几千年来的"诸法合体,以刑为主"的法典编纂形式向独立的部门法编纂体制改变。在民事立法方面,向大陆法系的德国法模式学习,其民法由总则、物权、债权、亲属、继承五编组成,其中,亲属和继承编主要规范婚姻家庭行为。1911年,中国近代第一部民法《大清民律草案》中专设亲属编;1930年,国民政府公布了《中华民国民法》,设亲属编,这成为中国第一部有关婚姻和亲属关系的法规,具有一定的反封建婚姻制度的性质。五四运动时期,科学和民主的思想为中华法系纳入大陆法系提供了重要的思想基础。但《中华民国民法》仍带有传统男权的印迹:一是规定离婚后孩子的监护权属于男方,二是承认娶妾为法律认可。1931年国民政府司法院院字第647号司法解释中称"娶妾并非婚姻,自无所谓重婚"[①]。只禁多妻,不禁纳妾。从夫居、从父姓和父系继承的传统婚姻制度并没有被挑战。

在中国婚姻制度的变革史上,苏区和解放区的新婚姻法实践是重要的事件。1931年11月,中华苏维埃共和国临时中央政府在江西的中央革命根据地(中央苏区)成立。中国共产党进行了局部管理国家的尝试。中央苏区1931年颁布的《中华苏维埃共和国婚姻条例》和1934年颁布的《中华苏维埃共和

---

① 参见姜涛:《人口与历史——中国传统人口结构研究》,人民出版社1998年版,第268页。

国婚姻法》挑战了几千年传统的封建婚姻制度。规定男女婚姻以自由为原则,废除一切形式的包办、强迫和买卖婚姻;确立了一夫一妻制度和男女平等的原则;注重保护妇女和儿童的权益。例如,明确规定男女离婚后,原来的田地、财产、债务各自处理;结婚满一年,男女共同经营所增加的财产男女平分,如有小孩则按人口平分。这彻底打破了传统父权制的文化传统,激发了妇女投身革命的热情。

中国共产党到了陕甘宁边区后,在1939年、1944年和1946年三次颁布婚姻法规,使婚姻制度成为社会治理的重要组成部分。对当时司法案件和地方志的研究认为,1939年和1944年的边区婚姻条例的制定和修改呈现出外来观念与本土实践之间的文化冲突,既要改造传统的婚姻习俗,还要克服源于都市的外来观念的不切实际的想法。[①] 由此,传统的家长主导的婚姻大事转变为个人选择之事,婚姻自由的提出为后来的婚姻变革奠定了基础。

在抗战时期,中国共产党进行的家庭变革呈现出理想和现实之间的冲突,其家庭政策呈现出复杂性和多面性,通过家庭和公共生活之间的关系调整,实现改造家庭的目的。家庭变革培养了农民的"民主"和"合作"等政治意识,成为抗日根据地民主建设的重要一环。婚姻制度的变革有效地动员了广大农村妇女,提高了她们的社会地位和家庭地位,冲击和动摇了家长制。[②] 虽然有人对此持不同的观点,但婚姻的变革的确为女性自主走出家门奠定了基础。

1949年新中国成立后,出台的第一部法律就是《中华人民共和国婚姻法》(1950年5月1日起施行),其基本精神是彻底废除封建婚姻制度,实行男女婚姻自由、一夫一妻、男女权利平等、保护妇女和儿童权益的新民主主义婚姻制度。该法第一次明令禁止重婚、纳妾,结束了中国历史上一夫多妻的习俗;反对包办婚姻,提倡和保护自由恋爱、择偶的权利。其中有关离婚和再婚的观点有以下内容:禁止干预寡妇婚姻自由(第二条)。男女双方自愿离婚的,准

---

① 丛小平:《从"婚姻自由"到"婚姻自主":20世纪40年代陕甘宁边区婚姻的重塑》,《开放时代》2015年第5期。
② 周蕾:《冲突与融合——抗战时期中国共产党家庭政策的变革》,《妇女研究论丛》2017年第3期。

第七章 亲密关系与婚姻中的性别

予离婚。男女一方坚决要求离婚的,经由人民政府和司法机关调解无效时,亦准予离婚(第十七条)。离婚后,哺乳期内的子女,以随哺乳的母亲为原则。哺乳期后的子女,如双方因均愿抚养而发生争执且不能达成协议时,由人民法院根据子女的利益判决(第二十条)。离婚时,除女方婚前财产归女方所有外,其他家庭财产如何处理由双方协商决定,协议不成时,由人民政府根据家庭财产具体情况、照顾女方及子女利益和有利发展生产的原则判决(第二十三条)。这成为实现性别平等的现代婚姻制度的法律武器。

1953年3月,人民政府开始了"贯彻婚姻法运动月"的一系列宣传活动,各级政府成立委员会,推广新婚姻法,断绝封建婚姻制度的根源。通过社会主义改造和社会主义革命,普遍实现了婚姻自主。同时,倡导女性参与有酬劳动,使城市中出现了"同质婚姻",即夫妻从事同种或同类型工作,夫妻共同承担工作和家庭责任。

1980年9月10日,第五届全国人民代表大会第三次会议通过了修改的《中华人民共和国婚姻法》,坚持实行婚姻自由、一夫一妻、男女平等的婚姻制度(将男女权利平等改为男女平等);保护妇女、儿童和老人的合法权益;将实行计划生育列入原则。同时,对男女法定婚龄都提高了2岁,男为22周岁,女为20周岁。对"从夫居"的婚俗有所突破,增加了"登记结婚后,根据男女双方约定,女方可以成为男方家庭的成员,男方也可以成为女方家庭的成员"的条款。还规定子女可随父姓或随母姓。强调婚姻以感情为基础,将"感情确已破裂"作为离婚的法定理由。这次修改是两性婚姻家庭生活平等权的重大突破。

2001年修正的《婚姻法》,首次增设针对家庭暴力的法律条款,如第三条规定"禁止家庭暴力。禁止家庭成员间的虐待和遗弃"。

2020年5月28日,第十三届全国人民代表大会第三次会议审议通过《中华人民共和国民法典》,内含"婚姻家庭编"。特别值得关注的是,《民法典》第一千零八十八条规定:夫妻一方因抚育子女、照料老年人、协助另一方工作等负担较多义务的,离婚时有权向另一方请求补偿,另一方应当给予补偿。具体办法由双方协议;协议不成的,由人民法院判决。这就是说,无论实行怎样的家庭财产制,承担较多家务劳动的一方离婚时有权向另一方请求补偿。这条规定承认了家务劳动的价值。

回顾婚姻立法的变迁,可以说是实现了从自由到自主再到平等的变迁。在性别不平等的社会现实面前,适当保护妇女和儿童的利益,特别是承认性别分工不平等,这体现了立法满足性别平等的现实需求。

(二) 对传统家长制婚姻延续的研究

从性别社会学的角度看,传统家长制婚姻主要是对两性婚姻自由的剥夺,特别是女性成为这一制度的牺牲品。

1. 对买卖婚姻的批判与研究

1919年11月14日,湖南省长沙城内一位年仅21岁的青年女子赵五贞因不满封建包办婚姻,在多次反抗未果、走投无路、极端绝望的情况下,于出嫁当日在花轿内用剃刀刎颈自杀。这种以公共事件的方式进行的抗争鲜明地表达了女性自身反抗包办婚姻的心声。

历史地看,在近代中国的农村,婚姻始终是一种重要的交易行为,男性为他的家庭买进一个女性,她成为传宗接代的工具和劳动力;女性的家长为他们的养育得到彩礼报酬。[①] 包办、强迫及买卖婚姻盛行。为了保障婚姻的确立,传统社会存在"童养媳""小女婿""换亲"等制度。童养媳又称为"待年媳"和"养媳",就是由婆家养育女婴或幼女,待其成年后正式与自己的儿子结婚。新中国成立以前,盛行童养媳。对贫穷家庭来说,收养从外地、灾区和路边捡回来的女婴等是一项长期投资,为儿子在成年后娶到媳妇的计量是一桩合算的买卖。童养媳在婆家的地位低下,甚至会受到婆婆虐待。"小女婿"反映了另一种形式的"童养媳"现象,即买来或娶来的媳妇比丈夫年长,由媳妇带大"小丈夫",《十八岁大姐九岁郎》的歌谣唱的就是这种现象。在贫困的农村地区,为使儿子能够娶到媳妇,家庭一早就做出努力。在重男轻女的观念下,女孩子被视为"赔钱货",早晚是别人家的人,因此女孩子过早进入夫家。还有

---

① 金一虹:《父权的式微:江南农村现代化进程中的性别研究》,四川人民出版社2000年版,第170页。

第七章　亲密关系与婚姻中的性别

一种"换亲""交换婚"或"姑嫂换"的现象,亦是有儿有女的家庭,为了给儿子娶妻,将女儿许给该家的男孩,由此实现两个家庭的联姻。这种婚姻制度存在的原因在于:一是贫困,以此来减少婚嫁费用;二是小农经济对劳动力的需求。更有甚者,贫穷的丈夫可以把妻子像物品一样"典"给单身汉或有妻无子又渴望生育的男人,女性处于生育的奴隶地位,即"典妻现象"。从交换的意义上看,女性是交换物,为了满足男性婚配,牺牲了女性的利益。

2. 对彩礼的研究

彩礼也叫聘礼或纳彩,指的是男方向女方求婚时的赠予,包括聘礼和聘金。在"父母之命,媒妁之言"的婚姻制度下,送彩礼是婚姻礼俗中必不可少的一部分。支付了彩礼就表示正式订婚。随着历史变迁,彩礼不再是婚姻的决定因素,但仍然以民间习俗的形式存在,婚姻仍然带有买卖的痕迹。人类学的研究认为,彩礼主要是指由新郎家向新娘家转移的财富,它使婚姻契约以及从一个家庭转移到另一个家庭中的对于妇女的权利生效。[1]

当今社会中,由于适龄青年中的性别比失调,女性"身价"不断提升。市场化和现代化的双重作用下,彩礼成为既为"财"又为"礼"的结婚条件,在"婚姻市场理论"和"礼物秩序"的双框架下,彩礼议价的核心既是结亲家庭对彼此的认可,亦是道德意义网络之中衔接个人道德感受力与集体习惯的节点。[2] 彩礼成为乡村婚俗文化的重要部分,亦是衡量女儿家庭身价的标准。

(三) 现当代亲密关系发展的新动向研究

1. 对晚婚趋势的研究

据"五普""六普"和"七普"的数据,1990 年到 2020 年间,我国两性的平均初婚年龄不断增长。1990 年,全国男性的平均初婚年龄为 23.57 岁;2000 年增长至 25.11 岁;2010 年,男性平均初婚年龄为 25.86 岁。女性平均初婚年龄

---

[1] 阎云翔:《礼物的流动——一个中国村庄中的互惠原则与社会网络》,李放春、刘瑜译,上海人民出版社 2017 年版,第 190 页。

[2] 王思凝、贾宇婧、田耕:《"议彩礼":论农村彩礼形成机制中的道德嵌入性——基于甘肃 L 县的案例分析》,《社会》2020 年第 1 期。

从 1990 年的 22.02 岁增长至 2000 年的 23.17 岁,再到 2010 年的 23.89 岁。2020 年的"七普"数据显示,我国男性和女性的平均初婚年龄已分别提升至 28.43 岁和 26.30 岁,初婚年龄推迟的速度愈来愈快,晚婚成为普遍趋势。在初婚年龄普遍推迟的背后,还存在性别和地区的差异,农村男性初婚年龄推迟的势头更加猛烈。

一般而言,社会中 45—49 岁女性的未婚比例低于 5% 可视为普婚社会。我国依然属于普婚社会,但在晚婚背景下,年轻人群的未婚比例在大幅度提高。从 1990 年到 2020 年,25—29 岁男性的未婚比例已从 16.71% 上升至 52.93%,女性的这一比例从 4.30% 提高至 33.19%,出现了一定程度的不婚状况。

2. 有关同居的研究

以前,在我国同居被称为"非法同居",现在人们对同居这种现象越来越接受,对其的称谓亦变成"非婚同居"。数据表明,在全国 18—61 岁的未婚人口中,同居比例从 2000 年的 21.4% 上升到了 2015 年的 31.4%,变化显著。其中,初婚男性有过婚前同居的比例由 1980 年的 4.26% 增长到 2014 年的 35.73%,初婚女性的这一比例则由 1980 年的 4.18% 增长到 2014 年的 35.96%。同时有数据表明,我国青年同居比例有所增长,在 2000 年后,婚前有过同居经历的比例上升到 32.6%,但这种同居很可能是婚前的过渡态或准备阶段,而非替代婚姻的生活选择。①

相关数据分析表明,人们观念的改变与制度的变化是我国同居比例上升的最主要推动力。人们的受教育程度、城市生活经历、流动经历、党员身份和居住地经济发展水平等因素,对人们是否有初婚前同居经历有显著影响。同居行为的增多能较好地解释其对我国初婚年龄推迟的作用。②

有学者把同居分为"未婚同居""不婚同居""失婚同居""婚外同居"四类。用"初级生活圈理论"解释非婚同居中的社会关系,将非婚同居与婚姻进行比较研究,发现其性-爱生活的特点是:两性关系更差、相互更不专一、非主

---

① 谢宇、胡婧炜、张春泥:《中国家庭追踪调查:理念与实践》,《社会》2014 年第 2 期。
② 於嘉、谢宇:《我国居民初婚前同居状况及影响因素分析》,《人口研究》2017 年第 2 期。

流性行为更多;但是积极的方面是客观条件和主观努力更好,性生活更好。①性别社会学的研究认为,在传统婚姻观下,女性承担了更多同居带来的不稳定亲密关系的风险和怀孕带来的性别规范的压力。西方相关研究表明,同居并未改变传统的性别关系。有过同居关系的男性甚至比没有过同居关系的男性有更少的奉献精神。② 对"90后"的流动青年同居关系的性别比较研究发现,其同居决策有明显的性别特征,流动青年的同居决策受到现实因素的影响,如为了相处或居住上的便利以及意外怀孕的发生,这些往往会推动男女加快向同居的转变。两性对经济层面的考虑有所不同,女性更可能出于经济需要而加快同居,而男性更多地因经济紧张而推迟同居;传统性别文化规范和农村婚姻市场变化同样作用于同居决策。③

中国社会从集体化原则向个体化原则转型,出现了"悦己式"的同居关系;同时,由于生活的压力,特别是不同性别、年龄、城乡和阶层身份的交织作用,也出现了"抱团式"同居。需要从社会性别视角思考国家相关的福利政策及其实践。

3. 有关离婚的研究

传统婚姻一般是以一方的死亡为终结,而现代婚姻则出现了越来越具有选择性的自愿离婚。中国的传统文化推崇"执子之手,与子偕老"的美德。永久婚姻的文化强调:婚姻是永恒的,是注定的;离婚与正统观念相违背,即便离婚,也是遵循以男性为核心的离婚规定。现代社会中,离婚的文化信仰是相信婚姻是可以选择的,人们对自我实现和个人自由的追求使离婚获得了合法性。离婚意味着个人把控生活的能力,是一种新生和自由。

婚姻是两个人的事,两个人有各种差异,因此生活中紧张关系的产生不可

---

① 张楠、潘绥铭:《性关系的核心结构及其意义——非婚同居与婚姻的实证比较研究》,《学术界》2016年第6期。
② G. K. Rhoades, S. M. Stanley and H. J. Markman, "Pre-Engagement Cohabitation and Gender Asymmetry in Marital Commitment," *Journal of Family Psychology*, 2006, 20(4): 553-560.
③ 张亮:《从约会到同居:"他的"和"她的"同居决策比较——基于"90后"流动青年同居者的质性研究》,《妇女研究论丛》2020年第2期。

避免。这意味着婚姻关系既是一种在经济、情感和日常生活中相互照顾的报酬,也是一种相互忍让和平衡的事。传统社会中,女性在婚姻关系中的"忍让"是种美德,社会提倡夫唱妇随。现代婚姻以自愿为原则,当人们的意愿发生变化时,任何一方有权利选择离开。意愿与能力相关,个体经济生活的能力和个人处理情感关系的能力直接影响人们的意愿。有关离婚的研究发现,女性提出离婚的比例高于男性。婚姻解体的原因有很多,但有两点已是全球共识:一是性别角色的变迁引发的妇女家庭地位的变化。当夫妻对性别角色义务的看法差异较大时,或一方不能按照另一方的需求扮演其期望角色时,产生的严重冲突会使双方走向离异。其中,女性观念和角色的变化是重要因素,当女性有了工作权,享受到自立的快乐,渴望有独立的决策权时,若对方依然以传统角色加以要求,分歧必然产生。二是社会变迁本身带来的影响,包括城市化、工业化带来的"自我意识"的增强,当婚姻成为一种束缚时,冲破束缚亦成为一种选择。目前,我国《民法典》第一千零七十七条设立了登记离婚冷静期制度,期望通过设置一定的冷静期,减少冲动型和草率型离婚。

4. 婚姻观念和择偶标准研究

现当代社会中,人们的婚姻自主性在增加。1990年,在农村完全由父母决定婚姻的情况中,女性占到36.5%,男性占到26.5%;10年后的2000年,只有16.1%的农村女性和9.9%农村男性的婚姻完全由父母决定。城市中接近95%的婚姻是自主的。[①]

婚姻生活依然被社会视为好的生活。据2010年CFPS婚姻模块的回顾性信息统计,不同出生年代的人群在18—40岁进入初婚的累计比例的情况是:婚姻在中国依然是一个普遍现象,无论出生于哪个年代,在40岁以前,超过80%的人都至少经历了一次婚姻。[②] 婚姻依然存在普遍意义。

择偶及择偶标准的变化需要进行追踪研究。至少有五类择偶标准:一是

[①] 国家统计局人口和社会科技统计司编:《中国社会中的女人和男人——事实和数据(2004)》,中国统计出版社2004年版,第33页。

[②] 谢宇、胡婧炜、张春泥:《中国家庭追踪调查:理念与实践》,《社会》2014年第2期。

政治社会条件,包括家庭出身、社会关系、本人成分、政治面貌、学历、职业、籍贯;二是生理条件,包括年龄、健康状况、身材、容貌、生育能力和血缘关系;三是物质条件,包括住房、收入、积蓄等;四是人品个性,包括老实可靠、温柔体贴等;五是双方的相容互补,包括理想志向、思想观念和兴趣爱好、生活习惯等。这些择偶标准的优先性因不同代际、年龄、性别、阶层、城乡等结构性因素而有所变化。对经济取向的择偶标准的回归模型的分析表明,性别仍是决定经济取向的最重要因素,女性依然对终身伴侣的社会经济地位寄予厚望。这可能是因为劳动用工制度的市场化、计划体制下保障妇女就业的倾斜政策的削弱、生育等可能会强化女性对男性经济依赖的传统心理定式。[①] 这在一定程度上反映了社会性别状况,潜在的性别交换心理依然存在。

择偶大致存在两种原则:一是优先次序原则,二是舍弃原则。优先次序原则是指择偶时更重视个人特质,如出身、学历、品行、容貌等,就是将自己认为最重要的品质作为择偶的标准。舍弃原则是指在择偶时确定摒弃的条件,列出一定不考虑或最不愿接受的条件,除此以外都可以考虑接受。优先次序原则被视为一种积极的行动原则,在社会上处于较高地位、具有较多社会资源的人多倾向于采取此种行动原则。舍弃原则是一种消极的行动原则,那些没有多少社会资源的人多倾向于采取此种行动原则。女性是否会由于缺少资源更多地采用舍弃原则呢? 对此还需要更多的研究。

婚姻的性别挤压(marriage squeeze)是指在适婚的同期群中性别比出现不平衡现象,表现为男性相对不足或女性相对不足。在择偶过程中,某一性别的人口供给增加,但找不到相应的需求;或者某一性别的人口需求增加,但找不到相应的供给。"婚姻梯度"也称为择偶梯度,是指在择偶过程中,传统的性别观念导致男女两性在人格特征的各个方面存在男高女低的差别,表现为年龄上要求"男大女小",身高上要求"男高女低",学历上要求"男高于女",职业和经济地位上要求"男优于女"。正是这种择偶观造成了处于梯度两端的两

[①] 徐安琪:《择偶标准:五十年变迁及其原因分析》,载唐灿执行主编:《家庭与性别评论(第1辑)》,社会科学文献出版社 2008 年版,第 177—194 页。

性成婚困难。

成年男性的婚姻挤压常常被称为"光棍现象"。有研究显示,2010年以后,每年有约10%的婚龄男性难以找到配偶成婚,且这一比例还会递增。这些受到婚姻挤压的男性大多具有以下特征:年龄一般在30岁以上,居住在较为偏远的农村地区,社会地位相对较低,经济上比较贫困,社会资源相对匮乏。而自20世纪80年代实行严格的计划生育政策以来,政策规定的生育数量与人们的生育意愿有差距,产前性别鉴定技术的普及使人工流产成为性别选择的工具,这导致出生性别比升高,带来了大量的失踪女性。1980—2010年,失踪女性为2012.81万人,比例达到该时期应该出生女性人数的7.34%。[1] 甚至有些地方出现拐卖妇女强逼其成婚的违法现象。而成年精英女性遭遇婚姻挤压时常常被污名化为"剩女",这呈现出现代化对人们婚姻择偶观的挑战。

小 结

性-爱-婚姻是人类的初级生活圈。婚姻制度是一项规定两个成年男女结合在一起的制度,明确了夫妻双方的权利与义务。现代婚姻史的演变是从传统的以男性家长为中心的婚姻模式向平等的伙伴关系模式的转变,妇女解放和避孕方法的普及是现代平等婚姻的基础。中国婚姻制度的不断变化反映了传统社会倡导的男尊女卑的婚姻关系寿终正寝,两性平等自主的新型婚姻关系正在形成。

◆ **关键概念**

浪漫之爱　婚姻革命　伙伴关系　性的辩证法　不表达的男人
父子轴家庭　婚姻挤压

---

[1] 姜全保、李树茁:《性别失衡与婚姻挤压》,社会科学文献出版社2019年版,第126页。

◆ **思考题**

1. 试对大学生的择偶标准进行调查，分析其特点。
2. 论述如何实现伙伴型亲密关系。

◆ **进一步阅读参考文献**

大卫·诺克斯、卡洛琳·沙赫特：《情爱关系中的选择——婚姻家庭社会学入门（第9版）》，金梓等译，北京大学出版社2009年版。

张楠、潘绥铭：《性关系的核心结构及其意义——非婚同居与婚姻的实证比较研究》，《学术界》2016第6期。

阎云翔：《私人生活的变革：一个中国村庄里的爱情、家庭与亲密关系（1949—1999）》，上海书店出版社2009年版。

安东尼·吉登斯：《亲密关系的变革——现代社会中的性、爱和爱欲》，陈永国等译，社会科学文献出版社2001年版。

伯特兰·罗素：《婚姻革命》，靳建国译，东方出版社1988年版。

薇薇安娜·A.泽利泽：《亲密关系的购买》，姚伟、刘永强译，上海人民出版社2009年版。

费孝通：《乡土中国 生育制度》，北京大学出版社2020年版。

张亮：《从约会到同居："他的"和"她的"同居决策比较——基于"90后"流动青年同居者的质性研究》，《妇女研究论丛》2020年第2期。

第八章

生育与抚育——成为父母

与传统社会通过婚姻组建家庭形成双系抚育不同,现代社会中,生育成为一件可以选择的事。本章分析社会通过家庭制度建立起来的父亲和母亲的社会身份以及父母身份的变化。

第一节 家庭制度与父母身份

一、核心家庭与生育选择

婚姻制度是关于两性结合的制度,家庭制度是在血缘和姻缘关系上建立起来的人类组织生计的制度,其最主要的功能就是完成人的生产和再生产。

(一)家庭类型

家庭是依靠姻缘关系和亲属关系建立起来的生活共同体。家庭的部分社会功能是成年人负责照料孩子和老年人得到赡养。亲属制度形成了个人基本的社会关系,婚姻和血亲(母亲、父亲、同胞、子嗣等)确立相互依赖的社会关系。婚姻是两个成年个体之间为社会所承认与许可的性关系和财产关系。当

第八章 生育与抚育——成为父母

两人结婚时,他们彼此便成为对方的亲属。婚姻纽带把更大范围内的亲属连接起来,通过婚姻,父母、兄弟、姐妹以及其他血亲便成为配偶的亲戚。家庭关系总是在更宽泛的亲属群体中得到确认。

家庭类型多种多样,社会学强调在一个屋檐下"共同生活",即家庭是生计概念。历史地看,家庭提供和分配物质资源,以满足家庭成员对衣、食、住、行、育、乐等各方面的需求,这是家庭基本的经济功能。家庭是基本的经济单位和社会单位。传统家庭关系大致有以下内容:(1)至少有两个不同性别的成年人居住在一起,即异性恋模式。(2)他们之间存在着某种劳动分工,即讲究效率和合作。(3)他们进行多种经济交换与社会交换,即他们相互为对方办事。(4)他们共享许多事务,如吃饭、性生活、居住,既包括物质活动,也包括社会活动。(5)成年人与孩子之间有着亲子关系,父母对孩子有某种权威,但同时对孩子承担保护、合作与抚育的义务,父母与子女相依为命。(6)孩子之间存在着兄弟姐妹关系,共同分担义务,相互保护,相互帮助。① 传统的家庭多为大家庭,有祖父母或外祖父母的直系家庭或有几个已婚兄弟的联合家庭等。

几乎所有的社会中都存在社会学家称之为核心家庭的群体组织:两个异性成年人与他们自己的或领养的孩子(未成年子女)生活在一个居所中,这样的三角关系构成了家庭的理想类型——核心家庭。对父母与孩子而言,可以统称为"亲职关系"和"亲职活动"。家庭得以存在是因其承担着人口延续的重要功能,即抚育子女和赡养老人。农业社会中,家庭人口是否兴旺,对其经济生活有重要意义,这使农业社会成为普遍倡导生育的(pronatalist)社会;为人父母不仅是一件自然的事,而且是具有人生价值和重要意义的事。

第二次世界大战结束后,家庭发生重要变迁。一方面,大家庭衰落,家庭功能减弱;另一方面,家庭规模缩小,核心家庭成为社会主流。帕森斯指出,核心家庭是现代家庭的主要形式。核心家庭内的角色具有专门化特点,有利于满足工业社会的需求。他认为:第一,核心家庭中,母亲与孩子的关系是第一位的。第二,男人承担工具性功能。在其功能主义的视角下,家庭是重要的社

---

① 威廉·J.古德:《家庭》,魏章玲译,社会科学文献出版社1986年版,第13页。

会组织的方式,父亲充当工具性角色,母亲充当表达性角色,以此完成人的社会化和社会的延续。这种功能主义的父职与母职的建构具有广泛社会影响。现代家庭从亲属关系中分离出来,实现了结构最小化和功能专门化;它不同于前现代的扩大家庭,核心家庭的结构稳定性建立在小家庭内的性别角色分工基础上。成年男性成员的功能是通过职业系统中的工作挣钱养家,赢得家庭地位,他是家庭中的"重要领导者"。成年女性成员的功能是生育、养育孩子和处理家庭内部事务。核心家庭在社会系统中发挥社会化功能——塑造儿童的个性,稳定成人的个性。[1] 帕森斯对核心家庭中父职和母职的功能分析对现代家庭研究有深远影响,并成为性别社会学研究的主要内容。

(二) 后家庭时代

随着社会变迁,近几十年来,家庭类型和家庭功能发生了巨大变化,被称为"后家庭时代"。它不意味着家庭解体,而是指家庭具有了新的历史形式;它以个体化为特点,传统家庭的需要共同体正在变成选择性关系。[2] 人们拥有选择生育的自主权,因此出现了全球性的自觉避孕和控制生育的现象。

"后家庭时代"的出现与人口转变相关。人口转变也称为人口革命,是指人口再生产类型的转变。人类历史上有三个阶段的人口再生产类型——原始的、传统的、现代的,并分别与生产力发展的不同阶段相适应。原始的人口再生产类型以高出生率、高死亡率、极低的人口自然增长率为特征,它与采集、狩猎的原始经济相适应。传统的人口再生产类型以高出生率、高死亡率、较低的人口自然增长率为特征,它与以手工劳动为基础的农业生产经济时代相适应。现代的人口再生产类型以低出生率、低死亡率、低人口自然增长率为特征,它以现代科学技术为基础的高度商品化的生产与服务经济相适应。第一阶段的人口转变具有不可逆性,它对家庭功能的转变有深刻的影响。第二阶段的人口转变形成了一次现代性,在全球范围内大致体现为二战之后的全球人口

---

[1] Talcott Parsons and Robert F. Bales, *Family, Socialization and Interaction Process*, Routledge, 1956, p. 13.

[2] 乌尔里希·贝克、伊丽莎白·贝克-格恩斯海姆:《个体化》,李荣山、范譞、张惠强译,北京大学出版社 2011 年版,第 97—98 页。

快速增长。此后,人口迅速转向第三阶段,与此相应,家庭从传统走向现代,社会从以家庭为单位的集体主义转向以个人为单位的个体化社会。第三阶段的人口转变也带来了二次现代性,此时,由于人口出生率下降,儿童的重要性彰显,出现了"新的育儿文化"。新的育儿文化区别于传统农业社会的育儿理念。在传统农业社会中,儿童很早就成为家庭的劳动力,而不是需要家长特别关照的个体;二战之后,儿童需要接受良好"养育"的理念开始盛行。二次现代性强化了儿童照料与教育,做父母成为需要学习和掌握各种相关知识和技能的事情,只有拥有独特的技能才能确保养育出拥有"成功人生"的孩子。

(三) 生育选择

传统社会中,生育是家庭的大事,甚至一些无子女的家庭也要收养子嗣,完成代际传递的使命。有学者认为,女性选择做母亲的原因很多,既有天性因素,也有社会建构的作用,但其文化意义在于"强烈的母性行为最可能增加社会性回报"。[①] 现代社会不仅被核心家庭化,家庭规模也在缩小,出现"少子化"趋势。核心家庭出现单身户、无子女家庭、独抚父亲家庭、独抚母亲家庭等多种形式。其中没有孩子的无子女家庭,既有生理性不育,也有自愿不生育(voluntary childfree)的情况。丁克家庭(double income no kids,DINK)是指夫妻双方都有工作的自愿不生育家庭。

自愿不生育挑战了传统家庭与生育价值。究其原因,这一巨变与现代化的个体化进程相关联。一种经济理性的解释是,养育子女的成本高、回报低,生育成为非理性行为。但这一解释无法回应高收入人群的自愿不生育现象。文化观念的解释是,驱动生育的传统价值观发生变化,人们更倾向于追求自我实现的价值;传宗接代的观念淡化。社会性别视角的解释是,女性不愿再承担传统性别角色赋予的人类生产和再生产的双重责任,参与公共生活使女性获得了更多的社会价值感。而公共领域对待生育的女性是不友好的,生育与养

---

① Judith Lorber, et al., "On 'The Reproduction of Mothering': A Methodological Debate," *Signs*: *Journal of Women in Culture and Society*, 1981, 6(3): 484.

育的家庭责任使女性面临工作中的生育惩罚,所以女性因难以兼顾工作和家庭的责任而自愿放弃了生育。互动与扩散视角的解释是,低生育文化相互作用和影响,多种力量推动了低生育率的出现。

影响女性选择生育与否的因素很多,有研究表明:第一,女性受教育程度和受教育机会影响女性的生育选择。目前,女性接受高等教育的比例超过男性,这使女性的生育年龄自然地延迟。女性受教育水平越高,生育子女数越少;受不同专业的影响,学习艺术、人文专业的人,生育比例更低;读教育、健康医疗相关专业的人,生育率更高;其他专业与生育行为的关系不显著。第二,女性收入和生活水平与生育率成反比,选择不生育的女性,与"较高的收入""在工作中从事管理岗位或专业技术岗位""居住在大城市"有相关性。[①] 第三,独生子女比多子女家庭成长的人更有可能选择不生育。第四,如果女性在鼓励争取独立和获得个人成就的家庭环境中成长,她们不生育的可能性也更大。有研究统计了出生在1975—1987年间的自愿不生育美国人的动机,发现占据前几位的因素有:(1)不想失去个人的自由,占79%;(2)想要获得更高的婚姻满意度,占62%;(3)事业上的考虑和经济利益,占55%;(4)早期社会经验的影响,对自己做父母的能力有怀疑,占31%;(5)害怕生育和恢复过程中的生理痛苦,占24%。[②] 自愿不生育在日本和韩国的表现也十分明显,两国的女性总和生育率明显下降。日本被称为"低欲望社会",不结婚、晚婚的人越来越多。

生殖技术的提升为人类自主选择生育带来了多种可能性。一方面,对于可能的不孕症有了技术方法加以解决,但背后的性别因素依然值得关注;另一方面,女性有了更多有关生育时间的选择,如选择冻卵的女性比例在提高,而女性冻卵权亦成为政治议题。

---

① J. C. Abma and G. M. Martinez, "Childlessness Among Older Women in the United States: Trends and Profiles," *Journal of Marriage and Family*, 2006, 68(4): 1045-1056.

② S. K. Houseknecht, "Voluntary Childlessness," in Marvin B. Sussman and Suzanne K. Steinmetz, eds., *Handbook of Marriage and the Family*, Springer, 1987, pp. 369-395.

二、父母身份的社会建构

进入现代社会,做父母不再是一件自然的事。学习做父母成为常态,夫家系统和妻家系统皆卷入养育的过程。

(一) 母亲身份的社会建构

母亲身份或母职(motherhood)也称为母性,指作为母亲有一整套有关成为何种母亲的信仰与观念。传统母亲身份的意识形态认为,作为具有奉献精神的母亲是女性的自然属性,为孩子牺牲自我能够为女性提供重要的满足感。母职意识形态是一种社会建构,包括有关母职的信仰和观念:第一,成为母亲就是对女性价值的肯定,同时对那些不想当母亲的或没能当母亲的人充满谴责。第二,强调母亲在生产、哺乳和抚育过程中以孩子为第一位的自我牺牲精神。"伟大的和无私的母爱"是一种赞誉,但潜在地要求母亲为子女做出牺牲。第三,相信女性天生擅长照顾人,她们更适合承担照顾婴儿、儿童、老人和丈夫的工作。每位成为母亲的女性皆是在母职意识形态的文化和自身的主体实践中建构起自己的母职身份和母职认同的。

大约在18世纪末和19世纪初,西方社会才开始将母爱神化和系统化,不断强调母亲作为天生教育家的作用,相关的论著和书籍也大量涌现。母亲成了自我牺牲、善良、恬静、温柔的代名词。有研究认为,这种富于牺牲精神的母职意识形态是社会、文化、政治、医学和人口学共同形塑的结果。对英国女性杂志 *Lady's Magazine* 进行的研究认为,该杂志在1770—1837年间创造出一种"温柔的母亲"的形象。18世纪晚期,该杂志以上流社会的化装舞会和旅行为主,以吸引上升过程中的资产阶级,而后开始创造出一种温柔的母亲形象,支持并合法化当时需要的公私领域的劳动性别分工。[①] 温柔的母亲形象从诞生之日起就是阶级分化的产物。性别社会学充分认识到母职意识形态对女性的压迫,并对其进行了有力的批判:

---

① B. F. Tobin, "The Tender Mother: the Social Construction of Motherhood and the *Lady's Magazine*," *Women's Studies*, 1990, 18(2-3): 205-221.

第一,母亲角色是将女性固定和局限在家庭中的根源,这是女性经济边缘化和社会依附化的基础,是其从属地位的来源。美国白人中产阶级的家庭主妇深陷抚养孩子和做家务等无休止的劳动中,这些家庭主妇看起来安适地生活在充满爱的家中,但她们内心却充满了焦虑和"窒息感"。① 1971年,米切尔出版的《妇女的财产》一书,用结构主义的观点分析了资本主义社会中女性在生产、生育、性和子女社会化四个因素作用下的境况和从属地位的由来。②

第二,家庭并不是一个基于共同利益和相互扶持的合作单位,夫妻间的交换关系是不平等交换,家庭中的男性成员要比女性成员获益更多。夫妻交换上的不平等导致了他们在家庭权力上的不平等。只有妻子有了经济实力,她们"讨价还价"的能力才会提高,才可以通过与丈夫谈判获得平等。因此,随着女性参与社会生产劳动,她们获得有酬劳动的机会增加,男性的资源优势和配偶间的交换关系也会发生变化。但在家庭内,妻子作为丈夫的"服务者"的社会角色似乎没有本质变化,或者说这种改变太过缓慢。

第三,母职生产是通过社会化完成的。乔多罗的《母职的再生产:精神分析与性别社会学》一书揭示了社会化过程再生产母职文化的逻辑。在社会化过程中,孩子们会体验到女性似乎更乐于承担母亲角色,男性却不容易为父职做好准备。因为大部分孩子都是由妈妈带大的,但男孩和女孩却由于妈妈的作用发展出不同的"性别个性",女孩在成长过程中会倾向于复制母亲角色,男孩则倾向于寻找和母亲相似的伴侣。③ 也就是说,母亲比父亲更多地参与养育过程产生了性别关系的再生产,使人们普遍产生错觉,以为父亲天生不适合带孩子。

霍克希尔德则用性别意识形态和性别策略的概念进行分析,认为男性或女性参与育儿不仅与成长中母亲的影响有关,也与他们是否认同母亲的角色

---

① 贝蒂·弗里丹:《女性的奥秘》,程锡麟、朱徽、王小路译,四川人民出版社1988年版,第25页。
② 马尔科姆·沃特斯:《现代社会学理论》,杨善华等译,华夏出版社2000年版,第289—290页;朱丽叶·米切尔:《妇女:最漫长的革命》,载李银河主编:《妇女:最漫长的革命——当代西方女权主义理论精选》,生活·读书·新知三联书店1997年版,第8—45页。
③ 参见 Nancy Chodorow, *The Reproduction of Mothering*: *Psychoanalysis and the Sociology of Gender*, University of California Press, 1979。

第八章 生育与抚育——成为父母

及更广泛的关于男性气质和女性气质的社会文化因素有关。① 劳动分工普遍的性别化是母职建构的重要根源。

到了21世纪,人们原本以为能解放女性的科学、医学和服务业,并没有解放母亲们,而是更加强化了母职。一方面,科学发展推动了科学育儿话语的横行,母亲被鼓励亲自去发现和评估孩子的信息,母亲需要在养育的过程中不断学习和应用科学和医学知识。另一方面,养育的阶级差异更为明显,中产阶级生活方式中的养育伦理在全球蔓延。西方母职研究呈现如下新的特点。

第一,"密集母职"概念的提出。海斯用"密集母职"(intensive motherhood)的概念对强化母职进行分析。她认为,在新自由主义的经济发展模式下,文化意识形态强调养育儿童应当是"以儿童为中心的,由专家指导的,投入情感的,劳动密集的,价格昂贵的",且应该是由妈妈来承担责任的。② 在媒体、市场和政府的大力倡导下,以美国为始,这种密集母职的意识形态不断向各个国家蔓延。阶级重塑了母亲对养育的责任,有钱人中盛行的"好妈妈"形象是以孩子为中心,听从专家指导,投入密集劳动、情感和高额金钱的母亲,只有这样才能培养出理想的、成功的孩子。这种高教育投入只有中产以上的家庭可以承受,但却成了社会中普遍的"密集母职的社会期待"。母亲不自觉地在这样的期待下遵循一套特定的育儿价值观与照顾模式,但不同阶层的母亲会通过不同的教育策略来定义何为"好孩子"。由此呈现的阶层划分是:工人及贫穷阶层的母亲眼中的"好孩子"是听话的、服从权威的孩子;中产及以上阶层的母亲则强调,培养孩子健全的自尊和内在的品性。"密集母职"成了指导育儿实践的一套信念体系,特别是强调母亲与孩子之间独一无二的联结。③

当各种媒体不断强调"伟大母爱"时,研究也常常以科学代言人的身份强调母亲对子女成长的重要作用,以及母亲"失职"带来的社会问题,把缺少母

---

① 参见 Arlie Hochschild with Anne Machung, *The Second Shift: Working Families and the Revolution at Home*, Penguin Books, 2012。
② 参见 Sharon Hays, *The Cultural Contradictions of Motherhood*, Yale University Press, 1998。
③ Cameron L. Macdonald, "Manufacturing Motherhood: The Shadow Work of Nannies and Au Pairs," *Qualitative Sociology*, 1998, 21(1): 25-53.

爱称为"母爱剥夺"(maternal deprivation)。总之,密集母职的意识形态,一方面可以弱化国家对养育的公共责任,对女性形成强大的文化压力;另一方面有利于男性、中产阶级、资本主义和国家等多方利益。

第二,有学者用"扩大母职"(extensive motherhood)的概念对话密集母职的概念。一项对40个工作母亲的研究指出,她们将大量的日常托儿工作委托给家人、朋友或市场中的照顾者,强调母亲的职责是对孩子的健康负责。特别是独抚母亲们,她们向社会证明自己工作的正当性,工作经验和劳动报酬给予她们养家的能力,同时,母亲的正当性使她们有理由拒绝加班。① 有关母职的讨论将性别、阶层、种族和城乡身份等因素纳入考察,着重于"实践的母职"。

第三,20世纪晚期,母职运动(motherhood movement)得以发展,以行为为取向,形成了不同流派的论争。有的观点强调对母亲赋能,并要求在制度设计上建立母亲和孩子利益的优先性。有的观点则反对那些将女性自我认同的核心建立在母亲身份上的意识形态。同时,母职体验也不是一味地负面化母职。有的观点认为,要反对母亲分娩的医疗化。也有观点强调,要推动母亲角色之外的职业角色,通过政治上的努力改善母亲与就业的关系,增进母亲福利,促进提升母亲群体的形象,使母亲们得到社会尊重。还有专门的对独抚母亲的支持运动,强调国家要支持母亲,支持女性在家陪伴孩子的权利,或把选择权交给母亲们。各种争论让人们将注意力投向母亲身份的社会压力和社会贡献。母职运动之所以充满争议,是和母职本身的悖论连接在一起的:作为母亲,这既给女性带来压迫性体验,同时使女性获得自我认同和解放。母亲身份和独立女人身份之间存在两难境地。母职从一开始就内含张力,关系到压迫、父权制和赋权,这种矛盾与张力在实践层面就出现了母职的多样性和变动性。

母职是照料劳动中的重要内容,有学者对市场型的母职以及跨国母职进行讨论,本书认为这是一种劳动性别分工的视角,对此将在第十章进行讨论。

(二) 父职身份的社会建构

父职(fatherhood)是指社会构建的父亲实践,包括男性如何做父亲,父亲

---

① Karen Christopher, "Extensive Mothering: Employed Mothers' Constructions of the Good Mother," *Gender & Society*, 2012, 26(1): 73-96.

的责任、权利、义务和需求,父亲身份如何成为男性自我认同、人际关系、资源分配和社会政策、社会制度的一部分等。

19世纪以前,父亲是一家之主,是家中的道德说教者和家庭决策者。工业革命后,父亲的道德角色被削弱了,取而代之的是家庭的物质供养者身份。父亲是养家的人,是家庭的经济支柱和性别角色模范。

自20世纪70年代后,第二波妇女运动推动女性进入职场,双职工家庭的普及使父亲的角色逐渐向家庭经济的供养者和孩子的"照料者"(nurturer)双重角色转变,父亲开始参与孩子的生活和教育。心理学家兰姆称其为新父职,父亲既是孩子的供养者、引领者和性别榜样,也承担着养育、沟通、支持、鼓励和回应情感的责任。他认为,不能简单用时间变量考察父亲参与育儿,而是要更为全面地考察父亲参与(father involvement)照料孩子的程度,这涉及三个指标:第一,父子或父女的互动(interaction)程度,即父亲与孩子直接互动的程度,互动可以是对话、照料、游戏等多种形式;第二,可及(accessibility/availability)程度,即孩子可以在怎样的程度上接触到父亲,当孩子觉得需要父亲时,能够在多大程度上得到对方的回应和支持;第三,尽责(responsibility)程度,即父亲在抚养孩子时,在多大程度上去满足孩子成长的资源需求,包括物质上的资源和其他无形的资源。父亲在孩子生活中的参与程度一直是低于母亲的。对美国家庭的研究显示,在双亲家庭中,母亲如果是全职母亲,父亲和孩子直接互动的时间大约是母亲的四分之一,"可及"的时间大约是母亲的三分之一;如果母亲是有工作的,那么父亲和孩子互动的时间是母亲的三分之一,"可及"的时间是母亲的65%。[①]

有研究表明,在与孩子的关系中,父亲会把75%的时间用在身体的互动游戏上,25%的时间用在照料上。母亲与孩子的互动则50%在照料上,母亲与孩子的游戏更多的是认知游戏,而不是身体的游戏。父亲在孩子两岁后与其高频次的身体游戏是建立父子或父女关系的最好方式。在所有的游戏形式中,

---

[①] 参见 Michael E. Lamb, ed., *The Role of the Father in Child Development*, 5th, ed., John Wiley & Sons Inc., 2010。

"打闹游戏"(rough-and-tumble play)被证明能够有效地提升孩子的责任心、自信心和竞争力。与女儿相比,父亲往往会在游戏中给儿子设置更困难的情境、做出更重的惩罚且更为冒险和更为激烈,因此儿子往往在这些游戏中得到更多的锻炼。长期看,这些游戏能有效地帮助孩子提升上学后在同伴中的竞争能力,提升他们应对和解决冲突的能力。① 代际实践的纵向研究发现,个人在人生的早期能够得到父亲的照料对认知和行为发展有促进作用。无论男女,在童年时得到父亲较多参与都能够预测出更高的智商、更好的学业成绩和更少的行为问题。②

从儿童视角看,研究强调父亲参与对于孩子成长和夫妻感情的积极作用。夫妇共同照料孩子,父母各自的催产素水平会一直提高,即抚养孩子的过程和一系列亲子互动促使催产素水平上升。催产素被称为"爱的荷尔蒙",它能够减少焦虑,唤起平静和满足的心情,使人具有安全感,增加信任,减少恐惧。站在女性视角,研究多强调父亲缺席(father absence)对母亲和孩子的影响。不对称的亲职活动强化了两性间能力和权力的差别,并使这种角色分工继续存在,把妇女套牢在家庭之中。

总之,亲职焦虑有全球化趋势,其内在动力在于中产阶级生产方式的普及。亲职被视为重要的社会身份认同。亲职作为高度个人化的经验,家长不仅认为自己的孩子是独特的,还认为自己的亲职态度和方式是个人生命经验的投射与延伸。他们通过养育孩子,尝试弥补、疗愈自己失落的童年;同时通过选择某种教育方式,展现自己认同的价值。③ 从性别平等的视角看,理想型的育儿模式,一方面是建立家庭内夫妻间对称式的关系,夫妻平等地分担抚育责任;④另一方面需要国家公共政策对家庭的大力支持。

---

① Daniel Paquette, "Theorizing the Father-Child Relationship: Mechanisms and Developmental Outcomes," *Human Development*, 2004, 47(4): 193–219.
② Erin Pougnet, "Fathers' Influence on Children's Cognitive and Behavioural Functioning: A Longitudinal Study of Canadian Families," *Canadian Journal of Behavioural Science*, 2011, 43(3): 173–182.
③ 蓝佩嘉:《做父母、做阶级:亲职叙事、教养实作与阶级不平等》,《台湾社会学》2014年第27期。
④ David S. Pedulla and Sarah Thébaud, "Can We Finish the Revolution? Gender, Work-Family Ideals, and Institutional Constraint," *American Sociological Review*, 2015, 80(1): 116–139.

三、将国家引入儿童抚育

在性别平等的意义上将儿童抚育纳入公共议题,通过国家公共政策来支持人的再生产,是改变亲职压迫的重要途径,这将有利于提升生育率和支持女性参与公共生产。目前,北欧国家将儿童抚育政策视为家庭政策,目标是帮助母亲们在工作与家庭之间取得平衡和实现儿童福祉。发展儿童抚育政策不仅是从父母的利益出发以实现就业的性别平等及工作与家庭的平衡,而且是符合儿童利益的,能保障儿童享受高质量的照料与教育的平等权利。这些政策包括如下方面。

第一,通过产假、陪产假、双亲育儿假制度保障儿童在家庭中受照料的权利,保障父亲参与育儿的权利和母亲参与就业的权利,将性别平等纳入发展儿童抚育的政策目标,鼓励两性共同承担养家责任和育儿责任,促进劳动力市场的性别平等以及家庭分工的性别平等。北欧模式的特点是男女两性的高劳动参与率,对性别平等的追求,以及对儿童照料与教育的公共投入。北欧模式在多方面都展示出其成功之处,北欧国家能在性别平等、儿童发展上取得较高水平,并在欧洲国家之中保持相对较高的生育率,儿童抚育政策是重要因素。北欧国家从20世纪六七十年代起陆续建立起较为完善的儿童抚育政策,包括产假与陪产假政策以及双亲育儿假和强制父亲产假政策,以保障孩子1岁前在家庭中得到照料。鼓励父母亲共同参与儿童抚育,并且保障父母的工作权利。

第二,增加对儿童抚育公共服务的投入,确保高质量的保教服务。北欧国家与产假衔接的公共服务较为完善,推行"托幼保障"(child care guarantee),即保障在育儿假结束后孩子能够进入日托机构接受照料,体现公共儿童抚育服务的普惠原则,并且国家在财政上予以较高投入和支持。北欧五国的政策模式支持着性别平等的家庭理念,即共同劳动共同抚育的家庭模式(dual-earner/dual-career family model)以及工作母职和关怀父职(working motherhood and caring fatherhood)的理念。

第二节 中国家庭的亲职模式研究

长期的农业社会,父系家庭是中国社会的组织基础。中国社会的宗族组织原则是家长制——由父系血缘继嗣关系扩展而成。传统儒家文化中理想的家庭是三代同堂或四世同堂,即由男性家长和他的妻子、儿子、儿媳和孙辈组成的大家庭。① "男大当婚,女大当嫁"的婚姻制度,规定了组成家庭是必需的生活方式;"不孝有三,无后为大"规定了生育是男女的家族使命;"多子多福"的价值观促成了家族代代传承和人丁兴旺的幸福感。

一、家长制下的生育制度

冯友兰指出,由于中国的农民靠土地生活,土地无法挪动,人们无法离开祖辈生活的土地;同一家庭的后代,由于经济的原因,不得不生活在一起,由此发展起中国的家族制度。"儒家思想在很大程度便是这种家族制度的理性化。中国的社会制度便是家族制度。传统中国把社会关系归纳成五种,即君臣、父子、兄弟、夫妇、朋友。"② 中国的祖先崇拜表达着代际相传的孝道。家庭完成的生育功能不仅在微观层面有重要意义,费孝通先生更强调中国社会是由家庭完成"社会继替"的,生育完成了社会的新陈代谢,实现了父系制家庭——基于亲属关系的社会关系的延续和再生产。③ 中国的"户口"概念是"计家为户,计人为口"。父系制家庭强调家族是由一个以上的个体家庭构成的聚集体,中国传统礼治规定了为死去的亲属服丧的"五服"制度。血缘关系是以男性为主体由亲至疏分为五类,依次是斩衰、齐衰、大功、小功、缌麻。宗族关系沿着父系血缘继嗣的关系扩展。宗族的本质是"父党",血缘关系中的女性关系,即女儿和女儿延伸出去的血亲被排除在宗亲之外。宗亲或家庭的集团化

---

① 许烺光:《祖荫下:中国乡村的亲属、人格与社会流动》,王芃、徐隆德译,台北南天书局有限公司2001年版,第249—250页。
② 冯友兰:《中国哲学简史》,生活·读书·新知三联书店2009年版,第23—24页。
③ 费孝通:《乡土中国 生育制度》,北京大学出版社2020年版,第247页。

第八章 生育与抚育——成为父母

以父子关系为主轴,随着男性子嗣娶妻成家及分家的家庭再生产方式扩大而成。

事实上,抚育是双系的,费孝通先生在《生育制度》中指出:

> 我们到处可以看见男女们互相结合成夫妇,生出孩子来,共同把孩子抚育成人。这一套活动我将称之为生育制度。①

> 婚姻的意义,依我以上的说法,是在确立双系抚育。②

> 我们与其说,因为两性的爱好,所以愿意共同抚育儿女;倒不如说,因为要共同抚育儿女,两性间需要有能持久的感情关联。③

> 婚姻是人为的仪式,用以结合男女为夫妇,在社会公认之下,约定以永久共处的方式来共同担负抚育子女的责任。④

> 在抚育上,家内分工是"严父慈母"型,由父母分别担任社会性和生理性的抚育工作。⑤

在传统农业社会中,孩子活下来都是件不容易的事,同时是消耗家庭资源的事;因而对孩子有性别选择,女婴有被"溺死"的风险。传统文化要求父亲负责对子女进行道德教育,即"子不教,父之过"。在重视子嗣的大文化下,抚育是家庭合力完成的。

有研究指出,差序格局的核心是父子关系,其中的上慈下孝、慈孝一体形成了代际重要的反馈模式。在父权制文化中,"慈"并非简单的"爱",还包含了亲亲和尊尊两方面的原则,这里的"尊尊"主要是由己身传父祖之重的责任衍生出来的对嫡长子、嫡长孙的重视。自己有了嫡子,就等于将父祖之尊的传重落到了实处,自己承前续后的人生就有了绵续的方向和路线,所以传重责任有着生命的寄托意义,自己的生命融入了一条由父、祖、曾、高到子、孙、曾玄组

---

① 费孝通:《乡土中国 生育制度》,北京大学出版社2020年版,第129页。
② 同上书,第157页。
③ 同上书,第149页。
④ 同上书,第153页。
⑤ 同上书,第218页。

成的上溯久远、下延无穷的河流。因此"核心层"以父子关系为主轴,可以延伸至祖孙,包括了今天意义上核心家庭和主干家庭的所有成员。这些成员相互以两个维度来确立各自的关系,定位以亲亲和尊尊。从亲亲维度看,核心家庭成为至亲,祖孙其次,指涉血缘关系结构。尊尊的维度显示出差序格局,父亲是至尊,父亲的一体至亲包括其妻子、父亲、昆弟姊妹。① 以父系为中心的家庭关系秩序是社会秩序的缩影,它是男性化的差序格局。

当近现代的平等理念挑战传统的父系关系时,知识分子曾努力整合传统的孝道理念与现代的平等理论。对 1945—1948 年上海"八八"父亲节的研究指出,1945 年 8 月初由上海 10 位社会名流联名提出将 8 月 8 日定为中国父亲节的倡议。这一节日的出现表达了近代中国"父亲"身份的建构,它带有中国忠孝文化的色彩。一是倡导节日化的忠孝表达。不仅要求子女对父母的孝表现在每日重复进行的赡养、照顾、尊敬、爱护等维度上,子女还要通过请安、庆贺、守孝丁忧等仪式表达对父辈的尊敬,形成"孝"文化的新传承。二是建立家国同构的局面。效忠国家的主体不仅是青年,还扩展为全体国民。不能忘"先有国,后有家",突出父亲节缅怀捐躯战士的理念。三是创建关怀父兄的独特方式,如建立起报答父恩与捐资助学之间的联系。四是塑造"理想父亲"的主体身份。要求父亲做到与"子孝"相对应的"父慈",要守"父道",出现了父亲与子女之间从"上对下"式的教育与服从的单向沟通的模式转向关注子女感情的、双方平等的交流方式的雏形。② 在家国同构的民族情怀下,现代意义的父职继承传统的忠孝规范,也发展出现代的慈善与平等理念。

有学者注意到,民国时期劳动法构建了母职和父职规范的不同路径,女工被假定一定会当母亲,女工的母亲身份被高度肯定,并有清晰界定。对男性而言,劳动法规定了其赚钱抚养子女的原则,赚钱抚养子女的责任具有优先性,

---

① 周飞舟:《慈孝一体:论差序格局的"核心层"》,《学海》2019 年第 2 期。
② 侯杰、马晓驰:《从日常到节日:上海"八八"父亲节活动研究(1945—1948)》,《妇女研究论丛》2019 年第 1 期。

第八章 生育与抚育——成为父母

间接弱化了男性向子女提供充足的日常照顾的观念。① 在中国现代化的进程中,延续了传统的性别分工,并对父亲的养家责任再次加以肯定。

二、现当代中国人的亲职活动

近百年来,中国社会发生着从传统到现代的巨变,计划生育政策和市场化发展出的理性与竞争理念促成了与西方相似的育儿文化,父母的亲职责任不断加重。

(一)不断强化和内化的母职

计划生育政策的实施、强调理性与竞争的文化以及教育市场化等多种因素,共同促成和强化了现当代亲职责任。第一,母职建构着一种"牺牲精神",即母亲为了孩子、丈夫和家庭利益要牺牲自己的时间和精力,因为孩子出现任何风险或越轨行为都会指向母亲的失职,以加深母亲愧疚感的方式强化母亲责任。对《父母必读》杂志 2012 年全年 12 期进行文本研究发现,该杂志极力建构的理想的母亲形象是与西化的母职相一致的,即母亲要懂得和遵循育儿专家的指导,要把最好的留给孩子,要以家庭和孩子为重。② 母亲要对孩子投入情感、时间和金钱。③ 第二,对理想母亲的形象建构有着时代特点。20 世纪 80 年代,杂志提倡父母共同育儿以及祖辈与父辈共同育儿,体现出一种国家话语。90 年代开始强调母亲素质,好母亲应该提高自身素质,以培养适应竞争社会的高素质儿童,体现出一套素质话语。21 世纪以来,杂志对好母亲的评价标准更加多元,要求好母亲是理性的、遵从专家、能够利用育儿商品和服务,且能够"养育快乐的孩子"。④ 母亲要承担起对幼儿的照顾,成为符合现代性标准的全知全能的"教育型妈妈";要代理孩子的各种学习,帮助子女在激

---

① 王向贤:《为父之道:父职的社会构建》,天津人民出版社 2019 年版,第 71—74 页。
② 陶艳兰:《流行育儿杂志中的母职再现》,《妇女研究论丛》2015 年第 3 期。
③ 陶艳兰:《养育快乐的孩子——流行育儿杂志中亲职话语的爱与迷思》,《妇女研究论丛》2018 年第 ? 期。
④ 陶艳兰:《塑造理想母亲:变迁社会中育儿知识的建构》,《妇女研究论丛》2016 年第 5 期。

烈的教育竞争中获得优势。① 批评性的观点认为：一方面，中产阶层的母职实践与劳动人民的日常生活相去甚远②；另一方面，中产阶层的母职实践日益为母亲们内化，具有自我监控的意识③。在一定意义上，这种要求母亲全方位地投入育儿活动的现状可能会导致女性以晚育或不育加以反抗。

有学者指出，母职悖论在国内学界不是以压迫或解放的政治议题出现，而是以家庭优先还是个体优先，孩子为中心还是女性自我追求为中心提出的，由此，母职成为私人选择的议题，削弱了"全职太太""全职妈妈"问题的公共性。母职的悖论表明，在私人框架下将母职作为一种个人自主选择的困境来讨论是没有出路的。要让母职走出私人化议题，成为公共议题和社会政策关注的一部分。这需要将家庭这个私领域与宏大的社会议题关联起来，而不是从家庭自身寻求消化社会问题的出口。在高度个体化的性别竞争的市场上，需要将生育和养育视为劳动力再生产的一部分，作为生育者和养育者角色的母职实践就不再是家庭这一私领域的属性，而是宏观的社会再生产的组成部分。④关于再生产的议题将在第十章加以讨论。

（二）新父职的建构

随着母职的强化和女性对母职压力的反馈，"丧偶式育儿"的概念被提出，它专指父亲很少参与而母亲过度参与育儿的状况。事实上，父职角色的缺失专指缺少陪伴。在中国传统文化中父职主要是"养家糊口"。新父职或理想父职的实践，还需要做如下工作：

第一，改变性别角色观念是产生新父职的关键。对上海市家庭的研究发现，父职身份的积极认同、非传统的性别角色态度以及育儿技能和回报对父亲参与有着积极作用，同时母亲的非传统性别角色态度和支持父亲参与的家庭

---

① 杨可：《母职的经纪人化——教育市场化背景下的母职变迁》，《妇女研究论丛》2018年第2期。
② 肖索未、蔡永芳：《儿童抚养与进城务工农民的城市社会文化调试》，《开放时代》2014年第4期。
③ 陈蒙：《城市中产阶层女性的理想母职叙事——一项基于上海家庭的质性研究》，《妇女研究论丛》2018年第2期。
④ 吴小英：《母职的悖论：从女性主义批判到中国式母职策略》，《中华女子学院学报》2021年第2期。

第八章　生育与抚育——成为父母

内外环境,也都影响着父亲的育儿参与。母亲放手让父亲参与育儿是很关键的一步。① 第二,女性外出工作强有力地推动了父亲参与育儿实践。第三,鼓励反思传统男性气质,使享受亲子快乐真正成为父亲的权利。传统男性气质的文化剥夺了男性与孩子交往的快乐,要将父职角色整合到男性自我发展的实践中。笔者的研究发现,父亲在孩子婴儿期参与抚育工作能够强化亲子感情,并鼓励其成为一个乐于对孩子投入情感和时间的父亲。

三、隔代抚育与娘家系统

在父母皆工作的双职工家庭和外出打工的农村家庭中,隔代养育成为家庭内各代之间重要的支持行为;祖辈作为"帮忙者"进入小家庭,承担大量的儿童抚育工作。这是中国社会较为普遍的一种抚育模式,对支持母亲工作起着重要作用。

中国健康与营养调查(CHNS)1991—2009 年的数据显示,在 0—6 岁儿童的照顾与教育状况上,绝大多数 6 岁以下的孩子主要是在家接受家庭成员的照顾,母亲以及同住的祖父母主要承担起幼儿照料的责任。从 2009 年分年龄段的数据来看,3 岁以下孩子在家接受家庭成员的照顾的比例占 84%,3 岁以上儿童的这一比例为 60%。其他的情况可能是由其他人在家里照顾,或者在祖父母、外祖父母、亲戚或邻居得到照顾,或者是送去托儿所等机构。其中,3 岁以下的孩子大部分接受非正式的照看,3 岁以上的孩子进入幼儿园。② 可以看出,祖父母承担 3 岁以下儿童照料责任的比例相当可观。

一项案例研究发现,代际育儿合作现象十分普遍。育儿过程中形成了"严母慈祖"的模式。母亲扮演"总管"的角色,把握话语权和决策权;祖辈以"帮手"的身份参与,承担生理性照料和家庭照料的工作,权力关系上处于边缘位置;父亲则缺席儿童的日常生活,他们主要通过母亲参与儿童教养,主要负担

---

① 徐安琪、张亮:《父亲育儿投入的影响因素:本土经验资料的解释》,《中国青年研究》2009 年第 4 期。

② 李莹、赵媛媛:《儿童早期照顾与教育:当前状况与我国的政策选择》,《人口学刊》2013 年第 2 期。

为子女发展获取经济成本。①

随着独生子女一代进入生育期,传统上婆家支持系统的隔代抚育向娘家支持系统转化。娘家从沉默的存在变成亲属关系中重要的组成部分。娘家是指已婚女性与原生家庭建立起来的关系网络,包括基于血缘亲情的父女、母女和兄弟姐妹的关系纽带,甚至包括随女方亲属成家而结成的姻亲关系等。在夫权制下,娘家常常被忽视,传统文化常常称"嫁出去的女,泼出去的水",表明从夫居状态下,隔代照料基本上由婆家完成;女儿婚后很少与娘家来往,娘家在女性生活中处于边缘地位。新中国成立后,男女平等的宣传、女性外出工作和多子女家庭的照料需求使女性与娘家之间的联系不断增加,娘家成为重要的补偿性亲属关系。已婚女儿与娘家间存在着非制度化的惯常联系,她们和自己的父母保持绵延一生的情感和道德联系,也包括根据各种情景持续帮助自己的娘家。相关研究表明,在父系父权的亲属制度中,女性主导的家庭中有与娘家互动的取向,农村女性借助娘家力量完成自己的家庭建设,并在娘家与婆家之间构建亲属网络,娘家对女儿的关照具有文化的伦理色彩。② 总之,娘家支持系统是已婚女性积极的家庭实践。

在代际支持的育儿过程中,娘家系统因为其亲密性,成为重要的支持力量,娘家亲属关系网络在情感、功能和道义上皆具有助力抚育的作用。当然这也意味着女儿要承担养老的义务。在一定意义上,母职具有代际的压迫性,照顾孙辈孩子正日益成为娘家父母的责任,"老漂"一族正引起社会关注。

小 结

随着人口转型,出现了家庭的核心化和小型化,生育越来越成为可以自主选择的事情。在后家庭时代,出现了要求父母陪伴孩子成长的新育儿文化。

---

① 肖索未:《"严母慈祖":儿童抚育中的代际合作与权力关系》,《社会学研究》2014年第6期。
② 李霞:《娘家与婆家——华北农村妇女的生活空间和后台权力》,社会科学文献出版社2010年版,第226—234页。

在这一过程中,母职概念得以强化。母职既是一种意识形态又是一种社会实践。母职的悖论在于其既是一种性别压迫的机制,又是自我认同和解放的机制。中国传统文化讲求"父慈母爱"和"慈孝一体",通过亲亲与尊尊的规范建立起差序格局的社会秩序。在现代化的过程中,新的育儿文化加重了家庭内抚育的责任,母亲在抚育过程中承担重要责任,难以实现工作和家庭的平衡,这需要倡导父亲参与抚育工作和公共政策的支持。

◆ 关键概念

人口转变　二次现代性　后家庭时代　新的育儿文化　母职意识形态
密集母职　扩大母职　新父职　慈孝一体　娘家

◆ 思考题

1. 试从历史角度分析中国人父职变化的特点和动力机制。
2. 论述母职悖论及其解决之道。

◆ 进一步阅读参考文献

李霞:《娘家与婆家——华北农村妇女的生活空间和后台权力》,社会科学文献出版社2010年版。

费孝通:《乡土中国 生育制度》,北京大学出版社2020年版。

阎云翔:《中国社会的个体化》,陆洋等译,上海译文出版社2016年版。

王向贤:《为父之道:父职的社会构建》,天津人民出版社2019年版。

第九章

反对基于性别的暴力

米兰·昆德拉的小说《搭车游戏》讲述了两个情意相投的年轻人,在休息日一起上路,渴望通过一次浪漫的出游建立爱情关系。然而,从一上路起,各自怀有梦想的两个人就彼此猜想,并开始依照想象扮演起自以为对方会喜欢的角色。一个害羞的女孩子,一心以为自己喜欢的人是个热爱风流女郎的男人,因此大着胆子扮演起一个路边的搭车女郎。这使男人迷惑,他开始猜想这个自己一直以为纯洁的女孩子到底是个怎样的女人,她是不是真的十分风骚。在对对方的猜测与角色扮演中,展示了男女主人公对异性角色、欲望和性想象的错位和误读。身体语言的误读最终导致男人对女人的粗暴占有。迷醉之后,双方皆落入了迷失自我的悲惨境地。

我们需要解答:为什么两性相爱的关系会演变成为暴力控制?为什么女性会因为分手而遭遇威胁、迫害甚至被杀?加害人的思维和行为为何如此理直气壮?值得思考的是:两性之间对性关系的想象和身体语言的沟通为什么有如此大的误读?误读为什么会走向暴力?人们怎么看待性关系和其中身体的权力?本章分析针对对女性的暴力之本质与特点,讨论其发生的社会性别机制,对背后深层次的性别文化的反思有助于打破性之神秘,使人们身心得到解放。

第一节 各种基于性别的暴力

一、基于性别的暴力之特点

暴力是指任何企图导致他人身体痛苦和伤害的行为。虐待是指任何对他人可能造成长期伤害的行为，包括身体虐待、性虐待和精神虐待。1993年，联合国《消除针对妇女的暴力行为宣言》特别定义了"针对妇女的暴力行为"：不论发生在公共场所还是私人生活中的任何基于性别的暴力行为，其结果对女性造成身心伤害或痛苦。这些暴力行为包括强奸、家庭暴力/亲密关系暴力、拐卖妇女、强迫卖淫、性骚扰等。联合国社会性别专题工作组主席辛格（Abhimanyu Singh）在2013年北京"基于性别的暴力及研究"研讨会上指出，性别暴力是歧视的一种形式，严重侵犯了妇女和儿童的人权，"对性别暴力发生率、结构性及潜在的原因、后果和危险因素等进行持续的跨学科研究和分析是实现消除性别暴力长远目标的基础"①。

基于性别的暴力主要是指依靠特定的性别文化而实施的致使他人身体和精神痛苦之行为，但不只是针对女性。基于性别的暴力的重要特点是其隐蔽性。包括：(1)受到暴力和虐待伤害的人常常因为涉及个人隐私而采取隐忍的态度，这不仅遮蔽了恶行，还使暴力与虐待持续存在。(2)因为基于性别的暴力与虐待行为常常发生在亲密关系中，因此规范公共行为的刑法惩处条款常常很难应用于施暴者，这成为其逃避法律制裁的内在因素。(3)当施暴者没有受到惩罚时，施暴者倾向于低估自身暴力行为引发的后果，施暴者会寻找各种借口摆脱罪责，导致难以对其行为进行反思和悔改。(4)基于性别的暴力与虐待还会涉及儿童。因年龄关系，儿童发声更容易被忽视。由于暴力行为常常发生在私人领域，被认为是个人私事，因此长期得不到公众的关注。但近年来，随着性别平等运动的开展，越来越多的发生在亲密关系中的暴力和虐待行

---

① 文华：《联合国驻华系统"基于性别的暴力及研究"研讨会综述》，《妇女研究论丛》2013年第3期。

为暴露出来,引发了公共领域的广泛关注和讨论,并推动了各种相关法律的出台。基于性别的暴力的发生率难以统计。一项对旧金山 930 位女性的调查表明,有 44% 的女性在其一生中至少有过一次成为强奸或强奸未遂的受害人。38% 的少女受到有权力者或家庭成员的某种形式的性虐待或性侵犯。如果将性骚扰、性侵犯、性虐待、在街上被开下流玩笑、接到淫秽电话等都包括进来,只有 7.5% 的女性报告说从未有过此类经历。①

鉴于亲密关系中暴力与虐待行为的高隐蔽性和不可言说性,揭示其产生的内在机制和社会后果才能更好地反对暴力。

二、基于性别的暴力的类型

基于性别的暴力有多种形式,目前进入公共视野的暴力行为有性骚扰、熟人强奸/约会强奸、分手暴力、家庭暴力和拐卖妇女等,其本质是通过剥夺他人的性权利实现对受害者的控制、恐吓和犯罪。

(一) 性骚扰

性骚扰有多种类型,最轻的是语言骚扰。加德纳的《路过:性别和当众骚扰》一书列举了日常生活中的种种语言骚扰。当一位穿着精致裙子和高跟鞋的女性路过建筑工地时,就会听到各种口哨声和脏话,这是她在高档场所听不到的。这种性别互动关系涉及社会性别等级秩序。男性在公共场所的特权、女性在身体上的弱点以及潜在的强奸威胁构成了男性当众骚扰女性的影响因素。② 因此,性骚扰的重要特性在于公共场域与私人关系之间的种种张力。一般能够成为公共话题的性骚扰是指与工作领域相关的性骚扰,即各种性骚扰都是借与工作相关的理由发生的。

性骚扰(sexual harassment)一词首先出现在美国,20 世纪 70 年代形成了明确的概念和相关法律适用范畴,积累了较为丰富的反性骚扰的法律实践。

---

① 转引自李银河:《性的问题》,中国青年出版社 1999 年版,第 48—49 页。
② 参见 Carol Brooks Gardner, *Passing By: Gender and Public Harassment*, University of California Press, 1995.

第九章 反对基于性别的暴力

按照美国1964年《民权法案》第七章（Title Ⅶ of the Civil Rights Act of 1964）的规定，人们不能基于性别对他人进行歧视；同时，受害人可以通过平等就业机会委员会（EEOC）对雇主提起民事诉讼。如果委员会认定为性骚扰，对这种侵权行为，受害人可要求雇主支付赔偿金。1972年，美国《教育法修正案》第九条明确禁止接受联邦经费的教育机构有任何性别歧视行为（包括性骚扰）。1975年，美国联邦法院第一次将性骚扰定义为职场中"被迫和不受欢迎的与性有关的行为"，并将其视为"性歧视"加以禁止。1998年，美国最高法院裁定，职场中同性别间的骚扰亦是违法的。

性骚扰行为具有三大特性：（1）性骚扰从一开始就与职场权力相关联，特指在职场中一些人利用职业权力提出不受欢迎的性要求，它强调职业权力和性权力之间的不平等关系。因此，职场性骚扰一词并非指男性对女性的性骚扰，而是一切与权力联系在一起的不受欢迎的性行为，这些权力关系包括职位高低、辈分大小、力量强弱等。性骚扰行为被视为性别歧视，是行为的发起者利用职业权力要求性好处，其行为基础是权力的不当交换。有三类性骚扰是特别值得关注的，即教师对学生、医生对病人和警察对犯人的。（2）性骚扰给受害人带来极大的心理伤害。作为隐蔽的受害人，其拒绝和反抗性要求可能要付出被辞退、无法被提拔等代价，这给受害人带来更多的心灵和尊严的伤害。这种心灵伤害需要雇主组织因其监管失职给予赔偿。（3）受害人对性骚扰的感受与其性观念、性道德和勇气等因素紧密地联系在一起。当社会对性骚扰的认知程度提升，当事人变得勇敢或能够获得更多的社会支持时，性骚扰才可能被揭示出来，否则会有普遍的隐案。

麦金农提出的性骚扰是一种性别歧视的观点为美国的立法提供了重要的理论框架。由此，性骚扰被定义为违法的，是工作场所的性别不平等状况助长了性骚扰这一歧视现象。[①] 对性骚扰的广泛认知使更多的性骚扰行为被揭示出来。1996年，对30多个国家进行的国际犯罪受害人调查显示，工作场所发

[①] 参见 Catharine A. MacKinnon, *Sexual Harassment of Working Women: A Case of Sex Discrimination*, Yale University Press, 1979。

生率最高的伤害事件是对女性的性骚扰。近8%的强奸案和约10%的强奸未遂及性侵犯案发生在工作场所。①

性骚扰可分为交换性骚扰、敌对性骚扰和间接性骚扰。交换性骚扰是指雇主或主管利用手中的权力要求发生与性相关的交换。敌对性骚扰是指当事人感受到性的胁迫性或冒犯性的工作环境,这种情况多发生在"外来性骚扰"的状况下,如清洁工要打扫有黄色图片的工作环境。间接性骚扰是指雇主或管理者把雇用或升职的机会或利益给予顺从其性要求的雇员,这使其他雇员无法按照能力获得这些机会或利益。1990年,美国平等就业机会委员会颁布了一项政策指导,区分了不同情况:第一,对一位情人/接受性交换条件人的徇私行为属于个别孤立事件,不构成性别歧视;第二,具有胁迫性质的性交换行为可能构成交换性骚扰;第三,发生的性交换行为可能构成敌意型环境,构成间接性骚扰。

2019年6月21日,国际劳工组织大会通过了《关于消除劳动世界中的暴力和骚扰的公约》(第190号公约)及其建议书(第206号建议书),前者具有约束力。这是在国际劳工组织成立一百周年的重要时刻发布的重要公约,具有重要的历史意义。同时,这是国际劳工组织应对工作世界的变化,通过政府、雇主组织和工人组织的三方协商谈判,最终达成共识的重要成果。《关于消除劳动世界中的暴力和骚扰的公约》首先表明,劳动世界的暴力和骚扰普遍存在,这是不可接受的事实。它与国际劳工组织一直倡导的机会平等和体面劳动的宗旨背道而驰。劳动世界的暴力和骚扰影响到劳动者的健康、尊严、家庭和社会环境,与促进可持续的企业发展互不相容,对企业声誉和生产率产生负面影响。该公约强调要"承认人人有权享有一个没有暴力和骚扰的劳动世界"。它给出了劳动世界中的暴力和骚扰的明确定义,工作场所的暴力和骚扰指一系列旨在造成、导致或可能导致生理、心理、性伤害、经济伤害的不可接受的行为和做法或它们带来的威胁(无论其是只发生一次,还是反复发生),并

---

① 南莲·哈斯贝尔等:《拒绝骚扰——亚太地区反对工作场所性骚扰行动》,唐灿等译,湖南大学出版社2003年版,第35页。

包括基于社会性别的暴力和骚扰。① 公约将"暴力和骚扰"合并使用,强调了每个国家和雇主组织可以将暴力和骚扰分开使用,即各个国家可自行决定如何使用暴力和骚扰的概念,甚至同意只使用一个概念。这表明在国际劳工组织层面的定义是宽泛的,希望能够在更大范围内表达对劳动世界中暴力和骚扰的零容忍。同时,定义强调了"基于社会性别的暴力和骚扰",这意味着骚扰不仅包括了传统意义上的男性对女性的性骚扰,还包容性地拓展了各种形式的由性别偏见导致的骚扰。劳动世界的暴力和骚扰最大的受害者是女性。

公约适用于正规经济和非正规经济,也适用于公共部门和私人部门;既适用于城市,也适用于农村。公约明确规定工作人员无论其合同状况如何都受到这一公约的保护。为了适应劳动世界的变动,公约要求成员方在适用情况下考虑涉及第三方暴力和骚扰的情况。这主要是指在空间层面上,与工作有关的出行(通勤)、旅行、培训和社交活动期间发生的,在员工领取薪金或就餐场所发生的,以及在互联网通信空间中发生的骚扰,涉及的劳动者皆受到公约的保护。

公约强调,员工培训不仅要培训在职员工,还要对实习生、学徒工、志愿者和各类求职者、应聘者加以培训。培训内容涉及滥用职权相关知识和反思公司的社会性别文化等。公司强调培训工作是雇主义务,不履行培训职责的雇主应追究其责任。公约要求成员方采取监管措施,建立便捷、公正、安全及有效的救济渠道并向受害人提供支持服务和补救措施,保证员工有权使自己脱离暴力和骚扰的危险。成员方政府应保证有安全公平和有效的报告制度以及争取解决机制与程序。这些机制与程序包括:工作场所中的受害人提出诉求和调查的程序;争议解决的机制;相关的法院和法庭程序。成员方政府应保证保护控诉人、受害人、证人、举报人等免受报复;为控诉人和受害人提供法律、医疗、行政方面的支持。积极的补救措施包括辞职时获得补偿、恢复原职等指导性要求。

---

① ILO, "C190-Violence and Harassment Convention, 2019 (NO.190)", http://www.ilo.org/dyn/normlex/en/f? p =NORMLEXPUB:12100:0::NO::P12100_ILO_CODE:C190,2022 年 1 月 17 日访问。

对防范劳动世界的暴力和骚扰,公约提供了三个方面的措施。一是国家层面,国家制定法律界定和禁止暴力与骚扰。二是雇主层面,雇主采取适当步骤预防劳动世界中的暴力和骚扰,包括集体谈判要声明对工作场所的暴力和骚扰的零容忍,以及制定预防措施和相关培训内容。三是制定有关控诉和调查性骚扰的程序。公约对雇主的要求很多,包括在职业安全与卫生管理及风险评估中考虑到暴力和骚扰的风险。公约要求成员方将防止劳动世界的暴力和骚扰纳入相关的国家政策,增进对相关社会问题的认知。雇主、政府都应担当起相应的责任。

总之,公约的核心原则有三个方面:一是承认人人有权享有一个没有暴力和骚扰的劳动世界;二是强调包容性、综合性和回应社会性别的要求;三是确认政府、雇主、员工组织的互补作用和职能。

(二)熟人强奸/约会强奸

我国刑法认定强奸是指违背妇女意志,以暴力、胁迫或其他手段强行与妇女性交的行为。"男权制社会很独特地将残忍的情感与性欲联系起来,并往往将后者与邪恶和强力等同起来。"①

研究发现,人们对强奸的认知直接影响案件的定罪。传统上,人们习惯地认为被陌生人强奸才算强奸;事实上,"熟人强奸"或"约会强奸"(date rape)才是最常见的,即80%以上的犯罪者是受害人的熟人,其中许多犯罪者是临时的或稳定的约会伙伴。据美国联邦调查局估计,每6分钟就有1位女性被强奸,每4位女性中就有1个可能在某个时候遭到强奸。② 这说明强奸犯罪有很高的"隐案率"。"熟人强奸"使多数受害者虽然有过反抗行为,却因自认是熟人关系无法自证清白而很少报案。③ 美国至少存在大约75%的强奸犯罪的隐案率,强奸犯罪的"隐案"大约是官方正式统计的4倍。④

---

① 凯特·米利特:《性的政治》,钟良明译,社会科学文献出版社1999年版,第66—67页。
② 埃托奥·布里奇姆:《女性心理学》,苏彦捷等译,北京大学出版社2003年版,第251页。
③ 同上书,第251—252页。
④ 汉斯·约阿希姆·施奈德:《犯罪学》,吴鑫涛、马君玉译,中国人民公安大学出版社1990年版,第630—690页。

"婚内强奸"亦是一种需要讨论的问题,即使配偶权包括同居义务,但强迫性行为是违背妇女意志的,所以在婚姻内同样存在丈夫以暴力或胁迫手段违背妻子意志进行的性交行为。在现实生活中,婚内强奸多被认为是家庭性暴力。

(三) 分手暴力

亲密关系的暴力在恋爱关系中常常以威胁的形式出现。分手暴力,甚至所谓"情杀"表现为当一方提出分手后,有时仅因表达对其他人的好感就遭受另一方的威胁、暴力、虐待甚至杀害。有些威胁的形式是声称自杀,更为普遍的虐待是跟踪等方式的骚扰,其目的就是使受害者感到恐惧。

(四) 家庭暴力

家庭暴力作为法律概念出现在2001年修正的《中华人民共和国婚姻法》中。它是指行为人以殴打、捆绑、残害、强行限制人身自由或者其他手段,给家庭成员造成一定伤害后果的行为。依据施暴方式可大致分为身体暴力、精神暴力、性暴力和经济控制。

中国妇女社会地位调查表明,2000年,有24.1%的女性曾遭受配偶殴打或经历强迫性生活。2010年,有24.9%的女性曾遭受过法律定义的至少一种形式的家庭暴力。

家庭暴力的特点有:第一,家庭暴力常常被认为是家务私事而远离公众视野,难以受到法律的关注与制裁。第二,家庭暴力普遍存在。世界卫生组织发布的《世界暴力与卫生报告》表明,在对48个人群的调查中发现,10%—69%的女性称在其生活中曾遭受过男性伴侣的暴力。第三,暴力具有循环性特征。当亲密关系处于紧张状态时,双方会出现语言攻击和敌对状态,虐待者控制受害者接近家人、朋友、金钱等,使其呈现社会隔离的状态。随后就可能有暴力行为发生。在亲密关系中,施暴行为发生后,施暴者的紧张情绪得到缓解,其又开始表示内疚和后悔之意,发誓不再有类似行为发生。此时,受害者多满怀希望,认为施暴者会有所改变,由此原谅施暴者。事实上,如果没有干预措施的话,多数的暴力行为会再次发生,形成恶性循环。

此外,还有拐卖妇女和强迫妇女卖淫等将女性商品化的暴力形式。

三、反对基于性别的暴力的社会行动

反对性别暴力最为重要的是改变理念,让两性关系从统治型关系向伙伴和支持型关系转变。统治关系的模式依靠恐惧或强力支撑等级关系,表现为一人凌驾于另一人之上,它靠痛苦或对痛苦的恐惧来维持。为了维护统治与服从的关系就得斩断或扭曲男女之间给予和获得性快乐与爱的天然纽带。伙伴和支持型的关系模式强调人与人之间的联系纽带是使双方得到满足,表现为相互给予和接受温情。伙伴和支持型的关系更多地依靠快乐原则而不是惩罚原则来维持社会的凝聚力。

反对暴力的重要手段就是实际行动。这些行动包括:

第一,广泛而深入的性教育和性别意识教育,以此打破有关性的双重标准和受害人有罪论。女性的"性权利"不仅仅是一项要被保护的权利,更是一项可以行使的权利。在世界范围内,《阴道的独白》(The Vagina Monologues)以各种方式上演,积极地推动着性教育。这部由美国女剧作家伊芙·恩斯勒(Eve Ensler)创作的话剧被翻译成几十种不同语言。她采访了200多名女性,每个人说出自己的故事,说出阴道的故事。

该剧有一幕专门讨论强奸,恩斯勒将在克罗地亚和巴基斯坦采访到的难民妇女展示在世人面前。①

《阴道的独白》的上演促成了反对对妇女暴力的"V"日("V"day)运动。"V"日运动是指在2月14日情人节(Valentine's day 的首字母"V")当天上演《阴道的独白》("Vagina"里的"V"),以此来反对对妇女的暴力("Violence"里的"V"),以表明女性权利的胜利("Victory"里的"V")。

第二,倾听受害者的声音。发出声音就是将被遮蔽的、不可见的私人生活中的压迫揭示出来,让其成为公共生活和法律制裁的一部分。以反性骚扰为

---

① 参见吴莎、吴琳娜:《倾听阴道的声音——美国话剧〈阴道的独白〉译评》,载王红旗主编:《中国女性在行动》,中国时代经济出版社2003年版;第142—179页。

第九章　反对基于性别的暴力

例,说出性骚扰行为本身就是一种反抗的力量。一方面,施暴者害怕被曝光;另一方面,分享经验会使受害者建立联盟,相互支持。公开这些故事可以使女性有能力避免种种令其恐惧的事,同时让骚扰者知道其言辞和肢体接触既不受欢迎也不友好,是不会被接受的。

第三,提升自我性别意识。要使受害者认识到,忍受暴力伤害本身就是在加剧伤害。由迈克尔·考夫曼(Michael Kaufman)为代表的加拿大男士发起的社会运动——"白丝带运动"有着广泛的影响,他们认为自身有责任敦促男性就对妇女的暴力做出承诺。他们以佩戴白丝带作为男性反对男性对妇女的暴力的象征,白丝带意味着作为个人,宣誓绝不施暴,面对暴力绝不宽容和沉默。1993年,加拿大实行了一项行之有效的政策,即对家庭暴力零容忍。只要是家庭暴力,无论轻重,一经发现,必须立案。公民有报案的义务,警察有权入室制止。男性性别意识的自觉是其中重要的一步。

第四,建立社会支持和支持网络。这些支持网络包括:受害者的庇护所,使受害者暂时能够脱离受害场域;心理和医学支持网络,如对应激反应综合征患者提供心理的、医学的支持;司法支持,如女警的出警制度等。对遭受强奸的受害人的法律和心理援助涉及多个方面:(1)建立受害人的及时报案制度,即受害人的及时报案和相关部门的及时立案。(2)报案保护制度。这包括:由专门的女干警向受害人询问具体案情的制度;询问案情实行一次定格制度,避免反复询问细节而给受害人带来二次伤害;在实地取证过程中穿便服,从各个方面最大限度地保护受害人的隐私;在案件审理阶段,由女律师和女法官来进行审理的制度。(3)完善受害人心理援助制度和法律援助。中国有以妇联为中心的维护妇女权益的工作网络和以司法部人民调解制度为基础的人民调解委员会制度,这一工作网络遍布中国的城市和乡村,城市的居民委员会和农村的村委会都有专门的妇女工作委员负责维护妇女的权利。相关工作人员需要专业培训。现当代妇女社会工作的发展有助于完善对强奸受害人的多重社会和心理支持工作。对受害人的法律援助制度也称为法律救助、法律扶助制度,是国家、非政府组织等为了保证法律赋予公民的各项权利在现实生活中切实得到实现,对需要采用法律救济手段捍卫自己的法定权利不受非法侵害,但又因经济困难无力支付诉讼费用和法律服务费用的当事人提供免费、减费法律服务或减免诉讼费用,以保障其合法权益得以实现的一项法律制度。

第五,制定法律制止暴力。1985年,第三次世界妇女大会通过了《到2000年提高妇女地位内罗毕前瞻性战略》,其中突出了针对妇女的暴力问题,会议强调:针对妇女的暴力具有普遍性和危害性;应当给予受害妇女特别关注和综合性援助;政府在预防暴力及帮助受害妇女方面具有重要作用。这份文件为各国政府和非政府组织采取反暴力行动提供了初步的框架。

1992年4月3日,第七届全国人民代表大会第五次会议通过了《中华人民共和国妇女权益保障法》,该法在总则中明确规定"为了保障妇女的合法权益,促进男女平等,充分发挥妇女在社会主义现代化建设中的作用,根据宪法和我国的实际情况,制定本法"。就妇女享有的基本权利而言,法律强调的是男女平等,除了明确"妇女在政治的、经济的、文化的、社会的和家庭的生活等各方面享有同男子平等的权利",还规定"国家保护妇女享有的特殊权益。禁止歧视、虐待、遗弃、残害妇女"。

1979年,联合国通过了《消除对妇女一切形式歧视公约》(简称《消歧公约》),明确反对并积极干预基于性别的种种歧视,这一公约也成为联合国维护妇女权益方面的国际法律文件。中国是《消歧公约》的原始缔约国。1980年9月29日,第五届全国人大常委会第十六次会议决定批准《消歧公约》,使得该公约成为中国批准的第一个联合国核心人权条约。

第二节 性别暴力生产和再生产的动力机制

基于性别的暴力与各类刑事犯罪不同,它有着深刻的文化内涵。众所周知,打人犯法,那为什么打老婆就可以逃过处罚?因此,我们要探索女性受害的真相。暴力不仅天天都在发生,还有各种力量将其合法化。其中,至少有四大机制在起作用:一是"男性统治"制造的"男性暴力文化";二是性别气质的刻板印象的双向建构;三是性道德的双重标准;四是公私领域分割的边界效应。这四大机制使基于性别的暴力被遮蔽,无法进入公共领域的法律范畴。这些因素交织在一起,使反对基于性别的暴力任重道远。

一、暴力文化:男性统治的基础

历史地看,当私有制产生,女性被视为男性的私有财产和附属品时,暴力行为就时有发生。直到20世纪60年代后期,第二波妇女运动促使女性发声,针对女性的暴力问题才开始受到重视。

有学者指出,西方社会一直存在着系统压迫女性的性别模式。男性支配女性的核心方式就是性控制。社会化过程使女性被迫承担起屈从于男子的角色,大众传媒和文学作品传递将爱、占有欲和暴力联结起来的色情画面。对文学作品的批判认为:(1)文学作品的价值和规范一直由男人决定,对爱情和性的描写以男性为中心,女性很难以适宜的方式表达其感受。(2)男性作家的性描写令女性难以容忍,它无所不在地歌颂着男性统治。女性成为色情、性、强奸和性暴力的对象和牺牲品。① 性政治通过对女性身体的暴力来展示权力。

以民族间的争战为例,战争总会出现以占有敌对国或敌对民族的女性身体为征服的象征,争战中妇女受到异族摧残的情形最为惨烈。有学者指出:

> 历史上种族、民族、部落间的冲突本质上都是男人之间的冲突,可是各民族的男人们,都不约而同地把妇女绑在战车的最前端。看待历史有多种角度……但从性别角度看历史,全世界男人对全世界妇女犯下的累累罪行,却已积攒得比山更高,比海更深。男人禁锢女性的利器,不仅有屠刀,还有道德。②

一个强奸犯能够与女性搭话,要求她注意,甚至进行身体侵犯,更大程度上仰仗的是他如何看待自己相对女性而言的社会位置,而不是所谓的体力上的优越感。他坚信自己比女性更有力量,并能用

---

① 凯特·米利特:《性的政治》,钟良明译,社会科学文献出版社1999年版,第67—69页。
② 陆可光:《风潮下的暗流》,《读书》2001年第7期。

这种力量去强奸她——这种信念比公认的那种力量的事实更值得人们去研究,因为这种信念的效果往往造就一种男性权力,它成为强奸的缘由。①

父权制意识形态使丈夫的权威合法化,丈夫有权对妻子进行控制;为防范妻子不忠可以对其进行监管。在一些社会,丈夫因妻子不忠有权殴打甚至杀害她,其行为却可以不承担任何法律惩罚。

苏珊·布朗米勒认为:

> 男性将强奸视为对付女性的有力的基本武器以及实现自己意志、威慑女性的主要工具。他无视她的抗拒,强行进入她的身体,这种强占表明他胜利征服了她的肉体,最终证明自己拥有更强的力量,是他作为男子汉的胜利。把生殖器作为耀武扬威的武器是男性的一大发现,可列入史前最重大发现之一,其重要程度不亚于火的发现及粗糙石斧的首次使用。我相信,从史前时期到如今,强奸一直发挥着一个重要功能,即有意识的威慑功能,通过这种功能,所有男性可令所有女性望而生畏。②

在这一意义上,男性对女性的性暴力是一种使女性处于恐惧之中的有意识的统治过程。对此,女性拥有强壮身体和强健心灵成为平等斗争的必要条件。

二、性别气质的双向作用

在男性统治的背景下,男性学会了控制女性的观念和方法,女性则学会了忍受和逃避,而不是反抗暴力的文化观念。

法国社会学家布尔迪厄在《男性统治》一书中提出"象征暴力"的概念。"象征暴力"是一种被统治者接纳了的统治能量。在性别制度中,男性中心的意识形态将统治关系自然化,并借此将男性统治合法化。女性以统治者的意

---

① 莎伦·马库斯:《战斗的身体,战斗的文字:强奸防范的一种理论和政治》,载王逢振等编译:《性别政治》,天津社会科学院出版社 2001 年版,第 43 页。
② 苏珊·布朗米勒:《违背我们的意愿》,祝吉芳译,江苏人民出版社 2006 年版,第 9 页。

第九章 反对基于性别的暴力

识形态思考、评价和行动。她们贬低自己,不知不觉中成为统治她们的男人的共谋者。① 作为统治方式的暴力文化是将暴力建构成男性气质的一部分,征服女性被看作男性统治和"占有女性"的一种形式。主动与控制的男性和被动与顺从的女性正相匹配,控制与顺从的性别气质的双向塑造甚至使一些男性认定暴力征服是女性喜欢的方式。在这种暴力文化中,"熟人强奸"才具有了可能性,女性成为错位的性别角色期待的牺牲品。

如布朗米勒所言,男性从小就被训练、被鼓励具有攻击性和竞争性地使用身体,所以他们很了解格斗的知识;女性则被要求像淑女一样,在争斗中,女性学会的是哭泣、甜言蜜语、恳求和寻求男性保护人,就是没有学习如何斗争和如何获胜。②

鼓励暴力的男性气质本质上对男性亦是伤害,是永久的压力和紧张:

> 男性特权也是一个陷阱,而且它的对立面是永久的压力和紧张,这种压力和紧张是男人在一切场合展示其男子气概的义务强加给每个男人的,有时甚至发展至荒谬的地步。……男子气概既被理解为生殖的、性欲的和社会的能力,也被理解为斗争或施暴的才能,但男子气概首先是一种责任。……对男性价值的颂扬,其黑暗的对立面是女性特征引起的恐惧和焦虑。……因此,在不可能实现的男性气概的典型中很容易发现一种巨大的脆弱性原则。这种巨大的脆弱性,自相矛盾地导致人们有时疯狂地投入男性的暴力活动中。③

在恋爱和夫妻关系中,男性感受到的"被分手"或"被抛弃"的本质是对习得的男性气质的打击,因此男性会用暴力获取控制感。这就能够解释在社会变迁中,经济结构调整、产业升级造成失业等问题会使一些男性有被淘汰的感觉,其男性气质在效率与竞争原则下遭遇挫折,这种内在的身份紧张有可能通过亲密关系中的暴力行为而得到舒缓,且受害者也更容易原谅这种具有补偿

---

① 皮埃尔·布尔迪厄:《男性统治》,刘晖译,海天出版社 2002 年版,第 115 页。
② 苏珊·布朗米勒:《违背我们的意愿》,祝吉芳译,江苏人民出版社 2006 年版,第 440 页。
③ 皮埃尔·布尔迪厄:《男性统治》,刘晖译,海天出版社 2002 年版,第 69—70 页。

意义的暴力行为。

　　暴力的"身份矛盾"理论认为,角色期待与微观个人的角色实践不一致时,暴力可能产生。那些自认为很成功的丈夫,当生活没有按照他的梦想发展,他不能从妻子处得到赞许,自感社会地位缺失的自卑感会加深其传统的男性至上的观念,当面对"事业失败"时,就可能通过暴力在身体上控制其妻子,以弥补可能被伤害到的自尊和男性气质。① 如果只看到结构性因素的作用,就无法解释为什么收入高于丈夫的女性还可能遭受丈夫的暴力。在亲密关系中,一个具有传统性别意识的男性,无法忍受女性在权力上的"僭越",会以体力优势表达其控制权。

　　康奈尔的男性气质霸权理论认为,阳刚之气是一种男性社会特权,作为一种理想型,它要求男性在行为上展现这种"阳刚之气",并使之成为行为规范。② 工作场域通过"性别表演"惩罚那些不按性别气质行事的人。研究发现,面对两性对立的性别气质的固化,男人们"动员其男子气概"的方法就是实施针对妇女整体的伤害,如"骂娘"行为,这甚至不是针对某个女性,只是想表达自己的"男子气"。③

　　一种有关性骚扰的"脆弱的受害者假说"(vulnerable-victim hypothesis)认为,那些身处脆弱地位的人,包括妇女、少数族裔、不稳定的职位或职位低者更容易受到性骚扰。因为那些在性别、种族、阶级、职位上具有优势的人可能感到自己具有某种非正式权力,可以歧视和伤害处于弱势地位的人。④ 职场权力成为暴力存在的核心要素。这是性骚扰存在的最普遍类型。

　　另一种性骚扰理论可称为"权力威胁模型"(power-threat model)。它被用来解释为什么那些独立、有工作经验的女性也会遭遇性骚扰。这一理论认为,

---

① 佟新:《不平等性别关系的生产与再生产——对中国家庭暴力的分析》,《社会学研究》2000 年第 1 期。
② R. W. 康奈尔:《男性气质》,柳莉等译,社会科学文献出版社 2003 年版,第 95—97 页。
③ Patricia Yancey Martin, "'Mobilizing Masculinities': Women's Experiences of Men at Work," *Organization*, 2001, 8(4): 587-618.
④ Kathleen M. Rospenda, Judith A. Richman, and Stephanie J. Nawyn, "Doing Power: The Confluence of Gender, Race, and Class in Contrapower Sexual Harassment," *Gender & Society*, 1998, 12(1): 40-60.

她们的实践活动"抢占"了男人的地盘,所以威胁到了男性气质。即使女性担任了权威职务,也有可能面临骚扰。[①] 很多男性会声称自己并不知道其行为在女性眼中是不合适的;这些女性也常常对此采取漠视的态度,因为她们在工作中经历这样的歧视言论太多了。

这种权力威胁模型的性骚扰的理论解释大约有三种。一是强调"玻璃天花板"效应,女性能够获得权威地位的依然是少数。有研究表明,工作场所的性别比是影响性骚扰发生的重要原因。男性对女性的骚扰经常发生在男性为主的工作环境中,男性由此表达自己的权力。二是男性气质补偿理论,即职场权威关系中,男人对自己受到的威胁做出反应的方式是用极端的"男子气概"表达阳刚之气,即敢于骚扰女上司。有研究发现,男性参加计算机图像共享任务时发送了更多的色情和攻击性图像给那些被认为打破了性别刻板印象的女性,而不是那些传统型的女性。[②] 那些"过于自信"的女性威胁到传统性别等级,她们可能由此受到骚扰。三是性别意识提升理论。女性高管并不是受性骚扰最多的人,只是她们更可能报告被骚扰。一方面,她们受过反性骚扰的培训,有更强的法律意识;另一方面,她们有一定的权力,并不害怕举报性骚扰而受到报复。

三、性道德的双重标准和沉默亚文化

埃利亚斯指出,在文明的进程中,对两性关系的羞耻感有了很大的强化和变化。随着文明的发展,人类生活越来越被严格地区分为私下的、秘密的和公开的领域,人们认为这一分裂是理所当然的。[③] 然而,这一文明的进程是有性别差异的。女性愈发地被置于私人的、对性不可言说的环境中。

暴力行为不是施暴者独立完成的,而是借助社会文化完成的。针对女性

[①] Lindsey Joyce Chamberlain, et al., "Sexual Harassment in Organizational Context," *Work and Occupations*, 2008, 35(3): 262-295.

[②] Anne Maass, et al., "Sexual Harassment Under Social Identity Threat: The Computer Harassment Paradigm," *Journal of Personality and Social Psychology*, 2003, 85(5): 853-870.

[③] 诺贝特·埃利亚斯:《文明的进程——文明的社会起源和心理起源的研究》,王佩莉、袁志英译,上海译文出版社 2009 年版,第 177—200 页。

的暴力行为的共同特点是：这些暴力行为或多或少与"性"相关。没有任何一种犯罪的受害者会像强奸犯罪的受害者那样被打上"耻辱"的烙印，人们似乎相信那些受害者是有问题的女人。在美国得克萨斯曾发生过这样一件事：一位遭受了强奸的妇女被警察拒之门外，警察的理由是她长得太性感了，足以让男人们激动不已，难以把持。① 强奸犯罪的受害者要承担比其他罪行更多的伤害，处于受害者有罪的指责中。

当人类没有发明避孕工具时，女性的性行为与其生育功能密切相关，这导致女性身体的他律性，并成为两性性规范双重标准的基础。性规范双重标准是指社会对两性的性活动和性规范采用了不同的标准：性欲望的表达是男人的特权，并受到鼓励；女性的性活动受到严格限制，贞操是女性的美德。容忍男性去寻找和享受性快感，但却控制女性，使之保持性诱惑和作为性享乐的对象。女性的性需求不仅是次要的，且男性的暴力行为因为源自女性的性诱惑而得到宽恕。如罗素所言："最初，人们只是蒙蔽女性，因为人们希望她们的无知能有助于男性的支配地位。然而，妇女竟然逐渐安于这种观念，认为无知对于道德是必不可少的。"② 不仅如此，在男性意识形态下，女性接受了自身为男性服务的社会角色，成为顺从的女人。

社会中弥散着对女人的性的耻感文化和谴责性犯罪中受害人的文化，这种双重标准的性道德是无形的刀子，它迫使多数受害女性沉默。父权制为两性设置了不同的性道德标准，许多女性被害人在诉诸法律的过程中会受到二次伤害。所谓二次伤害是指，以女性贞节为内核的道德观念和不完善的案件审理程序使性犯罪的受害人在诉诸法律的过程中再次遭受伤害，这种伤害可能比犯罪行为产生的伤害更深刻、全面、长久并使女性受到来自各方的怀疑、指责和鄙视。强奸案的审判和诉讼程序把女性控告置于严格的质疑之下，隐晦地将这种控告性感化，受害人成为男性眼中的客体，被迫重新体验自己的痛苦经历。

女性面对家庭暴力时也常常以沉默应对，形成了沉默的亚文化。女性保

---

① G. W. 丽菲：《情调：文明等级与性情趣味》，周静、程潜译，时代文艺出版社1999年版，第281页。
② 伯特兰·罗素：《婚姻革命》，靳建国译，东方出版社1988年版，第65页。

持沉默大致有六类类型:选择性沉默、认命性沉默、隐瞒性沉默、被动性沉默、幻想性沉默、社会环境压力性沉默。① 女性沉默有内在因素,即为男人着想,害怕家庭破裂;同时也有认命心态,怕家丑外扬。女性沉默亦是社会因素所致,社会文化的默认、社会援助的负面效果、不能有效实施隐私保护的现实都会使女性沉默。女性对家暴沉默会使女性更加痛苦,使家庭暴力更加严重。

四、公私领域分离的社会建构

对公共领域和私人领域有多种定义。依据不同理论,主要有四种类型:一是自由主义的经济模型,它视国家管理为公共领域,将市场经济视为私人领域。二是共和政体的道德模型,公共领域以社区共同体为主,私人领域以公民的个人生活和个人权利为主。三是社会交往的模型,公共领域是集体决策与国家权力的领域,私人领域是象征展现和自我叙述的领域。四是性别社会学视角中的劳动分工模型,公共领域是指有酬劳动领域,家庭事务是私人的家庭领域。基于性别的暴力主要是与性别社会学讨论的私人领域与公共领域的分割有关。

在传统上,私人领域的关系并不受严格的刑法制约,而由民法调解。"性脚本"的概念是指社会文化构建两性关系固有的男女角色,这成为熟人强奸发生的诱导机制。② 而在以家庭为单位的传统中国文化中,"人伦关系"与"家庭秩序"使得熟人犯罪成为难以进入公领域的私话题。

对亲密关系浪漫的、一体化的追求可能产生的另一个结果就是"自我封闭"。高度承诺的亲密关系常常会使个体将大量的时间花在"在一起"上,这就减少了与亲朋在一起的时间,意味着放弃了更多的社会联系,形成社会学意义上的"自我封闭"。而当亲密关系中的暴力或虐待产生时,想要结束这一关系的个体很难在亲朋面前公开自己的受害经历,也难以得到有效建议与社会支持;同时,"自我封闭"的状况也会增强个体对施暴者心理或经济上的依赖。

---

① 周伟文:《沉默的女性:性别透镜中的家庭暴力》,河北人民出版社2001年版,第89—110页。
② 克莱尔·A. 埃奥、朱迪斯·S. 布里奇斯:《心理学:关于女性(第2版)》,施轶等译,上海人民出版社2012年版,第386—387页。

因家庭关系而产生的"私人身份"使反对对妇女的暴力的法律的适用性成为问题,法律规范被推向私人领域的"私了",家庭建构下的两性身份对反对对妇女的暴力行动产生消极影响。以家庭暴力为例,受害妻子常常因"家丑不可外扬"默默忍受丈夫的暴力。即使有人目睹了丈夫打妻子的事件发生,也因"两口子打架是私人之事"而选择漠视。父权制家庭掩盖了施暴的丈夫对妻子暴力的性质;施暴的丈夫没有受到法律制裁和舆论谴责,这默许、纵容和助长了暴力行为的发生。

2015年12月27日,第十二届全国人民代表大会常务委员会第十八次会议通过《中华人民共和国反家庭暴力法》,并宣布于2016年3月1日起施行。这是我国首部反家暴法,对于我国法治的发展和保护人权等都具有重要意义。这是一部以保护妇女权益为中心的法律,将家庭私事变成了公共问题,在反对基于性别的暴力方面迈出了一大步。

小　结

性骚扰、熟人强奸、分手暴力和家庭暴力等犯罪行为是基于性别的暴力,这些暴力活动给女性造成巨大的身心伤害。有些暴力活动具有隐秘性,犯罪分子无法受到法律制裁。至少有四大机制一起作用于暴力的生产和再生产:一是"男性统治"制造的"男性暴力文化";二是性别气质的刻板印象的双向建构;三是性道德的双重标准;四是公私领域分割的边界效应。这四大机制使性别暴力被遮蔽,难以进入公共领域的法律范畴。我国的反家庭暴力立法在反对基于性别的暴力方面迈出了重要的一步。

◆ 关键概念

性骚扰　强奸　约会强奸　分手暴力　二次伤害　白丝带运动
象征暴力　脆弱的受害者假说

◆ 思考题

1. 简述基于性别的暴力的几种类型及其本质特征。
2. 试分析分手暴力产生的内在机制。

◆ 进一步阅读参考文献

刘梦:《中国婚姻暴力》,商务印书馆 2003 年版。

凯特·米利特:《性政治》,宋文伟译,江苏人民出版社 2000 年版。

文华:《联合国驻华系统"基于性别的暴力及研究"研讨会综述》,《妇女研究论丛》2013 年第 3 期。

皮埃尔·布尔迪厄:《男性统治》,刘晖译,海天出版社 2002 年版。

苏珊·布朗米勒:《违背我们的意愿》,祝吉芳译,江苏人民出版社 2006 年版。

理查德·J. 伯恩斯坦:《暴力:思无所限》,李元来译,译林出版社 2019 年版。

第四编

劳动分工、经济发展和性别

本编进入经济生活领域,分析劳动性别分工如何在家庭和社会中塑造两性关系,反思传统公私领域的两分法建构。公共领域和家庭领域之间的互动将劳动性别分工与公共政策、经济结构调整等宏观因素相结合,并通过劳动性别分工有机地在公共领域和家庭领域生产和再生产出性别不平等。本编强调劳动性别分工的意识形态是生产和再生产两性不平等关系的重要机制;新中国社会主义大家庭的理念指导了重要的妇女社会实践。本编共有五章内容。

第十章讨论劳动性别分工和等级化的劳动性别分工的概念,分析等级化的劳动性别分工的社会后果。依性别对劳动进行分配产生了人类的劳动性别分工。当劳动性别分工成为一种意识形态时,就产生了等级化的劳动性别分工,即理所当然地认为男性劳动价值大于女性劳动价值。现代社会中,等级化的劳动性别分工以公私领域分化的意识形态为基础,由此掩盖了两性合作劳动的历史,低估了女性家务劳动的价值和女性从事照料劳动对社会的贡献。产生等级化劳动性别分工的动力机制是制度性的。二元制理论认为,劳动性别分工是父权制和资本主义体制之间长期互动的结果,它们既是具体的性别关系制度,又是意识形态和心理结构。父权制资本主义的理论认为,资本主义本身就是父权制的,资本主义制度导致女性的边缘化。交换理论、情感劳动和全球化下的照料劳动反映出劳动性别分工背后复杂的利益关系。

第十一章展示了中国社会主义革命中劳动性别分工的变迁和妇女运动的特点。妇女在家庭分工体系中一直是重要的经济力量,在现代化进程中,在中国共产党领导下,开创了具有中国特色的妇女运动。一方面,女性积极地参与到公共生产劳动中,成为中国经济发展具有一定蓄水池作用的劳动者;她们在集体中体会到苦与累,也体悟到心灵的集体化和经济独立的自豪感。另一方面,计划经济时期,国家建立起保障女性就业的基本福利制度,促进家务劳动的社会化;在女性成为养家人的同时,家内革命悄然发生,男性妥协式地承担起家务劳动,劳动性别分工的公私领域边界不断被打破。新中国社会主义妇女运动为理解劳动性别分工的多种可能性提供了新视野。

第十二章分析影响两性职业发展的因素。职场存在两性收入差和职业性别隔离,但工作依然为两性提供了全面发展的机会。影响两性职业发展的因素很多,包括职业期望、组织的性别文化与环境、社会支持网络和家庭角色分工等。总体上,女性职业发展面临多重挑战,职业抱负和女性的生育职责明显地影响女性职业发展路径。女性职业发展需要打破重重阻碍,如性别刻板印象,同时要求建立性别友好型的组织环境以及出台支持家庭的公共政策等。我国在人才结构方面存在性别失衡状况,女性高层人才的发展需要性别平等观念、性别友好型的组织环境和社会支持网络等的支持。

第十三章分析发展中的性别问题。发展是个综合概念,包括经济、政治、法制、文化和社会生活的全面进步。这要求重新认识女性对经济增长的贡献,要求在社会统计中加入性别预算、性别统计和对发展项目进行性别评估,在发展中满足促进性别平等的实用性需求和战略性需求。全球化、科技发展和互联网技术深入地影响人们的生活:一方面,发展带来的利益变迁嵌入已有社会结构;另一方面,平等的理念广泛传播,全方位地促进性别平等运动的开展。根据联合国开发计划署的性别发展指数和性别权能指数两项指标来衡量,中国社会的发展成就巨大,但两性在收入水平、受教育程度、就业机会、参政议政机会等方面依然存在差异。这需要公共政策和制度建设具有性别平等意识,需要在发展项目中看到两性的能动性和结构变迁的潜力。

第十四章分析消费社会中的性别问题。消费社会的生活越来越围绕着对商品、服务和休闲的消费进行,无所不在的商品化和享乐主义使性别化消费、身体和性消费成为社会特征之一。个体化、娱乐至死和追逐中产阶级的生活方式等成为性别化消费的发展动力。性别商品化是建构消费欲望的重要内容,商品与性别之间建立的内在关联赋予了商品性别气质。一些用于性别分析的概念得以产生,如对广告的"感官主义"分析,对艺术审美的"男性凝视"分析,对美容美体行业的"美丽性别"分析,对性消费的"被奴役的性"的分析,等等。批判性地反思奢侈消费和性别消费是抵御消费社会异化的重要力量。中国社会的市场化转型促进了性别商品化。

第十章

劳动性别分工

有一首广为传唱的歌曲,歌名是《常回家看看》,其中,人们耳熟能详的歌词是:

> 找点空闲　找点时间
> 领着孩子　常回家看看
> 带上笑容　带上祝愿
> 陪同爱人　常回家看看
> 妈妈准备了一些唠叨
> 爸爸张罗了一桌好饭
> 生活的烦恼跟妈妈说说
> 工作的事情向爸爸谈谈
> ……

歌词呈现出现代中国人对一家人周末生活的美好向往。领着孩子、陪同爱人常回家看看的场景,体现出家庭内外的性别分工是"生活的烦恼跟妈妈说说,工作的事情向爸爸谈谈"。在人们的文化想象中,劳动性别分工是高度固化的"男外女内"。而现实生活更可能是两性在职场上的并肩作战,在家庭生活中的互助互爱。百年来,从"娜拉的出走"开始,妇女解放就在寻找一条走向公共领域的道路,但在家庭领域,传统的劳动性别分工一直难以改变。女性主要承担家务劳动的状况并未因女性参加有酬劳动而改变。本章将分析劳动性别分工的状况及其固化的社会根源,分析照料劳动的社会价值,倡导将照料劳动纳入国内生产总值的计算。

第一节 人类再生产与等级化劳动性别分工

一、劳动分工与人的生产和再生产

恩格斯指出:"根据唯物主义观点,历史中的决定性因素,归根结蒂是直接生活的生产和再生产。但是,生活本身又有两种。一方面是生活资料即食物、衣服、住房以及为此所必需的工具的生产;另一方面是人自身的生产,即种的蕃衍。一定历史时代和一定地区内的人们生活于其下的社会制度,受着两种生产的制约:一方面受劳动的发展阶段的制约,另一方面受家庭的发展阶段的制约。"①

两种生产的理论强调了人类生活离不开物的生产和人类自身的生产,其生产的方式决定于社会制度。人类社会在发展的过程中,逐渐建立起家庭制度,并利用家庭内部的劳动性别分工实现了两种生产。最初的劳动分工发生在两性之间。劳动性别分工的基本形态表现为:女性负责同人的生产与再生产相关的劳动,如生育、抚育和照料老人的劳动;男性负责与生存有关的劳动,如打猎、养殖、农耕等。恩格斯的《家庭、私有制和国家的起源》阐述了私有制的产生,私有制促成了作为经济单位出现的家庭,从而导致了财产权的不平等,出现了阶级压迫的社会。"妇女解放的第一个先决条件就是一切女性重新回到公共的事业中去。"②家庭的制度化为劳动性别分工提供了制度保障;性别社会学力求揭示性别不平等的根源之一在于父权制家庭制度。

---

① 《马克思恩格斯选集》第4卷,人民出版社1995年版,第2页。
② 同上书,第72页。

性别社会学关注人的再生产,人的再生产是指劳动力在生物学意义上的再生产,包括衣食住行、教育、健康护理,还包括对孩子、体弱者、病人和老年人的照顾与福利提供。这些再生产活动可能发生在私人领域,但需要社会和国家的支持。在资本主义体系中,人的再生产需求仅在维持弹性的、生产性的、可雇佣的劳动力时才能显现出来。照料工作几乎得不到公共领域的认同和财政支持,现阶段资本主义的生产危机日益表现为追求利润最大化和劳动力再生产之间的矛盾。

二、劳动性别分工及其等级化

劳动性别分工是依一整套劳动性别分工的意识形态而定义的,它并不是简单地指社会按照性别来分配工作,而是指社会将两性分配到各异的生活经验、机会和工作场所等社会位置上。它以社会制度为机制,表现为两性劳动被赋予不同的价值,它永远将男性放置在具有更多机会和更具优势的岗位上。等级化劳动性别分工不仅是指将两性分配到不同的劳动领域和工作岗位上,还意味着这些工作岗位有高低之差。其结果是等级化的劳动性别分工的普遍化,女性从事的劳动的价值永远会低于男性从事的劳动的价值,或男性劳动永远比女性劳动更有价值;其意识形态的特征在于,它使人们相信男性劳动是社会生产和发展的主要推动力,女性劳动只是辅助性的、不重要的。

现代社会中,人的生产与再生产活动被分配到了公共领域和私人领域两个部门,劳动的性别分工嵌入分化的公私领域。人类的生产活动是指创造收入的活动,大部分与市场相连,成为公共领域的事,主要由男性参与;男性劳动的社会性决定了他们活跃在政治、军事、经济领域中。男性承担家务劳动,常常被看成是"奉献",甚至会遭遇嘲笑。女性的再生产活动包括无报酬的照料和促进人的发展的活动,如照料老人、孩子、病人和残疾人等;这些劳动是人类必需的,但多数是在家庭内完成的。即使照料劳动市场化,其劳动价值依然被低估、被视为次要的和辅助性的。工业革命后,随着女性受教育程度的提高和技术的进步,女性已越来越多地进入生产领域,传统劳动性别分工的基本格局在一点点改变,但等级化的劳动性别分工却一直在延续。就世界情形而言,大部分家务劳动和照料工作都是由女性承担的。即使越来越多的男性参与到照料工作中,但等级化的劳动性别分工格局依旧。

三、等级化劳动性别分工的社会后果

等级化劳动性别分工的社会后果是既掩盖或降低了女性劳动的价值,又使父权制经由生产领域与家庭领域的二元分割不断延续。

(一)掩盖了两性合作劳动的历史

妇女史研究一直努力重新书写女性劳动的历史,以期还人类劳动性别分工的历史一个更真实的面貌,这种历史是两性劳动分工与合作的历史,两性相互依赖和不可分割的合作劳动使人类得以延续和发展。

研究表明,农业社会、前工业社会和早期工业社会里,女性是家庭经济和公共领域经济活动的主要参与者,女性一直在工作。有学者对工业革命之前的女性工作做了如下的描述:

> 所有的家庭成员都要按性别和年龄分担不同的养家工作。无论是在城市还是在农村,年轻的姑娘不是在自己家中,就是在别人家中做女佣、农场女仆或是学徒。农场里结了婚的女人则要照料牲畜、掌管菜园、播种收割、出售农产品甚至还要套牲口驾车;城市里,那些工匠的妻子们从产品的起始到完工都要为丈夫打下手,而且还要平息家庭纠纷和管理财务。那个时候似乎只有丈夫的工作才能挣钱,而女性在家庭经济中的作用则被忽视了。……从19世纪开始……工作就意味着以工人或用人的身份去赚得一份薪水。1851年,英国40%的女性工作是用人。①

1919年,英国历史学家克拉克开始探讨女性在家庭经济中的作用。她指出,工业革命早期,妻子和丈夫共同工作,形成了一种合作式的家庭经济,夫妻之间是相互补偿式的关系。妻子控制生产和销售,例如妻子管理整个农场,负

---

① 吉尔·里波韦兹基:《第三类女性:女性地位的不变性与可变性》,田常晖、张峰译,湖南文艺出版社2000年版,第182页。

责挤奶和出售奶酪;同时,还要做家务、抚养子女。①

妇女劳动史学者蒂利和斯科特的研究展示了前工业社会女性对工作和家庭的贡献。她们利用新近获得的家庭和人口资料,说明在前工业社会家庭劳动分工主要依据性别和年龄,女性参与家庭经济的程度取决于她们的年龄和生命周期中的经验,已婚女性和未婚女性在参与家庭经济方面有很大差别,已婚女性是家庭经济和其社会活动的主要参加者。② 家庭经济史研究指出,女性一直是家庭经济的重要贡献者,亦是家庭利益分配中的顺从者。对1700—1950年英格兰和法国的家庭经济转型的研究发现,每个阶段,孩子、未婚女儿、已婚女性和寡妇的社会角色和经济角色都是不同的,随家庭利益(family interest)演变,且个人利益服从于家庭利益。第一是家庭经济(family economy)阶段,以农业经济为主,所有劳作都在家庭内完成。家庭生活和劳作发生在同一个地方,家庭成员间是"经济伙伴关系",两性结合时要给新家带去基本的生活物资,如男方的土地和女方的嫁妆。父母因掌握家庭资产对孩子拥有了绝对权力。婚姻是女性的生存方式,她们掌管家庭经济;孩子在4—5岁后就开始干活;男孩更多地协助父亲工作;女孩更多协助母亲工作。全体家庭成员都在为家庭生存和经济利益做贡献。第二是家庭工资经济(family wage economy)阶段。该阶段始于工业化,家庭开始依靠工资生活,工作从家庭中分离出去。女性从事的工作类型很大程度上延续了传统的家庭劳作,工资收入主要用于食品开支。从18世纪中期至19世纪,女性经历了工作的内在循环,未婚女性多在纺织厂工作;婚后则留在家中照料孩子;当丈夫去世或失业或者孩子成人后,妻子们可能重返劳动力市场以增加家庭收入。第三是家庭消费经济(family consumer economy)阶段。20世纪后,特别是二战后,人们的生活水平大幅提高,家庭有了积蓄,富余的钱花在孩子和家庭装修上,女性有了更多的时间逛街购物,人们开始追求高质量的家庭生活。家庭利益作为重要变量,家庭成员应对家庭计划、家庭经济和人口压力时,就像有行动一致性和凝聚力的

---

① 参见 Alice Clark, *The Working Life of Women in the Seventeenth Century*, Routledge, 2013。
② 参见 Louise A. Tilly and Joan W. Scott, *Women, Work, and Family*, Routledge, 1987。

组织,共同分担责任、延续人的再生产、形构家庭成员的个体行为。①

有学者指出,从有酬劳动出现以来,女性的劳动逐渐被视为次要的,报酬远低于男性。博斯通过对人口统计资料进行追踪研究,说明在资本主义早期女性劳动的价值。她指出,1940年以前美国的各种统计都不把以家庭为基础的各种工作列入统计,它掩盖了女性对于早期资本主义发展的贡献。博斯对那些早期参与劳动的女性进行调查发现,1892年在全美的城市工作中,已婚妇女中有27%的人是以寄宿制的方式工作的,但她们的收入只是其伙伴收入的43%。②

对德国的研究发现,17世纪"经济几乎等同于家庭生计(household)",虽然家庭的经济大权在男性家长的权威管控下,但夫妇之间相互依赖,共同掌管家庭经济。18世纪这种情形发生了改变,随着经济活动转向市场,国家更多地参与经济管理;农业产品贬值,经济活动走出家庭,变得越来越男性化,女性做的家务劳动越来越被视为"没有生产力"的活动。核心家庭的概念取代了家庭生计的概念。③

历史变迁表明,进入工业社会,公共领域与私人领域逐渐分离,女性的家务劳动变得不可见。对前工业社会的大多数人来说,生产活动和家务活动是连在一起的。生产活动是在家里或附近进行的,家庭所有成员都参加各种形式的农活或手工业。即使女性被排除在政治和战争领域之外,她们对于家庭经济活动的重要作用还是众所周知的。现代工业生产使用的各类机器导致了工作场所与家庭的分离,工厂制度要求雇用专门的人进行生产,此时,雇主开始与个人而不是家庭签订劳动合同。家庭与工作场所的分离越来越明显。借助家庭与工作场所的分离,父权制意识形态开始以公共领域与私人领域的分离来确立现代的等级化劳动性别分工。这种意识形态划出了男人和女人的活

---

① 参见 Louise A. Tilly and Joan W. Scott, *Women, Work, and Family*, Routledge, 1987.
② Christine Bose, "Dual Spheres," in Beth Hess and Myra Marx Ferree, eds., *Analyzing Gender: A Handbook of Social Science Research*, Sage, 1987, p.268.
③ Marion W. Gray, *Productive Men, Reproductive Women: The Agrarian Household and the Emergence of Separate Spheres during the German Enlightenment*, Berghahn Books, 2000.

动空间,分别为工作场所和家庭。因此,男人们将更多的时间花在工作上,有更多的机会参与政治与市场活动;女性则承担照料孩子、做饭等各类与人的再生产相关的工作。对富裕家庭来说,他们可以雇用女用人来帮忙家务;而大多数女性为了维持一定的生活水平必须承担劳务和工作双重劳动。

(二) 被严重低估的女性无酬劳动

女性从事的大量无酬劳动成为人们视而不见的存在。在家内进行的人的再生产劳动常常被视为女人做的家务活。家庭劳务社会学研究指出,家务劳动是和其他工作一样的劳作,只是这些劳动是在家内进行,主要由女性完成的、无酬的、枯燥的、重复性的工作,这些劳动包括清洁、购物、做饭、洗碗、洗衣、熨烫六大类。同时,这些工作常常被隐藏和遮蔽起来,女性为人妻、为人母的性别角色规定这些工作应当是由她们做的。因此,家庭内外的分工成为女性走向性别平等最大的障碍之一。[①]

家务劳动的内容随着社会经济和科技发展在变化。一方面,农业社会艰辛的家务劳动,如用水、用柴等日常杂务随着公共服务水平的提升而有所改变。另一方面,随着人们生活水平的提高、生活质量的变化,人们要付出更多的劳动,如有了洗衣机,又出现了对衣服熨烫的要求;有了幼儿园,又要求对孩子智力的开发和营养保健工作。其结果就是现代设备使家务劳动的强度下降了,但女性用于家务劳动的平均时间并没有明显减少。

家庭内劳动性别分工在不断改变。有学者提出"延迟的适应"的概念,这是指男性家务劳动的重新协调要比女性进入公共领域慢得多。有研究看到,受过较高教育的夫妇间性别分工更加平等,年轻一代的家庭分工比老一代更加平等,成长在父母共同承担家务劳动的家庭中的年轻人,更可能采用平等分工的方式。[②] 乐观地估计,随着时间推移,家庭内的性别分工模式会向着平等改变。

[①] 参见安·奥克利:《看不见的女人:家庭事务社会学》,汪丽译,南京大学出版社 2020 年版,第 1—86 页。

[②] 安东尼·吉登斯:《社会学(第四版)》,赵旭东等译,北京大学出版社 2003 年版,第 506 页。

评估家务劳动的价值是一项重要工作。目前有两种测算家务劳动价值的方法。第一种是机会成本法。它是用单位时间内外出工作时,人们在劳动力市场上得到的工资回报来估计同一时间内家务劳动的价值,即 8 小时家务劳动时间的价值等同于同样时间内社会平均劳动的价值。第二种是家庭食品法。不做饭而是以替代方式,如吃食堂、饭馆或方便食品的方法,来解决家庭的一日三餐,以消费价格计算家务劳动的价值。如用市场上速冻饺子的价格衡量在家包一顿饺子的价格,由此计算家务劳动的价值。

如果在国内生产总值中加入女性家务劳动的价值,事情可能会更加值得关注。国内生产总值代表着一国(或地区)所有常住机构单位在一定时期内生产的全部最终产品的价值总量。目前,还没有国家在计算国内生产总值时把家务劳动计入。因为经济学家认为,家务劳动没有通过市场交易,不能算作商品生产活动。更深刻的原因是家庭制度作为基本的社会制度安排,把家务劳动混淆为私人事务,使女性成为"间接的国民",无偿占有她们的劳动。

有研究认为,国民收入的增加主要来自服务业的发展,而服务业的增长只是把原来无偿的家务劳动市场化而已,这些增长正是已往女性家务劳动的贡献。

研究推测,与男性相比,英国女性因为在家育儿的持续责任而损失了其一生可能收入的一半左右。[1] 时至今日,也难以统计出女性家务劳动到底创造了多大的价值。据估计,家务劳动占工业化国家所创造财富的 25%—40%。[2] 根据联合国 1980 年的一份报告表明,女性占世界人口的一半,完成了总劳动工时的近 2/3,得到的收入却是世界总收入的 1/10,拥有的财产不到世界财产的 1/100。[3]

乐施会全球不平等报告指出,全球越来越多的财富正流向顶端 1% 富人的口袋,底端 50% 人口所拥有的财富总值持续缩小,其中贫困女性和女童面临的境况更为恶劣。在缺乏公共服务支持的状况下,女性需要承担大量无偿家务

---

[1] 约翰·麦克因斯:《男性的终结》,黄菡、周丽华译,江苏人民出版社 2002 年版,第 70 页。
[2] 安东尼·吉登斯:《社会学(第四版)》,赵旭东等译,北京大学出版社 2003 年版,第 504 页。
[3] 参见 Valerie Bryson, *Feminist Political Theory: An Introduction*, Macmillan, 1992.

劳动,在健康状况、受教育机会、经济机会等方面均处于弱势。假设全球女性所承担的无酬劳动由一家公司来完成,那么年营业额将高达10万亿美元,是全球最富有的苹果公司年营业额的43倍。① 可见,女性的经济贡献被严重遮蔽。

(三)女性在公共领域的边缘化

首先,女性日益成为农业生产的主力军,她们的劳动价值常常被掩盖在家庭经济中。随着城市化的深入,大量男性进入工厂,世界主要农业国家都出现了农业劳动女性化的特征。在两个人口较多的地区,撒哈拉以南非洲和南亚地区,绝大部分女性从事农业劳动。与男性相比,她们得不到平等参加培训、获取信息和相关技术的机会;在父权制法律下,她们通常不能拥有土地权。这导致了农村女性的脆弱性,当遇到经济危机或婚变时她们成为贫困人口的可能性很大。

其次,在工业化进程中,女性进入了公共领域,但其工作角色常是家庭角色的延伸,如担任秘书、服务员等工作;这些工作的人设是次要的又多具有付出情感的期待,其工资待遇远低于"男性化"的工作。在资本主义和帝国主义的殖民过程中,殖民者把男权中心的劳动分工格局带到发展中国家,将优质工作和控制地位更多地赋予了男性,使男性在公共领域更多地承担家长的职责。

最后,女性成为劳动力蓄水池。"全球流水线"下,发达国家中只享受最低工资的那部分劳动力失去了饭碗,形成"替代性失业"。同时,发展中国家出现类似情况,微利部门开始寻找更为廉价的劳动力,有接近70%的妇女和2/5的男人替代了原来那些由白人男性承担的工作,微利部门通过压低劳动力成本加入国际竞争,这使女性成为最廉价的、最易被剥夺的劳动力,并有更多的"自我雇佣"或更多兼职。这形成了女性生活的恶性循环:女性生存的支柱是获得收入,为了获得收入她们必须压低自己的劳动报酬,女性被困在这种紧缩的收入和经济增长的责任之间,这也迫使女性更加依赖男性。

---

① 《乐施会:全球女性无偿家务经济价值达10万亿》,2019年1月23日,https://china.caixin.com/2019-01-23/101373124.html,2022年1月19日访问。

四、人口再生产危机与照料工作

人口再生产危机是指,在全球化、劳动分工、人口迁移以及家庭变迁等大背景下,物质产品的生产和人口的再生产需求之间出现新型矛盾。新自由主义理念的盛行使得抚育与养老等照料责任从国家支付和公共服务转到家庭负担和私营部门服务,导致负有照料责任的社会群体(如女性家庭成员、较年轻的老年人以及家政工、护理工等)扩大。照料工作横跨家庭领域和公共领域,以解决人口再生产问题。目前,各个国家对照料劳动的需求快速增长。美国的一项调查表明,2001年,约一半的美国人死在医院,四分之一的人死在善终中心。2001—2008年,美国营利型善终服务业(hospice industry)增长了128%;非营利型护理业只增长了1%;政府投资的(government-sponsored)善终服务业增长了25%。20世纪60年代美国人葬礼的花销约为708美元,到2010年已涨到5233美元。照料劳动从家庭移向医院、托儿所、幼儿园等。[1] 与此同时,发达国家接受了大量的移民妇女进入家庭,从事护理和家务劳动。[2] 新自由主义的全球泛滥加剧了家务劳动的商品化。一方面,职业女性面临回家上"第二班"的困境[3];另一方面,发达国家的职业女性雇用发展中国家的女性做家务,形成了"再生产劳动的国际分工"[4]。我国台湾地区的研究表明,存在大量新兴中产阶层家庭对外籍帮工和护工的雇用,并与社会正经历的阶级、性别、族群交叉的社会问题相融合;女雇主们期待雇用廉价的外籍劳动力做家务以尽孝道,缓解工作与家庭、传统与现代的压力,形成了日常生活的"屋檐下的全球

---

[1] 参见 Arlie Russell Hochschild, *The Outsourced Self: Intimate Life in Market Times*, Metropolitan Books, 2012。

[2] 参见 Arlie Russell Hochschild, *The Commercialization of Intimate Life: Notes from Home and Work*, University of California Press, 2003。

[3] 参见 Arlie Russell Hochschild with Anne Machung, *The Second Shift: Working Families and the Revolution at Home*, Penguin Books, 2012。

[4] 参见 Rhacel Salazar Parreñas, *Servants of Globalization: Women, Migration and Domestic Work*, 2nd ed., Stanford University Press, 2015。

第十章 劳动性别分工

化"。① 国家间的经济不平等既是物质生活条件的差距,亦是儿童照料和老年人照料质量上的差距。

照料工作又称为照顾工作或关怀工作(care work),是个十分难定义的概念。照料工作是情感劳动和时间密集型的劳动。由于照料工作的利润低于生产产品,在传统上它被分配给女性。由于性别、阶级、城乡、种族和年龄等交互作用,这一工作成为严重透支、低报酬,甚至是无报酬的工作。从世界范围看,照料工作依然是劳动力再生产过程中最廉价的工作。它常常是由家人和家政工等完成的。

照料工作可分为抚育性和互动性的劳动。抚育性的照料劳动是以人口再生产的理论视角加以定义的,强调劳动对维持日常生活和人口再生产,特别是在婴幼儿抚育中的作用。互动性的照料劳动强调照料工作中蕴含的情感性和关系性面向,如照料病人、失能人群和老人的工作。传统上照料劳动主要在家庭内完成,而随着商品化的发展,照料劳动者具有模糊性的职业身份以及公共领域和私人领域交叠在一起的性质。市场化的照料劳动常常被视为家内照料劳动的一种衍生,报酬相对较低。性别社会学认为,照料劳动中实践着相互依赖和相互关心的工作伦理,而并非新自由主义经济学强调的理性、竞争和个体主义的原则;照料劳动包含了大量的情感回应和关系性的付出,其内在精神是共享共担的责任观。照料者承载着给予被照料者关注与关怀的期待,被期待付出爱,照料本身蕴含建立情感关系。无论是抚育性的还是互动性的照料劳动都需要付出关心,它是一种需要付出情感和爱的劳动。大量服务业工作是"情感劳动"。情感劳动(emotional labor)有双重内涵:一是需要人们设法调动自己的情绪,创造一种大家能够察觉并被接受的面部表情和身体语言的劳动,付出的情感是其报酬的一部分;二是劳动者要处理自己的情绪以满足服务对象的需求,处理自己的情绪成为劳动过程的一部分。服务对象有权要求服务者付出体力和情感,情感的付出成为工作的一部分。本应发自内心的情感或

---

① 参见蓝佩嘉:《跨国灰姑娘:当东南亚帮佣遇上台湾新富家庭》,吉林出版集团有限责任公司2011年版。

情绪成为工作内容的一部分。① 照料工作不仅是情感劳动,还是一种需要"爱的劳动"。② 以女性占 90% 以上的幼儿园老师为例,他们的形象通常不是拥有权威和知识的教育者,而是充满爱心和耐心、传递积极情绪的照护者。

全球不平等的现实形成了"照料劳动的全球生产链",是指与人口再生产相关的劳动出现了国际分工和国际转移。③ 发达国家的女性将照料工作转包给发展中国家的女性,而发展中国家的跨国女性则将照料工作转包给留在国内的家人或更为贫穷的女性,其推力是经济全球化中的不平等,跨国家政工们为了较高的工资身处发达国家,心系自己的小家。"全球照料链"(global care chain)是对照料这个公共问题的私人化、市场化、全球化的应对方式。交叉性/交汇性理论认为,人口再生产劳动存在性别、种族、国族和城乡之间的分工,表现出不平等的多元复杂性。

第二节 等级化劳动性别分工的动力机制

面对等级化的劳动性别分工,要回应的问题是:为什么两性劳动分工会产生价值的分化?为什么女性在分工的过程中总是被有意识地、历史性地划归为"辅助性的"?是否有利益群体在这种劳动性别分工中获益?下文用性别社会学的多种理论来回应这些问题。

一、二元制理论

20 世纪 70 年代末,美国经济学家海迪·哈特曼提出"二元制理论"。二元制理论论述父权制与资本主义制度之间的内在联系。她认为,资本主义制

---

① 参见 Arlie Russell Hochschild, *The Managed Heart*: *Commercialization of Human Feeling*, University of California Press, 2012.

② N. Folbre and J. A. Nelson, "For Love or Money—Or Both?" *The Journal of Economic Perspectives*, 2000, 14(4): 124.

③ R. S. Parreñas, "Migrant Filipina Domestic Workers and the International Division of Reproductive Labor," *Gender & Society*, 2000, 14(4): 560-580; Rhacel Salazar Parreñas, *Servants of Globalization*: *Women, Migration and Domestic Work*, 2nd ed., Stanford University Press, 2015.

第十章 劳动性别分工

度利用了父权制,父权制借助资本主义存在,使劳动性别分工得以产生不平等的两性关系。

父权制作为一种独立的、先于资本主义存在的支配体系,一直影响着家庭内以及工薪劳动中的性别分工。这表明家庭是如何作为控制之地,男性是如何从女性的有酬劳动和无酬劳作中获得好处的。现代资本主义的性别分工是父权制和资本主义体制之间长期互动的结果,它们既是具体的关系制度又是意识形态和心理结构。女性迈向平等之路既要反对父权制又要反对资本主义制度。依照性别的劳动分工是人类历史上的普遍现象,但资本主义社会的劳动性别分工具有等级制的特点。在等级制中,男性在社会上层,女性在社会底层。父权制和资本主义共同控制女性的劳动,阻止女性接近生产资料。[1]

按性别分工是资本主义社会的基本机制,它维护男性对女性的优势,资本主义利用父权制从四个方面使女性处于从属地位。第一,资本主义的劳动力市场。按照经济学的解释,资本主义制度建立起自由劳动力市场的新制度,在市场上所有的人都是平等的,女性同男性具有同等的市场地位。但事实并非如此,父权制使女性在劳动力市场中处于劣势地位,劳动过程存在明显的性别分化。第二,劳动报酬制度。女性在劳动力市场的劣势地位直接表现为低工资,低工资使妇女依赖男人。因为低薪迫使女性结婚,女性通过婚姻得到自己无力承担的物品和生活方式。第三,商品交换。为了生存,妻子要为丈夫料理家务。女性在劳动力市场的劣势地位加剧了她们在家庭中的从属地位,男性从工资和家庭分工中得到好处。第四,资本主义和父权制的结合不断产生女性的从属地位。女性的家务劳动在资本主义制度中被合法化,使女性只能从事半日工作或不工作,这加剧了女性在劳动力市场中的不利地位,由此等级制家庭分工被劳动力市场永久化。这一过程是资本主义和父权制两种制度长期互相影响的结果,它使女性的从属地位不断被再生产出来。值得关注的是,女

---

[1] 海迪·哈特曼:《资本主义、家长制与性别分工》,载李银河主编:《妇女:最漫长的革命——当代西方女权主义理论精选》,生活·读书·新知三联书店1997年版,第46—75页。

性劳动力作为商品进入劳动力市场时具有"双重身份",她们因"顺从性"和"廉价性"成为受市场欢迎的劳动力,加之自由竞争的市场导致男性工资降低,男性作为"家长"的养家能力被挑战,迫使已婚妇女进入劳动力市场,呈现出全球范围内女性劳动力的增长。

美国学者弗里丹在《女性的奥秘》一书中指出,家庭事务与公共事务的分离和妇女被局限于家庭的现象是妇女经济边缘化和社会依附化的根源。针对功能主义理论将男性以工具性角色和女性以情感性角色的家庭劳动分工看作正常的现象,弗里丹揭示了看似安适、充满爱的家对女性来说就是充满了焦虑的,甚至是"令人窒息的"地方。① 事实上,两性皆承担着工具性角色和情感性角色,这两种角色常常不可分割地出现在一个人身上,但公共领域和私人领域的分隔将性别不平等合法化了。

资源交换理论是将社会交换理论应用于对家庭劳动性别分工的分析。这一理论从霍曼斯(G. C. Homans)的交换理论出发,强调人是理性行动者,个体间的交往以利益最大化为原则。因此,夫妻关系是一种交换关系,夫妻各自占有一定的资源以满足对方的需求。丈夫因为掌握着更多的经济资源,妻子不得不承担较多家务以补偿丈夫提供的经济利益,并认为这样的分工公平合理。② 该理论认为,在一个既定的性别不平等的社会制度下,男性能够从家庭之外获得更多的资源,而女性只能够从家庭内部或通过婚姻、家庭获得资源。那么妻子的交换方式只能是通过对丈夫的顺从和尊重获得经济支持和外部资源,其结果就是丈夫获得了可观的、自我强化的、优于妻子的权力,而妻子对丈夫的义务是扩散型的、无限有效的。

二、父权制资本主义的理论

父权制资本主义的理论尖锐地指出,资本主义本身就是父权制。这一理论认为,资本主义制度是女性边缘化的重要原因,资本主义压迫女性是它的一

---

① 贝蒂·弗里丹:《女性的奥秘》,程锡麟等译,四川人民出版社 1988 年版,第 25 页。
② M. C. Lennon and S. Rosenfield, "Relative Fairness and the Division of Housework: The Importance of Option," *American Journal of Sociology*, 1994, 100(2): 506−531.

第十章 劳动性别分工

个基本属性。应当把劳动的性别分工范畴提高到与阶级范畴同样重要的地位。劳动的性别分工作为分析范畴比阶级范畴更具体、更宽泛,是分析劳动活动以及从这些活动中产生的社会关系必不可少的工具。扬认为,资本主义制度本身是依赖性别原则确立起来的,把女性推向边缘并使其起次要劳动力作用是资本主义的本质和基本特征。在整个资本主义的历史发展过程中,女性起了马克思描述的劳动力后备军的作用。资本主义并不是利用了父权制产生等级关系,它从一开始就是建立在规定男性主要、女性次要的性别等级关系之上的。[①]

资本主义支持了父权制或男性霸权的意识形态,强化了对妇女的压迫。这种压迫表现为两种形式:一方面,父权制意识形态强调男女在生育功能上的差异,以此迫使妇女从事无报酬的家务劳动。另一方面,妇女对家庭的责任又进一步导致了劳动力市场中的性别不平等。[②] 丈夫既从妻子的家务劳动中受益,处于从属地位的妻子为丈夫提供免费的家庭服务并顺从丈夫;男性从劳动力市场受益,因为没有女性加入劳动力市场的竞争。妻子对丈夫的经济依赖强化了男性对工作的依赖,弱化了男性对资本主义体系的反抗意识。

资本主义建构出将女人封闭在日常性劳动中的办法,使她们无法进入更高的层次,由此形成了一个限制妇女流动的"缓冲区",这种缓冲区的作用还在于它防止了男人继续向下流动。资本主义经济制度本质上规定了劳动力在市场是非均等的,并不是所有潜在的劳动者都可能被雇用,它要求被雇用的人数在比率上有所变化。依照性别划分主次劳动成为"最自然"的标准。当然,资本主义同样利用了种族标准。女性和少数族裔劳动力的低工资为资本家提供了额外的剩余价值。

[①] 艾里斯·扬:《超越不幸的婚姻——对二元制理论的批判》,载李银河主编:《妇女:最漫长的革命——当代西方女权主义理论精选》,生活·读书·新知三联书店1997年版,第76—105页。

[②] 参见 Z. R. Eisenstein, ed., *Capitalist Patriarchy and the Case for Socialist Feminism*, Monthly Review Press, 1979。

三、"社会性成人"的统治技术

现代社会,女性外出工作导致家庭受到"破坏"。有研究指出,阶级社会在家庭和公众领域间造成了鲜明的对立,家庭中的权力不会演变成社会的权力或地位,并用"社会性成人"(social adults)的概念强调阶级社会中女性的从属地位在很大程度上不是家庭财产关系造成的,而是女性不是社会性成人造成的。公共性劳动是社会性成人的物质基础,社会将女性排斥在社会劳动以外,或者千方百计贬低女性社会劳动的价值,从而达到否定她们是社会性成人的目的。

萨克斯指出,第一,阶级社会的性质是剥削,就是多数人为少数人的利益工作。剥削阶级喜欢把剥削强度高的社会生产作为男性的工作,把女性的工作家庭化。因此就产生了否认女性的社会性成人的物质基础,统治阶级把女性限定为男性的被监护人。统治阶级乐于选择男性为其生产,因为男性的工作流动性强,他们不哺养子女。这样的性别划分成为统治阶级分而治之的性别统治政策的组织基础。第二,国家法律系统和统治阶级的目的是把男女在生产中的分工转变成不同价值,男性通过劳动成为社会性成人,女性则成为家庭里的受赡养者。统治阶级为了实现劳动价值的性别分化,补偿男性在劳动中失去的经济自主性,给予了男性以社会性成人的地位和对女性的占有权。因此,国家限制女性拥有财产及其在公众领域发挥作用,把家庭作为社会的附属物。第三,国家把贫困的无产阶级女性纳入社会生产,用制度化的同工不同酬维持男女不平等。这些女性虽然与同阶级的男性一样都是社会性成人,可是经济政策决定了他们在事实上是不平等的。家庭中的权力被社会性成人的身份所限定。同时,这种状况阻碍了工人阶级意识的发展,加强了资本家的统治。[①] 这成为一种治理模式。

结构主义的性别研究认为,资本主义社会中,生产、生育、性和子女社会化

[①] 凯琳·萨克斯:《重新解读恩格斯——妇女、生产组织和私有制》,载王政、杜芳琴主编:《社会性别研究选译》,生活·新知·三联二联书店 1998 年版,第 1—20 页。

四个因素是女性从属地位的来源。家庭是妇女从属地位的核心领域,"妇女被排除出生产,……她们被局限在家庭这个统一体中,这个由各项功能凝聚而成的单一整体里,并且这统一体恰恰是在每种功能的自然部分统一起来的,这就是当代的社会界定视妇女为自然存在的根本原因。"①家庭内性别分工将女性固定在经济依赖地位。

四、全球化与性别化的生产政体

资本主义从垄断资本主义走向全球资本主义的过程加剧了性别不平等的经济特征。资本全球流动和企业异地重建将发达国家和发展中国家的女性纳入其中,政治经济学的理论认为:一是大量制造业转移到发展中国家时,很多女性进入加工企业的流水线,加大了资本流入国的人口流动,女性成为最底端的劳动力;二是流动与迁移加剧了"全球照料链"的每个环节,最终以乡村留守儿童为代价。

生产政体的概念源于美国社会学家布洛维,他认为"生产政体"包括四个维度。一是劳动过程,即工人在工作现场的直接生产活动及其在此种生产活动中建立的各种社会关系和政治关系。二是劳动力再生产模式,即工人维持自身劳动能力再生产和其家庭生存的方式。这两项是"微观"因素。三是市场竞争。四是国家干预。这两项构成了生产政体的外部"宏观"因素。② 在这四个维度下,劳动力再生产模式常常被忽视,而性别化的生产政体(gendered regimes of production)充分说明了生产政体中,家庭人口再生产的方式是重要的一环。性别化的生产政体强调生产劳动和照料劳动是人为分离的结果,它将照料工作分配给女性,微观的照料劳动的女性化构成了宏观国家经济增长的基础。依靠性别劳动分工的意识形态,国家干预和市场化固化了性别化的

---

① 参见马尔科姆·沃特斯:《现代社会学理论》,杨善华等译,华夏出版社 2000 年版,第 289—290 页;朱丽叶·米切尔:《妇女:最漫长的革命》,载李银河主编:《妇女:最漫长的革命——当代西方女权主义理论精选》,生活·读书·新知三联书店 1997 年版,第 8—45 页。

② 参见 Michael Burawoy, *The Politics of Production: Factory Regimes Under Capitalism and Socialism*, Verso, 1985.

生产政体。

劳动分工与谋取利润的过程是联系在一起的,生产系统增进了男人的团结,使留在家中的女性愈加个体化。劳动、权力和关系纽带相互作用建构出性别歧视。在家庭中,丈夫的权力与其职业收入和职业生涯相联系,与妻子在家庭分工中主要作为孩子抚养者的角色期待相联系;国家以法律的形式授权男人在关系纽带中拥有支配地位;在公共场合,妇女在身体和情感上受到的滋扰公开展示了妇女的家庭属性。[1] 正是这样的性别关系和家内外的交织作用,使性别化的生产政体成为可能。

性别化的生产政体至少包括三方面的内容。第一,公共领域与私人领域的分离,时间、体力和情感的投入是照料劳动的重要内容。在现代社会的工作体系中,出现了与公私领域相关的照料责任分配,出现了有酬劳动和无酬劳动的区分。照料责任的实现方式存在于不同的经济部门。相同的工作,如照料老人,在公共养老院中的工作属于有酬劳动,在家庭中的照料老人则属无酬劳动。借助公私领域的划分区分劳动回报的差异是照料工作之政治经济学的关键点,而这点与社会的性别、年龄、城乡等分工体系相联系,家庭照料工作中的无酬劳动合法地归于女性等。第二,建立起了有关工作的男性气质。从文化角度肯定了关怀工作的女性气质,这掩盖了女性的经济贡献。目前,政府普遍认识到照料工作成为社会良性社会关系发展的内在需求,涉及自我与他人,即提供照料的人要对接受照料的人提供关爱。如对儿童、不能自理的老人和病人的照料,不仅是提供劳动,还需要具有来自内心激励的关怀精神。生产体制将生产劳动赋予了更高的价值,并将其与男性气质相联系,生产劳动主要由男性承担。将与人类关怀相关的照料工作视为次要劳动,具有女性奉献的气质,主要由女性承担。这种照料需求和照料责任的分配有重要的文化传统和历史性。第三,公私领域的划分注定了女性在劳动力市场中的恶性循环。她们多数要选择能够兼顾照料责任和有酬劳动的"非正规工作"。一方面,在生产流

---

[1] R. W. Connell, *Gender and Power: Society, the Person, and Sexual Politics*, Stanford University Press, 1987, pp. 134-135.

水线上，女性成为最受欢迎的顺从的劳动力，中国的经济奇迹有性别化的生产政体的贡献；另一方面，女性内部的年龄分化加剧了性别化的生产政体的分层，服务业中"大姐"和"小妹"的分化是基于性别内的差异。① 社会对女性的角色期望使其处于与再生产劳动紧密联系的工作中，如护理和家政工等。以中国家政工为代表的照料劳动的商品化体现了市场化的父权制特征，城乡差异和再生产劳动把低收入、乡村女性带进城镇的照料劳动中，女性的照料劳动是"被掩盖的一面"。②

建立关怀经济学的思想是重新建构与人口再生产相关联的生产政体的关键。艾斯勒系统地阐述了照料/关怀经济学，强调经济学的基础应是重视人类的关怀需求和关怀文化，建立伙伴关系的经济理念，即两性共同生产和共同抚育，以实现人类关怀自我、他人和自然的历史转型。③ 艾斯勒的理论为人类良性社会关系的发展提供了方向，但这一理念的实现需要对照料劳动的历史和现实有充分的认识，要有足够的知识以理解照料劳动的政治经济学意义。承认和改变照料劳动的性别不平等分配是实现关怀经济学的关键。倡导关怀经济学有利于性别公正的社会发展。与传统的"女性关怀伦理学"不同，伙伴关系型的关怀伦理学强调人与人之间通过照料劳动相互联系，把这种联系看成人类生活的基本要素和良好关系。

五、性别角色模式

性别角色模式认为，人们对两性在社会中所处的地位及与地位相联系的行为预期有特定的模式性认知，并赋予这些模式合理性，用这些模式指导行动。在一系列的社会性别角色分工的模式下，两性皆认为家务劳动分配给女性是合理的，且难以改变。因此，性别分工的动力机制在于根深蒂固的文化。

对中国家庭的家务劳动研究表明，女性用于家务劳动的时间远远多于男

---

① 参见何明洁：《劳动与姐妹分化——中国女性农民工个案研究》，四川大学出版社2009年版。
② 佟新：《照料劳动与性别化的劳动政体》，《江苏社会科学》2017年第3期。
③ 理安·艾斯勒：《国家的真正财富：创建关怀经济学》，高铦、汐汐译，社会科学文献出版社2009年版，第3页。

性。在现当代,这样的家务劳动时间分配并非中国特例。用现象学社会学的解释来说,人们意识的产生确实有某种结构性的要素或根源存在,意识一旦形成,就从其结构母体中彻底分离出来,获得了独立的存在形式,有其自身的行动逻辑,并不必然随其最初的结构性根源的改变而改变。中国社会主义的妇女运动创造了新的类型化知识。重新定义家务劳动的意义是为了建立新型的夫妻合作的家务劳动分工模式。① 下一章将专门讨论中国社会主义实践下的劳动性别分工的变革。

小 结

依性别对劳动进行分配产生了人类的劳动性别分工。当劳动性别分工成为一种意识形态时,就产生了等级化的劳动性别分工,即理所当然地认为男性劳动价值大于女性劳动价值。现代社会中,等级化的劳动性别分工以公私领域分化的意识形态为基础,由此掩盖了两性合作劳动的历史,低估了女性家务劳动的价值和女性从事照料劳动对社会的贡献。产生等级化劳动性别分工的动力机制是制度性的。二元制理论认为,劳动性别分工是父权制和资本主义体制之间长期互动的结果,它们既是具体的性别关系制度,又是意识形态和心理结构。父权制资本主义的理论认为,资本主义本身就是父权制的,资本主义制度导致女性的边缘化。交换理论、情感劳动和全球化下的照料劳动反映出劳动性别分工背后复杂的利益关系。

◆ **关键概念**

人的再生产 劳动性别分工 劳动性别分工的意识形态 延迟的适应
抚育性的照料劳动 互动性的照料劳动 二元制理论 父权制的资本主义
情感劳动 照料劳动 性别化的生产政体

---

① 佟新、刘爱玉:《城镇双职工家庭夫妻合作型家务劳动模式——基于2010年中国第三期妇女地位调查》,《中国社会科学》2015年第6期。

◆ 思考题

1. 论述等级化的劳动性别分工的社会后果。
2. 论述父权制的资本主义的理论。
3. 从性别视角论述人类对照料劳动的需求和可能解决的途径。

◆ 进一步阅读参考文献

金一虹:《"男人生活"与"女人生活"——苏南农村工业化过程中的性别分工变化》,载李小江、朱虹、董秀玉主编:《主流与边缘》,生活·读书·新知三联书店1999年版。

恩格斯:《家庭、私有制和国家的起源》,载《马克思恩格斯选集》第4卷,人民出版社1995年版。

安·奥克利:《看不见的女人:家庭事务社会学》,汪丽译,南京大学出版社2020年版。

第十一章

中国妇女解放的社会主义实践

当今世界范围内,社会主义革命和中国妇女解放实践都是重要的学术话题,其中有两种最具影响力的思维定式:一是社会主义革命具有父权本质;二是性/别系统和妇女解放的实践运动及其研究,在这一背景下缺少自治的独立地位。① 这一带有冷战思维意识的研究结论深受质疑。② 我们有必要理解和展示中国社会主义革命和妇女解放的重要经验,分析其本质,拓展新概念和新理论,使其成为全球性别平等实践的重要理论资源。中国妇女解放的社会主义实践既有妇女走出家门的公共参与,又有家内改变传统性别分工、家务劳动社会化的制度性努力。

以下这一发生在新中国成立后不久的真实事件,反映了社会对待家内性别分工的态度和基本做法都支持女性外出工作:

1957年,《中国妇女》第1期的《大家谈》栏目刊登了一位男性读者马文治的来信,题目是《职业妇女可以回家从事家务劳动吗?》。杂志社就此展开了一场有关"女性是工作好,还是回家带孩子好?"的讨论。马先生的妻子是一名幼儿教师,他们有三个年幼的孩子,大

---

① 参见 Judith Stacey, *Patriarchy and Socialist Revolution in China*, University of California Press, 1983.
② 王玲珍:《中国社会主义女性主义实践再思考——兼论美国冷战思潮、自由/本质女性主义对社会主义妇女研究的持续影响》,王玲珍、肖画译,《妇女研究论丛》2015年第3期。

第十一章 中国妇女解放的社会主义实践

的4岁,小的仅1岁半。两个大孩子在妻子单位的托儿所照料,小的在家请保姆照看。妻子每月工资49元,支付保姆费后仅够自己吃饭;马先生每月工资85元,要负担三个孩子和自己的全部生活费,经济上入不敷出。妻子单位离家较远,每天带着两个孩子挤公共汽车,疲惫不堪。马先生理性地算了一笔账,觉得如果辞掉保姆,妻子在家带三个孩子,靠他自己的工资养活一家五口,生活会轻松些,生活还可以得到改善。因此,马先生提出,职业妇女在特殊情况下可以放弃自己的工作从事家务劳动,等孩子长大了再去工作。

这封信发表后,编辑部在1个月内收到90多封来信,观点各异。《中国妇女》1957年第2期至第4期连续刊登读者来信。观点大约分为四类:一可称为家庭观,即在孩子小、家庭收入有限的情况下,女职工应当回家,解决家庭的现实困难,这对家庭、孩子和国家都有利。二可称为妇女立场,即职业妇女要热爱自己的工作和事业,鼓起勇气战胜困难,多为社会做贡献。三可称为干部-群众观,单位领导应当关心孩子多的女职工,帮助她们解决后顾之忧。四可称为男性责任观,即父母都有抚育孩子的责任,父亲应尽一定的义务来照顾孩子。

随后,杂志社在同年第5期杂志中发表了全国民主妇联副主席章蕴的文章《谈谈对妇女参加社会劳动和家务劳动的看法问题》,鼓励在职妇女努力工作,不断提高文化水平和工作能力。对确有困难无法继续工作的女职工,也应本着实事求是的态度和自愿原则,允许她们退职回家从事家务劳动。家务劳动也是社会劳动的一部分,也是光荣的。

而马先生的实际困难引起了组织上的关心,帮助他们把家搬到了妻子单位附近,减少了路途困难;小孩子全部上单位的托儿所,家中辞掉保姆,节省了开支。马先生深刻反思了自己曾经过多地考虑客观困难,不能正确估计妻子参加工作对社会的贡献和对其个人事业发展的影响。

马先生家庭内的问题解决了,孩子的妈妈可以继续工作,其支持的力量是社会主义社会的新理念——"社会主义大家庭"。社会主义的单位制、住房的集体分配和幼儿园、托儿所等成为支持母亲们走出家庭的社会支持力量。

新中国成立之初,传统劳动性别分工依然占主流,但此时政策的目标取向是要把妇女从家庭中解放出来,为此进行了一系列的制度实践。本章讨论中国劳动性别分工演变的历史和制度实践;介绍学者们对中国劳动性别分工的革命性变革的研究,理解其动力机制和对建立平等的性别关系的深远影响。

第一节 中国劳动性别分工的历史变迁

中国社会是一个城乡分化的社会,农业生产是基础,农耕文明是中国文化的根基;而社会变迁的方向是不断发展的工业化和城市化。对两性而言,是从"男主外,女主内"的性别分工迈向男女共同参与家庭内外事务的现代化和民主化进程。

一、以家庭为中心的农村经济

(一)农村家庭经济以男女合作为基础

中国有着漫长的农业社会历史,家庭作为经济合作单位是农村社会和经济结构最核心的单位,家庭中男女合作劳动成为人们最为日常的生活状态。

中国关于董永和七仙女的传说,为人们描述了一幅男耕女织的田园图画,两性的分工合作"完美无缺"。但多种研究表明,农业社会的中国女性并不是简单地从事"织"的劳动,她们一直活跃在人的生产和再生产的第一线。

中国农业的始祖是女性,最初的男女分工是"男猎女耕"。李伯重的研究表明,16、17世纪的江南地区,"夫妇并作"是许多农家的劳动安排方式,因为当时"人耕十亩",农户经营标准模式需要大量的耕作能力,农家妇女难以脱离大田农作。直到清朝中期,"男耕女织"才成为江南农家劳动安排的支

第十一章　中国妇女解放的社会主义实践

配性模式。① 但家内以父权制为财产分配和生计模式一直是基本的生活方式,家庭利益是作为整体利益存在的,女性的劳动被限定在家内,并被家庭集体占有。

(二) 土地改革引领的革命运动

1927年,毛泽东的经典著作《湖南农民运动考察报告》问世,它为中国农民革命和妇女解放提供了最重要的理论依据。毛泽东指出,中国农民受到政权、族权和神权的支配,中国妇女在这三种权力之外还受到夫权的支配。在中国历史上,农村妇女第一次被再现为中国政治、经济、宗教、社会体制最底层的群体,同中国社会主义革命直接挂钩。这表明,中国革命从一开始就是农民革命,就是要解放妇女。

20世纪40年代,共产党领导的解放区开始土地改革,让贫苦的农民家庭得到基本利益,通过立法给予妇女土地拥有权,这一举措具有划时代的意义。虽然这只是在局部地区展开的革命性活动,但广大农村妇女的经济和政治地位有了前所未有的历史性改变。在解放区实行"婚姻自主"的家庭革命为妇女走出家庭提供了重要的制度基础。

女性从在家劳动、经济上依赖男人到参加集体劳作并非一蹴而就。抗战时期,陕甘宁边区对"二流子妇女"进行了社会改造。共产党通过确定"需要改造的二流子妇女"以及使用劳动的方法对其进行改造,塑造了劳动光荣的社会道德。乡村权威、劳动英雄、革命干部和民众的参与成功地实现了对"二流子妇女"的改造,塑造了妇女的劳动者角色,确认了妇女的劳动价值,开创了中国共产党领导的妇女解放模式,形成了新妇女、新家庭和新社会。② 这为农村妇女广泛参加公共劳动确立了合法性和合理性。

(三) 农业集体化与性别身份转变

新中国成立初期,中国共产党用在战争年代积累的丰富的发动群众的工

---

① 李伯重:《从"夫妇并作"到"男耕女织"——明清江南农家妇女劳动问题探讨之一》,《中国经济史研究》1996年第3期。
② 王颖:《改讨与塑造:抗战时期陕甘宁边区二流子妇女改造运动》,《中华女子学院学报》2018年第3期。

作经验,培养妇女积极分子、表彰劳动模范等,发挥她们的组织带头作用,逐渐团结、吸引妇女参加农田劳动。为了实现妇女参与公共生产劳动,中国共产党进行了一场伟大而短暂的社会试验——人民公社的"食堂化""缝纫化""托儿化"等家务劳动的社会化,以"彻底解放妇女"。① 这一切至今仍在以不同的方式影响着中国的社会和妇女运动以及每个人的生活。

1950年5月1日,《中华人民共和国婚姻法》正式实施,作为新中国出台的第一部法律,经历了三年的普法宣传。电演《小二黑结婚》和《刘巧儿》所讲述的女性婚姻自主的故事,为妇女独立决定自身行动奠定了文化基础。

1950年6月28日,中央人民政府公布了《中华人民共和国土地改革法》,确立了按人口统一分配土地的原则,以法律形式明确了妇女享有与男子同等的土地所有权。如在电影《李双双》中,李双双从"喜旺"的媳妇变为"妇女队长"的身份转型,体现出新中国带给农村妇女的新身份——从"家属"到"公家人"。

(四)农村家庭联产承包责任制的再家庭化

改革开放以来,农村家庭联产承包责任制的改革再次将家庭设置为基本的生活单位,两性分工再次成为家庭内部事务。一方面,由于男性劳动力大量外出务工,农村形成了新的劳动分工,妇女成为农业的主要劳动力,出现了农业女性化。另一方面,虽然女性在农村家庭内经济自主性增加,但农村家庭原来的劳动性别关系并没有发生根本改变。当男性劳动力获得了更多的非农工作的机会时,留在农业生产中的女性承担了更多的农活和照料工作。

有研究认为,农村"在地工业化"的过程中,非农就业机会的分配依据的是"户平等"原则,但在家庭内部的分配则是依"先男后女,先长后幼,先内后外"的秩序进行。1983—1988年,有6300万农村劳动力转移到乡镇企业,男性在已经占据了比从事非农工更好的位置时,这种机会才会转让给女性。以苏南地区非农化为例,劳动性别分工随经济结构的变化而调整,劳动性别分工的

---

① 高小贤:《"银花赛":20世纪50年代农村妇女的性别分工》,《社会学研究》2005年第4期。

第十一章　中国妇女解放的社会主义实践

弹性背后是利益调整的弹性,是比较利益驱动下男性再调整与女性的分工。①家庭性别分工的比较利益总是使男性获益大于女性,无论两性在分工过程中承担什么样的劳动内容,利益总是向着男性倾斜。总之,乡村工业化的发展为农村劳动力提供了非农就业的机会,但家户经济下,女性会有更多的牺牲,性别利益难以保障。

在农业工业化和城市化道路上,外出打工增加了农村家庭的非农收入。作为养家糊口的角色,农村男性外出打工的比例远高于女性;但大量未婚女性都有打工经历,外出打工成为未婚女性或离异女性主要的工作方式。婚姻、生育和养育亦成为女性减少外出工作的主要原因;母亲们外出打工基本上都能得到家庭内的代际支持。

二、城镇女性的职业化

在中国近现代的历史进程中,女性从家庭走向社会的解放是现代化重要的组成部分,其重要的推动力量是现代化进程中的生活商品。在商品化和市场化的过程中,女性的日常劳作开始转为有偿的雇佣劳动。

(一)劳作的女性

从城市发展史的角度看,女性一直是重要的劳动力。程为坤的《劳作的女人:20世纪初北京的城市空间和底层女性的日常生活》一书展示了清末民初北京公共空间中底层女性的劳动。她们的劳动主要是为富裕家庭提供家政服务,如女佣把女性的日常劳作转变成了有偿的雇佣劳动,模糊了家庭生活和工作的界限,挑战了社会对于家的意义的普遍看法。以从事舞台表演的女演员为例,她们代表下层女性在公共空间的成就与困境:

> 戏园是公共场所也是闺阁,她们在这里学习艺术,扮演角色,结交同侪,获取名利,寻求爱情,引来观众喝彩。戏园让她们公众化,同样,她们也让戏园私人化。通过掌控戏园或者建立自己的班子,女演

---

① 李小江、朱虹、董秀玉主编:《主流与边缘》,生活·读书·新知三联书店1999年版,第110—129页。

员创造了自己的空间和共同体。①

早期的女性劳动呈现出公私边界的叠加。在城市空间中,女性进入公共空间的劳动是与阶层身份紧密联系的。贫困家庭中,女性同样是养家糊口的人。

在中国早期工业化过程中,女工成为纺织、纺纱、烟草、成衣和火柴等行业最受欢迎的劳动力。大多数贫苦女性没有福气躲在丈夫的庇护下生活,她们必须为养家糊口出力。在纺织印染业中,女工人数超过男工,她们的工资普遍低于男工,因为"廉价"深受资本家的欢迎。② 乡土社会出身的女工与家乡有着千丝万缕的联系。以 20 世纪初上海纱厂女工为例,这些女工占了上海各类女性无产者工人的三分之一。女工并不是以阶层身份认同达成团结,而是以老乡身份来形成团结。当外来的女工进入工厂时,女工自身的乡土身份构成了她们的身份认同和团结;女工的姐妹情谊既依靠其性别身份,也依赖其"同乡身份"。③ 共产党早期领导人向警予和蔡畅等领导妇女运动和工人运动相结合,成为中国近代革命史上光辉的一页。

(二) 女性职业专业化的出现

新文化运动中,知识分子积极倡导男女平等的思想,支持女性平等接受教育和参加公共活动,减少了女性争取社会职业时的阻力。新文化运动的先驱们倡导的女性解放指向女性获得人格独立和社会地位独立,而经济独立成为前提。一方面,近现代的女红教习和护理学校开始出现,为女性群体提供专业化的职业培训;另一方面,女性的传统角色与现代角色之间的矛盾一时难以解决,因此在女性职业化的过程出现了女性气质的协商与妥协。

以护理专业为例,职业发展之初,为了占领医学领域的空间和位置,该专

---

① 程为坤:《劳作的女人:20 世纪初北京的城市空间和底层女性的日常生活》,杨可译,生活·读书·新知三联书店 2015 年版,第 167 页。
② 参见郑永福:《中国近代产业女工的历史考察》,《郑州大学学报(哲学社会科学版)》1992 年第 4 期;佟新:《异化与抗争——中国女工工作史研究》,中国社会科学出版社 2003 年版,第 22—34 页。
③ 艾米莉·洪尼格:《姐妹们与陌生人:上海棉纱厂女工,1919—1949》,韩慈译,江苏人民出版社 2011 年版,第 232 页。

业利用了"男女有别"的观念,同时,又利用护理工作科学性言说,将女性护理的观念推向全社会。① 性别隔离的文化和女性作为天然照顾者的意识形态成为女性从事护理职业或其他"女性化"职业的合法性依据,在现代女性角色与传统性别文化妥协的过程中,女性化特征成为女性职业发展的策略和妥协,但也强化了女性气质的性别刻板印象。相关的"女性化"职业有公司文职人员、新闻记者和音乐家等。

外出工作的女性因有了一定的经济地位和相对自由的时间,可以用自己的钱来进行文化娱乐性的消费;同时丈夫开始承担家务。以上海为例,在它成为开埠城市后,受国际化影响,不少女性参与工作,接受新事物,女性的工资收入对家庭经济有重要贡献。②

三、共产党领导的妇女运动

共产党从建立之初,就把妇女解放作为其重要的理想和目标,根据地和延安时期的妇女解放的思想一直延续到新中国。妇女参与公共劳动不仅帮助她们获得报酬,实现经济独立,更具有解放和革命的意义。

(一) 妇女参加劳动:民族解放、社会革命与妇女解放的结合

延安时期,共产党对女性参加生产作出了明确指示,即著名的"四三决定"。1943年,中央妇委在延安提出新的妇女政策,称"四三决定",妇女工作的重点转向动员妇女参加生产。组织妇女参加生产可以解决妇女及其家庭的经济困难,发展根据地经济。这一决定把民族解放、社会革命与妇女解放结合起来,形成了马克思主义中国化的妇女解放之路,为新中国成立后的妇女工作留下了重要经验。③ 鼓励妇女参加生产的方式多种多样,但劳动光荣和生产为了国家的理念和劳动伦理开始深入人心。

---

① 马冬玲:《近代护理职业女性化中的性别协商》,《中华女子学院学报》2018年第4期。
② 参见程郁、朱易安:《上海职业妇女口述史:1949年以前就业的群体》,广西师范大学出版社2013年版,第1—9页。
③ 周蕾:《妇女运动新方向的确立——关于抗战时期中国共产党"四三决定"的探讨》,《山西师大学报(社会科学版)》2015年第4期。

新中国建立的新秩序不仅重塑了社会关系,还塑造了劳动主体,劳动的价值得到高度承认。① 参加集体劳动对妇女具有核心意义,并促成了其主体性,即妇女的主体性与妇女的组织化程度密切相关。在不能彻底改造传统父权制家庭的状况下,妇女在家庭外的集体劳动、获得与男人一样的报酬使其获得了尊重与承认。劳动解放妇女,也提升了妇女在家庭内的地位。

新中国成立后,城乡开展了规模浩大的妇女扫盲班活动,以培养妇女积极分子的领导能力,这为妇女走出家门、投身政治经济活动奠定了基础。1949年,城镇女职工人数为 60 万人,占全国职工总数的比例仅为 7.5%。而到了 1992 年,城镇女职工人数增加到 5600 万人,占全国职工总数的比例也提高到 38%;女性从业人口占女性 15 岁以上人口的 72.33%;农村妇女劳动力约占农村劳动力总数的一半。② 1990 年的统计数据表明,从世界范围内看,中国 15 岁以上的劳动人口中女性就业率为 70%,是世界上比率最高的国家之一。③ 社会主义计划经济时期,女性成为国民经济各部门的重要劳动力,在工业领域、服务行业、城市公用事业、文教卫生和社会福利事业中占有重要位置。

(二)"男女同工同酬"与女性主体性的生成

20 世纪 50 年代早期,《人民日报》报道中提到男女同工同酬,并将这一原则与社会主义国家的性质联系在一起。在新中国建设初期的农村合作社运动中,劳动妇女常常被称作"半劳力",无论她们的劳力强弱,均按男工的一半给工资。这种不合理的现象被批评为轻视妇女的封建思想。要将妇女中的积极分子吸纳到互助合作组织中,就要切实解决妇女的权利问题。由此开展了男女平等教育。新中国的建设过程中,男女平等作为社会的基本原则出现,成为新社会新秩序的构成维度。这一原则通过思想政治教育和政治宣传,在新中国的各个渠道开始传播,不仅体现出男女平等,更是社会主义社会的要求。

---

① 宋少鹏:《价值、制度、事件:"男女同工同酬"与劳动妇女主体的生成》,《妇女研究论丛》2020 年第 4 期。
② 中华人民共和国国务院新闻办公室:《中国妇女的状况》,1994 年 6 月。
③ Nancy E. Riley,"Gender, Power, and Population Change," *Population Bulletin*, 1997, 52(1): 10.

第十一章　中国妇女解放的社会主义实践

"男女同工同酬"正式写进我国宪法是在 1978 年。1978 年宪法的第五十三条规定:"妇女在政治的、经济的、文化的、社会的和家庭的生活各方面享有同男子平等的权利。男女同工同酬。"在同年的政府工作报告中,男女同工同酬是在社队的管理制度中出现的,强调按劳分配的原则。计划经济时期虽然重工行业按性别比搭配了部分女性职工,总体上女性劳动力集中于轻纺和服务行业,但同一单位内同工同酬原则的贯彻,使男女工作人员劳动报酬基本相近。

(三) 保障女性从照料劳动中解放出来的单位福利体制

社会主义单位制的建立为保障女性广泛地参与社会劳动提供了各种相关福利。为了确保女工能够在怀孕和生育后继续工作,共产党将延安保育院的经验加以拓展。1951 年 2 月 26 日,中央人民政府政务院发布了《中华人民共和国劳动保险条例》(1953 年 1 月 2 日中央人民政府政务院修正公布),该条例明确规定了女工的 56 天带薪产假制度和企业应为员工建立托幼机构的制度。

中国妇女劳动保护分期来看,大致有三个发展阶段:1922—1949 年的基本框架形成期,1950—1985 年的经期保护创建和孕期、产期、哺乳期的"四期保护"践行期,1986 年至今的向保护母性机能聚敛期。妇女劳动保护制度通过推进生育社会化,促进广大女性外出参加社会生产,有力地推动了中国妇女的解放,但也强化了生育是女性专属职责的性别分工。[①]

计划经济时期的社会动员和赋予妇女就业以政治意义,使城市妇女的职业发展和经济社会地位的提高有了坚实的基础,对城市家庭"男主外女主内"的传统性别分工模式产生了潜移默化的影响。虽然很多男性留恋"男主女从"的优越感,但他们已经不再愿意独自承担家庭赡养责任,这就形成了在市场竞争和劳动力供过于求的双重挤压下,妇女继续就业的最广泛的人文基础。[②]

---

① 王向贤:《为父之道:父职的社会构建》,天津人民出版社 2019 年版,第 81—101 页。
② 蒋永萍:《两种体制下的中国城市妇女就业》,《妇女研究论丛》2003 年第 1 期。

正是计划经济时代女性广泛参与公共生产劳动,才出现了市场经济体制下女性社会地位相对边缘化的变化。

四、市场化下的劳动性别分工观念的改变与协商妥协

21世纪以来,伴随城镇化、工业化和现代化水平的提高和全球化的发展,出现了就业的不稳定性增长,中国劳动年龄人口在业率有所下降,2010年中国18—64岁的男女两性在业率分别为87.2%和70.9%。与2000年相比,男女两性在业率均有下降,但女性的下降幅度远大于男性。由此导致在业率的性别差距由2000年女性比男性低6.5个百分点,扩大到2010年的16.3个百分点。在业率性别差距的扩大,反映了劳动力市场性别歧视、女性经济参与支持保障力度不足以及妇女生活方式变化等多重因素的影响。2010年城镇女性在业者中非正规就业比例达51.6%。[①] 为保障妇女权益,促进妇女发展,推动男女平等,我国于2011年印发实施《中国妇女发展纲要(2011—2020年)》。国家统计局网站发布的《中国妇女发展纲要(2011—2020年)》终期统计监测报告指出,《纲要》实施以来,就业政策和创业扶持政策逐步完善,妇女就业渠道不断拓宽。2020年,城镇单位女性就业人员为6779.4万人,比2010年增加1917.9万人,增长39.5%。女性就业人员占全社会就业人员的比重为43.5%,实现了《纲要》"保持在40%以上"的目标。2020年,全国执行《女职工劳动保护特别规定》的企业比重达71.3%,比2010年提高16.4个百分点。国家统计局根据《纲要》监测指标数据和相关资料,对《纲要》在健康、教育、经济、决策和管理、社会保障、环境、法律等七个领域的实施情况进行了终期统计监测,结果显示十年间《纲要》主要目标如期实现,妇女社会地位显著提高;但妇女发展的不平衡不充分问题仍较突出,相关领域妇女权益保障工作仍需进一步加强。

随着社会发展,两性平等的观念对女性就业有重要影响。对已婚女性劳

[①] 宋秀岩主编:《新时期中国妇女社会地位调查研究》上卷,中国妇女出版社2013年版,第154、159页。

第十一章 中国妇女解放的社会主义实践

动参与有显著影响的性别观念有两类：一是有关劳动性别分工的观念，二是男人应当承担家务的观念。第一，在控制了其他各类要素的情况下，以夫妻双方都高度认可"男人应该以事业为主，女人应该以家庭为主"的女性为参照，夫妻双方都不认可这一传统分工模式的，女性劳动参与的可能性会提高55.9%。对家有6岁及以下同住孩子的女性来说，如果夫妻双方都不认可传统的性别观念，在其他要素相同的情况下，其劳动参与的可能性比夫妻双方都高度认可这一传统观念者高出1.12倍。第二，对男人承担家务的认可。在控制了其他各类要素的情况下，以夫妻双方都高度认可"男人应承担一半家务"者为参照，夫妻双方都高度认可这一劳动性别分工模式时，女性劳动参与的可能性高2.051倍。即使对于家有6岁及以下同住孩子的女性而言，家务劳动平等分工的观念依然具有显著作用，特别是夫妻共同认可这一劳动性别分工模式时，女性的劳动参与相比夫妻双方都不认可这种观点的高1.046倍。这表明，夫妻对劳动性别分工的认知深刻影响已婚女性的职业取向。① 可以看出，性别平等观念是市场化背景下鼓励女性社会劳动的最重要的影响因素。

在市场化压力和现代文明的促进下，在劳动性别分工中，男性出现了一些明显的变化，他们开始较多地参加家庭照料劳动。有研究指出，三十多年来的大规模城乡迁移重塑了男性进城务工人员和他们作为爱人、丈夫、父亲和儿子的角色，他们做出了"男性气质的妥协"；他们在夫妻权力和家务分工中做出让步，并重新定义了孝顺和父职等，但与此同时，他们努力维护家庭中的性别界线和他们在家庭中的象征性的支配地位。② 城镇双职工家庭出现了夫妻合作式的家务劳动分工模式。③ 家庭内的性别革命初见端倪。

---

① 刘爱玉：《制度、机会结构与性别观念：城镇已婚女性的劳动参与何以可能》，《妇女研究论丛》2018年第6期。

② 蔡玉萍、彭铟旎：《男性妥协：中国的城乡迁移、家庭和性别》，罗鸣、彭铟旎译，生活·读书·新知三联书店2019年版，第177—178页。

③ 佟新、刘爱玉：《城镇双职工家庭夫妻合作型家务劳动模式——基于2010年中国第三期妇女地位调查》，《中国社会科学》2015年第6期。

第二节 对劳动性别分工变迁的研究

从劳动性别分工的意义上讨论性别解放,既包括女性走出家门,参加社会性生产,也包括男性参与家内劳动,这是一个双向的过程。性别解放既是一套社会有关性别解放的话语和知识体系,也是日常生活中不断进行的实践,两者相互作用。

一、性别话语和知识的转型研究

(一) 革命话语:妇女通过就业从私人领域走向公共领域

从话语层面看,"妇女就业知识"是一整套有关妇女参与公共劳动的叙述,它涉及女性参与公共劳动的价值、分工和位置,是一种话语形态,也是一种关系形态。考察妇女就业知识的演变要与中国现代社会变迁相联系,因为它与中国追求现代化之路中的女性作用的发挥相关。主流话语是一种国家叙述,是以现代性话语为基础来建构妇女就业的知识,这种现代性话语意味着解放、进步和竞争,只是在不同的社会背景下,强调不同的妇女就业的意义。自新文化运动始,有关妇女就业的革命叙述就获得了合法性,它将妇女参与社会性劳动——就业,与妇女解放、两性平等的价值理念联系起来。

1949年,中国新民主主义革命取得成功后,马克思恩格斯的理论被奉为圭臬。中国共产党结合马克思的理论,把妇女解放理论纳入各种行动纲领。1943年和1948年中共中央妇委会通过调查研究,明确了妇女解放首先要实现经济独立,妇女运动必须坚持"以生产为中心"的观点,至少在"叙述"层面上共产党已经开始了对新型的性别身份的追求。邓颖超在妇女"一大"做的《中国妇女运动当前的方针任务报告》中指出,"动员和组织一切可能劳动的妇女走上生产战线,……并注意与保护妇女特殊利益相结合。对于阻碍妇女参加生产、政治、文化和各项社会活动的封建思想、传统习俗的残余束缚,仍须有意识地继续消除之"。1953年,邓颖超在妇女"二大"所做《四年来中国妇女运动

第十一章　中国妇女解放的社会主义实践

的基本总结和今后任务》的报告中指出,"动员妇女群众参加生产是促进男女平等地位、彻底解放妇女的基本关键……这是妇女解放运动的长期的根本任务";"不仅应当动员她们直接参加工业、农业及其他各种生产事业,而且也应当动员她们参加文化教育、医务卫生、儿童保育等事业"。报告还提出了"组织和发动妇女参加社会劳动"的口号。一系列工农女性的新形象出现在各类媒体上,包括女拖拉机手、女火车司机、女高压电焊工等,这些形象鼓励女性具有积极的、参与的、男女一样的品格。这些女性形象一改儒家的、封建的、顺从的女性和资产阶级的"娇小姐"的形象。女性获得了社会主义劳动者的新身份。这一新身份在社会主义革命和建设时期又一次得到完整叙述,"由于社会主义革命和社会主义建设事业的胜利,由于公共食堂、托儿所、幼儿园等福利事业的创办,把过去分散进行的很大一部分繁重的家务劳动,变成社会主义的集体事业。……历史上遗留下来的家长制开始破除了,妇女彻底解放和男女真正平等的理想,今天正在成为现实"。①

　　新型的妇女性别身份的叙述具有重要的符号意义。"革命话语"对妇女就业知识的叙述包括以下几个方面:第一,把妇女受到的压迫和剥削归于封建主义和资本主义压迫人民的一部分,妇女参加公共领域的劳动则上升为摆脱封建主义和资本主义的革命。第二,妇女就业是"劳动人民翻身解放"的一部分,"劳动"是社会主义公民最基本的美德,是最高尚的社会身份。此时,就业妇女不是作为"女性"出现而是作为"劳动者"被引入公共领域。第三,通过宣传相关法律、法规及各种制度广泛进行妇女就业知识的叙述。中华人民共和国成立前夕颁布的具有宪法性质的《中国人民政治协商会议共同纲领》郑重宣布:"中华人民共和国废除束缚妇女的封建制度。妇女在政治的、经济的、文化教育的、社会的生活各方面,均有与男子平等的权利,实行男女婚姻自由。"自1953年开始的宣传婚姻法活动,以生动的事例展示了妇女通过婚姻解放来摆脱封建的、男权的控制,自主掌握命运。1954年、1975年、1978年和1982年颁布的《中华人民共和国宪法》均载明,妇女在政治、经

---

① 《充分发挥妇女在社会主义建设中的伟大作用》,《人民日报》1956年3月8日,第1版。

济和社会生活中拥有同男子一样的权利,后两部宪法还规定了男女同工同酬。第四,通过比较的方式批判"被束缚的""封建的"和"资产阶级妇女的"生活方式,有效地划分了"革命"与"落后"间的界线。通过树立"反面教材",各类传媒有策略且有效地对妇女进行了革命动员。正如邓颖超所说,"对于阻碍妇女参加生产、政治、文化和各项社会活动的封建思想、传统习俗的残余束缚,仍须有意识地继续消除之"。此后,在各种政治运动中,通过话语表态成为革命行动的内容,批判"想象中"的资产阶级太太的生活方式成为表达革命的重要内容。第五,社会主义妇女劳动者的形象不断地在媒体上被符号化和公式化。在"妇女能顶半边天"的口号下,各种报纸、画报上的妇女形象是英姿飒爽的女战士、女纺织工、女劳模、女工会委员、女炼钢工人和女电工等,这直接提升了妇女就业的社会价值。

革命话语产生了革命性效果,大量妇女被动员走出家门,参与到公共劳动中。在身份认同上,妇女,特别是城市妇女的身份主要是劳动者而不是家庭中的妻子和母亲,母职通过组织的安排实现了部分的社会化。女性的经济收入亦成为支持自身和家庭开支的重要组成部分。

(二) 素质话语:妇女回家与打工妹进城

20世纪80年代后,社会主义计划经济向市场经济转型,发生了重要的利益重组,各类知识亦被重新叙述,以前的种种革命话语逐渐失效。第一,妇女就业知识的重新叙述是围绕"好女人""好母亲"的形象展开的,"重新做女人""重新发现女人"的话语再次将女性定位于家庭角色,由此"让女人回家"便顺理成章。1983年,在《上海经济》杂志上,有人提出"妇女退居家庭"的观点;1984年,《社会》杂志展开"二保一"的讨论,话题从妇女参加社会劳动转换到了"家庭内部分工",公共领域的问题变成了私人领域的问题,妇女解放的话题转变成了对"夫妻之间独立的人格关系"的追求。紧接着是对"妇女阶段性就业知识"的叙述,立足点是家庭和睦与经由对育龄妇女的劳动置换安排更多的人就业。据人口研究所1992年的调查表明,有72.87%的城市妇女认为妇女应为丈夫的事业牺牲自己的事业。① 家庭在妇女心中的分量比在男性心中的重得多,妇女为家庭耗费的精力和时间也多得多。第二,在效率理念下,提出了全面提高女性素质的要求。在这一意义上,妇女即使参与社会劳动,其劳动也会因她们素质低而变得"不值钱"。正是在提高女性素质的叙述下,大量女工下岗;打工妹进入工厂成为廉价的劳动力。

(三)理性与竞争的话语

在市场背景下,男性优势以理性和竞争话语呈现出来。"革命话语"逐渐消失,"素质话语"和"理性与竞争话语"显现出来,塑造出各类职业女性形象。

"提高女性素质"的话语也是等级话语,充斥着"有文化"的高素质者的自负以及他们对"没文化"的低素质者的贬损。处于性别和等级话语之下的劳动女性既必须出来工作同时又是廉价的劳动力,这一话语以人力资本理论为基础,看似强调提升女性素质,本质上是压低女性劳动力的价格,以及压低整个"低素质"劳动力的价格。

面对市场逻辑,女性主体发出了反击之声,只是这些声音沿用了现代性逻辑,强调个体权利和理性竞争,"女人回家不回家(就业不就业)成为女性的自主决定和基本人权"②。

吴小英认为,毛泽东时代的性别话语可以归纳为一种"溜溜球"模型,构成这个模型的要素是国家话语和传统话语,它们分处弹簧的两端,通过排斥与反弹确立国家话语的权威控制地位,并决定传统话语的预留空间。基于国家意愿的性别平等虽有极强的号召力和实践效果,但仅局限于两性的义务平等而忽视了妇女的主体需求。

后毛泽东时代的性别话语可归纳为一种"三圆交叠模型",即国家话语、传统话语和市场话语三者彼此相交、环环相扣,构成一种动态的牵制与合作。其中,国家话语在一定程度上依赖市场话语,市场话语又从传统话语那里寻找

---

① 李小江、朱虹、董玉秀主编:《平等与发展》,生活·读书·新知三联书店出版社1997年版,第140页。

② 李银河:《"女人回家"问题之我见》,《社会学研究》1994年第6期。

支持。面对三种话语交叠的复杂状态,女性有了众多的选择机会和自由,但也常常在相互矛盾的性别话语中迷失了选择的方向。① 虽然不同的话语体系对女性就业有不同叙述,但是"性别平等话语"的合法性不容置疑。

二、性别解放实践的研究

妇女走出家门,获得收入和经济独立具有重要意义。性别研究从不同的立场出发有不同解释。

（一）家国同构和单位福利体制保障的妇女解放

有学者研究认为,新中国建设过程中倡导的公有制,实践了"家国同构"的原则,这一治理原则深入地影响了女性参与劳动的方式和家庭内部分工;形成了在党的领导下统一计划的公与私、社会与家庭、国家与社会的高度一体化。个人的生老病死都被纳入政府管辖范围。在这种体制下,个人和家庭的独立性和自主地位受到了制约,但也为妇女毫无后顾之忧地投入共产党领导的革命和建设提供了便利。② 公有制是"家国同构"和女性进入公共领域的制度根基。

20世纪50年代参加工作的女性,无论其工作性质、职务高低、收入状况都有解放的意味。首先是有当家做主的主人翁心态。访谈发现,孩子多的母亲都认为参加工作好,除了开心,还能挣钱,有了社会地位,再也不用受婆婆和丈夫的气。其次,按劳分配的制度提高了女性劳动者的家庭地位。妇女从单纯的"持家人"向更为重要的"养家人"角色转变,这些妇女在看到自身社会价值的同时,认识到了自身新的家庭价值,这种"双重解放"的体验使她们更加义无反顾地投入建设国家的热潮。最后,女性肩负工作和家庭的双重责任。社会一方面承认传统性别分工依然具有合法性,另一方面,主张将妇女从家庭中解放出来,参加有报酬的劳动。这决定了计划经济时期的男女平等政策和与妇女发展密切相关的家庭政策。国家不断出台政策,协调两种生产,推动家务

---

① 吴小英:《市场化背景下性别话语的转型》,《中国社会科学》2009年第2期。
② 左际平、蒋永萍:《社会转型中城镇妇女的工作和家庭》,当代中国出版社2009年版,第25页。

劳动社会化。① 这些都助力了家国共命运下的妇女解放,但依然是依靠国家力量解决再生产任务,没有完成将男性带入家务劳动的性别分工革命。

计划经济时期,"低工资、高就业"的总体格局对男性的影响是双重的。一方面,女性收入成为城镇家庭经济来源的重要部分,女性亦成为名副其实的担当养家责任的人,这加大了她们对家庭经济收入的自主支配权,包括为娘家提供经济支持、给孩子和自己购买生活必需品以外的物品等。另一方面,女性分担养家责任极大地减轻了男性独自养家的压力,这使大多数男性更愿意放弃大男子主义的遗风,改变自己,更尊重妻子的劳动,因此也出现了两性平等协商家庭事务、男性适当参与家务劳动的变化,这一变化虽然缓慢,但其趋势已经形成。

(二)以生产为中心的公私相嵌型结构

有研究认为,女性并非同质的整体。家国同构只是对进入单位体制的女性有所助益。以生产为中心的日常生活中,公私领域不是相互分割的,利用女性间的差异构筑了公私相嵌型的解放模式。在动员妇女劳动上,国家有意识地把性别化分工编织进大生产体制,妇女实际上无报酬地承担起大部分的再生产职责。国家努力对家务劳动进行理论化,以确立家务劳动及其承担者在社会主义生产体制中的位置,形成了"以生产为中心的公私相嵌型结构"。以职工家属为例,20世纪50年代,在集体主义的生产体制中,生产和再生产的结合体现在空间安排上,生产单位有意识地把职工家属组织起来,集中居住,让生活区靠近生产区,以"方便生活,有利生产"。城市里的职工家属被组织起来从事集体性的各类免费或有偿的互助服务和副业生产。家属小区内的互助包括集资建房、储金互助、小区简易托儿站、照料性互助(生病、生育)等。

收入型副业生产主要有三种类型:第一类是种菜养猪等农副业生产;第二类是洗衣缝纫等手工业生产;第三类是在男性职工所在的企业中从事辅助生

---

① 左际平、蒋永萍:《社会转型中城镇妇女的工作和家庭》,当代中国出版社2009年版,第26—28、34—37页。

产,做一些简单的原材料的整理和加工。1957 年,周恩来在中共八届三中全会上作劳动工资和劳保福利问题的报告,指出家务劳动是社会劳动的一部分,参加家务劳动也是光荣的。由此肯定了女性在家务中的社会贡献。从 20 世纪 50 年代到 60 年代中期,家务劳动在国家话语中从彰显到消失的过程是私领域逐渐被公领域挤压的过程。① 公私领域互嵌或公领域挤压私领域是至今依然需要讨论的问题。

（三）心灵的集体化

有研究认为,在国家号召和村落的内驱力下,许多妇女走出了家庭,参加了集体劳动,并出现了有影响的女性形象,如大寨铁姑娘。这主要是政治动员,其原因可能是:第一,响应国家提倡的男女平等的号召,参与到社会主义建设之中;第二,因为缺少男劳动力,这对于大寨来说尤为重要。② 对此,有学者强调应当回到女性主体上,了解参与集体劳动的女性的感受和体悟,由此出现一系列的女性口述研究,以求揭示女性个人参与社会劳动体验到的社会意义。

郭于华对集体化时代农村女性的口述研究表明,亲身经历了集体化过程的婆姨女子们的叙述使我们不难得知,从家庭劳动者到集体劳动者,从家庭私领域进入村社集体,婆姨女子们承担的劳动量更大,付出的辛苦更多,感受的苦难也更深重。但与此同时,她们的精神生活却前所未有的充实和丰富,甚至不无振奋和愉悦。对于这种多少有些令人费解的对比,我们不难想到涂尔干关于宗教的社会性的论述:宗教是表达集体实在的集体表现;宗教和仪式必定要激发、维持或重塑群体中的某些心理状态。在此意义上,时间起源于社会,具有集体的性质。每个心灵都被卷进了同样的旋涡,个体灵魂再次融入它的生命源泉,女性获得了心灵的集体化。③ 集体化的劳动对女性的意义是双重

---

① 宋少鹏:《从彰显到消失:集体主义时期的家庭劳动(1949—1966)》,《江苏社会科学》2012 年第 1 期。
② 周大鸣、郭永平:《性别、权力与身份建构——以大寨"铁姑娘"为考察对象》,《青海民族研究》2013 年第 1 期。
③ 郭于华:《心灵的集体化:陕北骥村农业合作化的女性记忆》,《中国社会科学》2003 年第 4 期。

第十一章 中国妇女解放的社会主义实践

的,有累也有快乐,重要的是心灵的解放和心灵的集体化。

对1956年前后关中地区妇女采棉劳动的口述研究表明,妇女一直是作为主体的存在,她们一边感受到劳动的累,同时策略地斗争以争取同工同酬。"银花赛"中的务棉小组既是学习推广新技术的载体,又是加强劳动管理和思想管理的一种组织形式。工作的妇女的认知和体验是矛盾的。一方面,她们是家务劳动的主要责任人,并认同家务是其分内之事。她们说服婆婆让年轻妇女参加扫盲识字班学文化,同时劝说挨丈夫打的妇女不要离婚;她们宣传婚姻自由,却坚守着自己的不幸婚姻不愿意改变。另一方面,在棉田管理中实行的是定额制,女人与男人做同样的活可以挣到同样的工分,做得好的,工分还可以挣得比男人多。她们为妇女的同工同酬与男性领导争论过,实现了更多的劳动报酬。①

对铁姑娘的研究表明,这些姑娘用身体实践感知那个时代,身体的艰辛劳作和国家赋予的巨大荣誉都促使她们一直留恋那个时代,曾经的经历也就成为难以忘怀的历史而留存在了她们的记忆之中。② 在一定意义上,女性劳动力承担着蓄水池的机制,但在1968—1976年的劳动实践中,在大庆创造了"男工女耕"的分工格局,铁姑娘们实现了劳动的"去性别化"③,这具有广泛的社会动员力。

新中国成立后,开展了多次的劳动竞赛,并举行了相关劳动模范评选与表彰活动。其中,女劳模占了相当一部分,这提高了女工的政治、经济和社会地位,促进妇女自我意识的觉醒,引领女性主动走出家庭,积极参与社会生产,营造了劳动光荣的社会风尚。知名的女劳模有纺织女工郝建秀、黄宝妹等。1953年,22岁的黄宝妹以一人可照看800个纱锭的全厂最快纪录,从上海55万名纺纱工人里脱颖而出,被评为中国纺织工业部劳动模范。2021年,在建党100

---

① 高小贤:《"银花赛":20世纪50年代农村妇女的性别分工》,《社会学研究》2005年第4期。
② 郭永平:《身体实践与仪式展演:集体化时代大寨妇女的社会记忆》,《西北民族研究》2015年第3期。
③ 金一虹:《"铁姑娘"再思考——中国文化大革命期间的社会性别与劳动》,《社会学研究》2006年第1期。

周年之际,黄宝妹被授予"七一勋章"。虽然学界对毛泽东时代女性的主体性有各种各样的争议,但是对这代女性来说,劳动是件虽苦犹荣的事。

(四)代际的连续性

回顾历史,女性参与公共劳动的历史至少包括三代人。一是新中国初期一代,即1949—1969年期间出生的人,她们经历了计划经济时代的"低工资、高就业"的工厂福利时代,单位制提供了集体化的解决工作和家庭矛盾的方案。二是转型的一代,她们大约是20世纪70年代后出生的人,经历了转型期的各种矛盾与冲突。三是改革后的一代,大约是1980年后出生的人,她们拥有市场化的工作和家庭经验,而此时的女性参与就业体现了更多的主体性。女性参与社会劳动的理念与实践已然成为不可逆的社会事实。

有学者用文化人类学的方法,对杭州一丝织厂的三代女工进行访谈,以理解妇女解放的概念和其中社会性别意涵的变化。研究发现,妇女解放的概念与工人的范畴变化相互交替,并与国家的政治经济的变迁相关联。妇女解放的概念对不同年龄的女工有不同的意义。50年代女工获得解放的感觉同工人阶级地位的提高密切相连。新中国成立前的女工因处在男女混杂的场所而被视为名誉不好的女人;而新中国成立后,劳动光荣的理念不仅使女工从家庭的禁锢中解放出来,还把她们从工作耻辱的文化中解放出来,工作使女性感受到荣耀。20世纪80年代的"工人"和"女人"这两个身份的含义有了很大变化,经济报酬和社会地位的相对下降使工作已不能给予女性足够的满足感和解放感。[①] 市场化背景下,女性内部的分化更引人关注。

小 结

本章展示了新中国时期劳动性别分工的变迁和妇女运动的特点。妇女在家庭分工体系中一直是重要的经济力量,在现代化进程中,在中国共产党领导

---

① 罗丽莎:《另类的现代性——改革开放时代中国性别化的渴望》,黄新译,江苏人民出版社2006年版,第122页。

第十一章 中国妇女解放的社会主义实践

下,开创了具有中国特色的妇女运动。一方面,女性积极地参与到公共生产劳动中,成为中国经济发展具有一定蓄水池作用的劳动者;她们在集体中体会到苦与累,也体悟到心灵的集体化和经济独立的自豪感。另一方面,计划经济时期,国家建立起保障女性就业的基本福利制度,促进家务劳动的社会化;在女性成为养家人的同时,家内革命悄然发生,男性妥协式地承担起家务劳动,劳动性别分工的公私领域边界不断被打破。新中国社会主义妇女运动为理解劳动性别分工的多种可能性提供了新视野。

◆ 关键概念

四期保护　社会主义大家庭　同工同酬　单位福利体制
以生产为中心的公私相嵌型结构

◆ 思考题

1. 中国社会主义时期新型的妇女身份叙述是怎样的?
2. 试分析中国社会主义时期性别革命的历史延续性。

◆ 进一步阅读参考文献

王向贤:《为父之道:父职的社会构建》,天津人民出版社2019年版。

佟新:《异化与抗争——中国女工工作史研究》,中国社会科学出版社2003年版。

耿化敏:《中国共产党妇女工作史(1949—1978)》,社会科学文献出版社2016年版。

金一虹:《"铁姑娘"再思考——中国文化大革命期间的社会性别与劳动》,《社会学研究》2006年第1期。

◆ 推荐电影

《李双双》,鲁韧导演,1962年上映。

第十二章

两性职业发展

职场中的性别不平等关乎每个人的职业发展,受到个人、家庭、组织和国家公共政策的影响。"有一份体面的工作"是国际劳工组织倡导的社会目标。现代社会,无论男女皆有权利在工作中获得人生价值,过上独立、有尊严的生活。一名美国职业女性在《玩似男人 赢似女人》一书中写道:

> 我被邀请到哈佛商学院给女学生做报告。我认为这里应该是一个女人占统治地位的工作场所。事实证明我错了。哈佛的女学生确实学到了许多科学知识和本领,毕业后也都得到了相当高的地位,但她们却感到被孤立。她们还是抱怨在以男性定位的工作场上的失落感,而且对如何应对感到茫然。
>
> ……我的最大愿望是有一天我们将不再进行有关男女在工作方面不平等的对话。到了那时,我们就会以平等的身份走上工作岗位,而工作的优劣完全取决于自身,完全排除了性别的差异。①

无疑职场是有性别的,其游戏规则具有性别特点。历史地看,女性进入职场是时代的进步。如恩格斯所言:"只要妇女仍然被排除于社会的生产劳动之

---

① 盖尔·埃文斯:《玩似男人 赢似女人》,宋韵声译,辽宁教育出版社2002年版,第11页。

第十二章 两性职业发展

外而只限于从事家庭的私人劳动,那么妇女的解放,妇女同男子的平等,现在和将来都是不可能的。妇女的解放,只有在妇女可以大量地、社会规模地参加生产,而家务劳动只占她们极少的工夫的时候,才有可能。"①"妇女解放的第一个先决条件就是一切女性重新回到公共的事业中去;而要达到这一点,又要求消除个体家庭作为社会的经济单位的属性。"②妇女解放的进程有赖于女性在职场地位的结构性改变。本章对两性职业发展进行讨论,探索改变职场性别不平等的策略。

第一节 职场中的性别问题

女性就业指数有五个关键性指标,分别是性别收入差、女性劳动力参与率、男女劳动力参与率差异、女性失业率以及女性全职就业率。通过对这五个指标的考察可以把握和分析职场性别平等的状况。世界各国的情况表明,职场性别不平等普遍存在,主要表现为性别收入差和职业的性别隔离。同时,越来越多的组织认识到,提升女性人才的雇用、保留和晋升率可扩大组织的人才储备,还有利于组织的包容性发展。已有研究显示,提高经济合作与发展组织(OECD)中女性工作参与率预计能产生六万亿美元的总 GDP 增长。对 33 个经合组织国家中女性职场表现和福利情况的调查发现,经合组织通过缩小收入性别差异可获益两万亿美元。③ 性别平等的职场将有利于经济增长。

一、性别收入差

性别收入差(gender pay gap)是指男性与女性收入比较后的差距。统计上多以同行业中女性人均可支配收入的中位数与男性人均可支配收入的中

---

① 恩格斯:《家庭、私有制和国家的起源》,载《马克思恩格斯选集》第 4 卷,人民出版社 1995 年版,第 162 页。
② 同上书,第 72 页。
③ 普华永道:《2019 年女性就业指数——把政策落到实处》,2019 年 3 月,https://www.pwccn.com/zh/research-and-insights/women-in-work-2019.pdf,2022 年 1 月 30 日访问。

位数相比较。研究显示,世界上所有国家的女性劳动者都比男性挣得少,女性劳动者的平均收入大约是男性劳动者平均收入的四分之三,两性存在收入差。

对性别收入差的解释有诸多争议。一派理论强调,两性在劳动力市场中的结构差异导致性别收入差;另一派认为,劳动力市场存在性别歧视。劳动力市场结构的性别差异理论强调人力资本的作用,即高等教育和职业资历对收入有重要影响。人力资本与物质资本一样,个人的才干、知识、技能、学历和资历等都是稀缺资源,人力资本的多寡影响个人在劳动力市场中的价格;拥有较高学历的人才能够使自己拥有优势地位的职业并获得更好的职业发展。性别社会学认为,现实中不存在纯粹和完全竞争的市场,劳动力的结构性差异,如性别、阶层、年龄、城乡身份和种族等因素皆影响个人职业地位和职业收入,具有差异性的教育回报。

二、职业的性别隔离

职业的性别隔离(occupational gender segregation)是指劳动者因性别差异被分配到不同职业,表现为性别在各种职业的集中程度,分为水平隔离和垂直隔离。这也是劳动力市场的性别分隔,表现为工作按"男人的工作"和"女人的工作"划分,呈现出性别化的职业分布(gender-typed occupations)。当某一行业/职业中女性比例超过70%时,该行业/职业称为"女性职业/女人的工作"(female-dominated occupations);当这一比例低于30%时,该行业/职业称为"男性职业/男人的工作"(male-dominated occupations);女性比例处于30%和70%之间的称为中性职业(gender-integrated occupations)。

女性职业领域多与传统女性气质相关,如办公室秘书、护士、幼儿园老师等照顾劳动。当某一行业/职业被判定为女性职业时,这一行业就会被建构成具有职业地位低、工资低、晋升机会少和辅助性工作的特征。而"男性职业"多与传统男性气质相关,集中于重体力、重技术和有职业等级与权威的工作,其工作呈现出职业地位高、工资高、有晋升机会等特征。有研究指出:"低薪职

第十二章 两性职业发展

业和低薪行业的双重增长是女性受雇人数增长的主要原因。至少自第二次世界大战以来是如此。"[1]依照"男主外,女主内"的传统性别规范,抚育职责"自然而然"地分配给了女性。当幼儿抚育、医疗照料成为专门职业时,依然是女性更多地承担照顾性工作。据教育部2019年官方统计数据,中国幼儿园专任教职工中女性的比例达97.79%。

职场中的性别歧视可分为两种。一种为敌意的性别歧视,是指因女性身份而给予其不公正的待遇。另一种为善意的性别歧视,认为女性是弱者,应当受到特别的保护;同时赞美女性的妻子和母亲角色的美德,认定女性不及男性有发展潜力。现实生活中,女性常常要证明自己比男性做得更多、更好、更完美才有可能晋升。一项对美国职业女性的大规模调查表明,约有五分之一的人承认她们在晋升时遭到歧视。美国最有声望的科学和工程院校——麻省理工学院科学分院进行的一项关于性别歧视的研究表明,女性不仅在晋升、薪酬方面处于劣势,还很少有女性担任系主任的职务。[2]

女权主义理论认为,高收入的工作可能是排斥女性的,女性更可能从事低收入的工作,这便是性别歧视(性别导致职位或收入上的差别对待)。随着全球劳动力市场越来越具有弹性,职业的性别隔离表现为女性更多地进入非正规的、兼职的、低收入的、无社会保障的工作。

多数女性进入的是非专业性工作,没有职业台阶可寻,平面的低端工作无法用传统职业生涯理论来设计其职业发展。但女性作为主体,即便处于低端劳动力市场,同样可通过职业活动提高其获取资源的能力,包括获得政治资源、经济资源和社会资源的能力,这些能力具有可交换性或可替代性。

---

[1] N. J. Sokoloff, "What's Happening to Women's Employment: Issues for Women's Labor Struggles in the 1980s-1990s," in C. Bose, R. Feldberg and N. Sokoloff, eds., *Hidden Aspects of Women's Work*, Praeger, 1987, pp. 14-45.

[2] 埃托奥、布里奇斯:《女性心理学》,苏彦捷等译,北京大学出版社2003年版,第210页。

三、职场性别不平等的产生机制

（一）性别社会化与职业期望

强大的成就动机是人职业发展重要的内驱力。① 女性的社会化过程对其职业期望有重要的建构作用,女性将自己定位于"相夫教子"的角色还是"事业优先"的角色,其职业路径可能会有很大差异。两性在初入职场时的自我期望可能呈现出差异。一般来说,女性会预设各种职业发展的困境,自我局限;而男性多会有远大的职业抱负。

"成就恐惧"的概念是指有些人面对成就的可能时会主动退缩的情况。成就恐惧可能源于人们对"成功结果"的考量,对于身处某一社会结构的人来说,"权衡心态"使成功意味着可能失去家庭和朋友,丧失其自身文化中的归属感,因此弱势群体更可能表现出成就恐惧。女性"成功恐惧"的概念,是指女性对进入男性优势领域并取得成就会有压力,甚至会因预见到这种压力产生恐惧感而放弃积极的行动。② 这种成功恐惧可能源于职场的主流文化和优势群体对他者的排斥。

进入 21 世纪,女性对职业的成就预期亦在发生改变。一方面,女性开始自己定义成功以摆脱男性主流文化对成功的定义;另一方面,女性重新定位自己的社会角色,妻子、母亲和工作者之间的角色优先性可能发生变化。

（二）生命周期与职业生涯理论

传统职业生涯理论认为,职业发展是职业进入、职业升迁、技术与专业等级的晋升等一系列过程,关注教育、职业期望与职业晋升的关系。在生命周期的视野下,职业发展受到年龄影响,自个体进入职场后,经历职业探索期、调整期、锁定期、辉煌期、衰退期和退出期;呈现出社会宏观诸因素与微观行动者之间的联系。

---

① 参见 R. M. Josselson, *Finding Herself: Pathways to Identity Development in Women*, Jossey-Bass Publishers, 1987。

② Lois W. Hoffman, "Fear of Success in Males and Females: 1965 and 1971," *Journal of Consulting and Clinical Psychology*, 1974, 42(3): 353-358.

第十二章　两性职业发展

　　加入性别变量的研究认为,生育是嵌入职业发展的重要生命事件,但对两性有完全不同的影响,对女性是生育惩罚,对男性则是生育奖励。女性初入职场,进入职业的探索期就面临职业与婚姻和生育之间的两难选择。在职业生涯的每个阶段,女性都可能因为性别角色的变化面临工作地点和工作时间的再选择。生命周期的嵌入性大致表现为三类女性的职业生涯:一是选择重心放在家庭,中断其职业生涯;二是陷入"工作与家庭的冲突与平衡"中,承担工作和家庭的双重责任;三是坚定迈向事业发展,她们要么选择晚婚晚育或不婚不育,要么就建立起有关亲属的或市场的家务劳动的支持系统。

　　研究发现,女性面临职业发展的机会时会犹豫,其原因大部分是考虑到家庭,承担家庭照顾者的角色会影响她们的职业选择。[1] 对"事业成功女性的职业生涯"的研究发现,她们大约经历了职业发展的六个阶段。第一阶段是职业探索期,大约在 17—25 岁,这一阶段是从学校毕业,初入职场。第二阶段是职业建立期,大约在 25—33 岁,女性对某一职业开始有承诺,且在衡量自己的生活方式是否适合后,开始努力投入所选的职业,在此时期获得快速成长与成就。第三阶段是职业转换期,大约在 33—35 岁,此时未婚女性开始思索是否要结婚,已婚女性则给自己最后的机会考虑是否要生小孩。第四阶段是职业稳定期,大约在 35—40 岁,女性最终确定是否生育,并朝个人职业目标努力。第五阶段是职业成就期,大约在过了 40 岁后,因孩子已长大或其他因素,家庭和事业的冲突渐趋平缓,个人能发展出更高的稳定性来整合成就。第六阶段是职业维持期,大约在 50 岁以后,职业生涯得以继续,并获得成功。简言之,成功女性的生命周期就是经历"稳定—反思—变化—再稳定"的过程,在这一过程中,女性对其职业选择和发展进行实践性反思,寻找可能的职业发展机会。[2] 与男性相比,女性需要更好地平衡工作和家庭。

　　男性的职业生涯具有显著的连续性,婚姻和生育很少会引发其职业停滞,

---

[1] S. Liff and K. Ward, "Distorted Views Through the Glass Ceiling: The Construction of Women's Understandings of Promotion and Senior Management Positions," *Gender, Work & Organization*, 2001, 8(1): 19-36.

[2] Barbara White, "The Career Development of Successful Women," *Women in Management Review*, 1995, 10(3): 4-15.

新的家庭角色还可能成为其职业发展的动力。男性在生命历程中不断向上晋升的欲望会随年龄和家庭责任的增加不断强化。

(三) 组织权力结构的性别不平等

职业晋升在组织内进行,组织的性别文化和性别结构对人们职位提升有影响。在传统的企业文化中,组织对女性是不友好的。传统观点认为,两性成就的差异源自两性成就动机的不同。在社会化过程中,两性接受了与性别气质相关的成功理念和成功方向,男性更多地期望事业进步,女性更多期待家庭完美,女性更可能调整自身成就目标以满足社会期望。在劳动力市场上,对女性的刻板印象是缺乏能力,女性不像男人那样有职业抱负和自信,她们适合做辅助性工作,因此女性难以晋升到高职位。同时,组织结构中的性别不平等,即多数管理者和行政人员为男性,他们主宰了高级主管的职位,结构性地使女性处于不利地位。[①] 由此形成组织权力的性别金字塔结构,即随职位上升,女性在权力结构中的比例越来越少,常常不足20%,甚至产生了5%现象。

(四) 性别化的社会网络和社会支持系统

组织中的性别歧视不仅在于组织文化,还有组织网络的性别化。"男性的同质社会性"(male homosociality)是指男性上级任用和升迁那些在性别、思维、言行甚至在外表上与他们近似的人员,排斥那些"异己"者。随着权力层级的增加,女性比例会逐渐降低,这种状况会使男性管理者对女性职业发展产生紧张情绪,他们会有意回避女性下属的发展。男性管理者多能理解男性的职业发展要求,认为与男性沟通交流更容易,且容易达成共识。由此,男性成功地将权力保持在同性圈子内。女性因缺少晋升中的社会支持网络而易于失去晋升机会。[②]

社会网络理论认为,人们的社会关系是重要的社会资本,作用于两性职业发展。社会网络理论认为,人与人之间存在强关系和弱关系,亲属等关系是强关系,构成了群体内部的团结。"弱关系假设"认为,朋友等是弱关系,弱关系

---

① 埃托奥、布里奇斯:《女性心理学》,苏彦捷等译,北京大学出版社2003年版,第211页。
② 参见 Rosabeth Moss Kanter, *Men and Women of the Corporation*, Basic Books, 1977。

是群体之间的纽带,拥有的信息具有异质性,发挥信息桥的作用。① 在传统农业社会,家户经济模式形成了以男性家长为主体的社会关系网络;在社会的现代转型过程中,男性社会关系网络具有生产和再生产的功能,而女性很难形成社会性的支持网络。养育孩子使得女性在社会结构网络中的信息流和物质流获得方面处于不利地位,导致女性总体上在就业信息、工作经验等方面相比男性为少,造成职业的性别隔离。

社会网络对性别不平等的关系的作用体现在两个方面:第一,在高度依赖社会网络关系的工作中,女性因关系卷入的程度不足而处于职业劣势地位;第二,多样的和开放的社会网络关系会减弱女性在职场中的劣势地位,女性甚至会获得比男性更优势的地位。对项目制的电影劳动力市场的研究显示,具有高卷入的网络连接的影视团队中,女性比男性有更高的事业失败的风险;在开放和多元的网络结构中,女性有更好的职业生存机会。②

(五)多重因素的综合:女性科学家的职业发展

两性劳动分工的差异主要体现在公共领域和私人领域的分化上,社会对两性角色有不同的期待。有研究专门讨论职业领域中的佼佼者——女性科学家,用她们的从业历程和成就与相同经历的男性同行进行比较研究,探索女性在科学领域中的流失问题。传统研究认为,科学家成长符合"科学输送管道"(science pipeline)的原理,即成为科学家的路径相对简单,学生通过从中学、大学到研究生,按部就班、不改初衷,直至入职,通过单向单维的"管道"顺利抵达科学领域。沿着这一路径,女性在科学界的缺位就可归结于她们个人能力和偏好相对男性不足,因此有更高的流失率。谢宇等利用美国的追踪数据,应用生命周期理论进行研究发现,在由教育、家庭和工作领域的多种发展轨迹组成的生命历程中,科学事业的发展与个体的可用时间、兴趣、精力和物质资源

---

① M. S. Granovetter, "The Strength of Weak Ties," *The American Journal of Sociology*, 1973, 78(6): 1360–1380.

② Mark Lutter, "Do Women Suffer from Network Closure? The Moderating Effect of Social Capital on Gender Inequality in a Project-Based Labor Market, 1929 to 2010," *American Sociological Review*, 2015, 80(2): 329–358.

等密切相关。

研究发现:(1)有相当多获得学士学位的女生是在高中毕业后才转到科学学科。这与传统的"科学输送管道"理论不同,这种早期发展路径上的性别差异,能够解释将近一半的学位获得上的性别差异。学业成绩、课程任务、家庭因素等都不能解释选择科学专业上的性别差异,但高中时专业志向具有最重要的影响。(2)大学毕业后,性别差异大部分应归结于专业领域的性别区隔,女生虽然更多主修生物科学,但少有选择在工程或物理专业上发展的。在控制专业变量后,女性仍较男性更少从事科学职业。生育很可能是女性不再深造或不去工作的主因,这反映出美国社会存在传统的性别意识形态和传统性别分工,女人更多地承担家庭照料的责任,男人更多地参与劳动力市场。(3)获得科学硕士学位后,女性在职业路径上比获得学士学位的男性更有可能放弃继续学习和工作,性别差距更大。(4)婚姻给从事科学研究的男性带来收入上的益处;对女性升职来说,已婚有孩的女性处于劣势。(5)控制变量对女性从事科学研究的流失问题没有解释力,起作用的可能是职业抱负。(6)对研究产出能力(research productivity)的测量发现,性别差异不是来自性别本身,而是来自其他控制变量,包括专业领域、所在机构的级别、获得学士与博士学位的间隔年份、工作年份、学术地位、授课小时数、研究助手和基金的来源、家庭状况等。学术型女性科学家的研究产出率与男性的差异正在弥合,差异大部分应归结于个人特质和所在机构,如女性更可能就职于教学类学院而非研究型大学等。[①] 汇总来看,就职业发展来说,性别差异的最大来源在于"职业抱负或职业的自我期望"和生育。这表明性别文化因素和生物性因素交互作用于两性职业发展。

四、改变职场性别歧视

纵观历史,从"男外女内"的家庭劳动分工到男女并肩发展,人类的生计形态发生了根本的变化。从制度到个人生活,消除职业领域的性别歧视是世

---

① 参见 Xie Yu and Kimberlee A. Shauman, *Women in Science: Career Processes and Outcomes*, Harvard University Press, 2003.

第十二章 两性职业发展

界趋势。两性可以在以下几个方面共同努力。

(一) 公共政策和法律消除职场性别歧视

联合国和国际劳工组织一直致力于反对职业歧视,特别是性别歧视。1919 年通过的《国际劳工组织章程》明确规定男女同工同酬,要求保证"同等价值工作"获得同等报酬,旨在反对劳动力市场中结构性的性别偏见。国际劳工组织 1975 年通过的《女工机会和待遇平等宣言》和联合国 1979 年通过的《消除对妇女一切形式歧视公约》在国际社会得到响应,各国政府亦致力于通过法律和政策改变性别歧视赖以存在的文化基础和权力结构。

1995 年,联合国第四次世界妇女大会通过的《北京行动纲领》倡导各国在立法机构和决策职位中实现女性占 30% 的目标,这将有利于推动出台性别平等和妇女发展的政策和法律。要求女性在各种组织中占比达 30% 或者更多,强调这一临界量是个重要指标,对于发挥女性能动性、实现广泛参与和更好的代表性至关重要,是更快更广泛地实现性别平等的前提条件。目前,世界上有 100 多个国家在政治领域采用了配额制。[①] 各国通过建立相关配额制度有效地改善了组织权力层面的性别利益格局。

(二) 建立性别友好型的组织文化和组织环境

在组织权力层面推进性别配额制是改变组织性别环境的重要手段。当有 30% 以上的女性开始承担权力角色时,女性在组织中处于不利地位的状况就会开始改变;相关的组织内政策亦会有所改变。这一工作的挑战极大,需要组织领导者能够高瞻远瞩。

这是一项漫长而艰巨的工作。组织中的性别不平等关系到潜在的男性文化。现代组织方式和组织文化本身常常是男性霸权的,它鼓励和实践以竞争为主的男性气质的管理文化。在这种文化下,即使女性提升到权力职位亦难改变男性权威的组织关系、价值观念和支配方式。实证研究表明,女性到达中层管理位置上的数量大幅增加,但她们能够达到权力高层的数量依然有限。

---

① 参见 Mona Lena Krook, *Quotas for Women in Politics: Gender and Candidate Selection Reform Worldwide*, Oxford University Press, 2010。

加之组织中确实存在男性气质的管理模式,女性即便到达了高层管理的职位,也多是"像男性一样进行管理"。一项对跨国公司 324 名高层管理者的研究表明,因为管理技巧更多地由整个组织文化决定,而不是管理者个人的风格,所以女性为了接近权力或保持其影响力必须适应通行的管理风格,依然要强调竞争、效率和自上而下的决策风格。① 这意味着权力中的男性气质不会简单地因为女性的进入而从根本上改变。

性别友好型的组织文化要改变组织的培训和人力资源政策。一是在识别有潜力职员的流程中应考虑女性的特殊情况,因为就 28—35 岁的年轻人而言,符合条件的女性常常会因为休产假而被忽视。二是开展导师辅导计划,确保女性获得管理职位晋升必备的技能和素质。实践证明,组织内部的辅导计划对于帮助女性建立职业网络、进入领导层非常有效;通过上下级和员工之间的互助,减少偏见,让女性更好地被看见。对惠普进行的内部研究表明,女性只有在认为自己能够 100% 满足所列的标准时,才会申请相应的职位;男性则是在感到自己达到 60% 的要求时就会去应试。② 这意味着女性职业发展需要多种因素共同作用,包括自身能力的提升、职业抱负和性别友好的组织环境等。

(三) 建立以互助为理念的社会支持网络

经营好自己的社会资源、建立良好的人际关系是职业发展的重要条件。一方面,在家庭内,对家务劳动职责进行合理分工,建立夫妻合作和互助的关系模式;另一方面,建立伙伴关系式的各种社会支持系统。美国硅谷最具影响力的女性高管谢丽尔·桑德伯格(Sheryl Sandberg)在《向前一步:女性,工作及领导意志》中指出,女性要勇于追求卓越,以更加开放的心态,主动接受事业上的挑战;要让"另一半"成为真正的人生搭档。

(四) 女性领导力的培养

为了确保更多女性在职场和创业中成为经验丰富、能力出众的领导者,个

---

① 参见 Judy Wajcman, *Managing like a Man: Women and Men in Corporate Management*, Polity Press, 1998.

② 欧高敦总编:《女性与领导力》,经济科学出版社 2008 年版,第 23 页。

第十二章 两性职业发展

体能动的观点认为,将事业作为自己终身目标的女性越来越多。事业成功与否是件主观定义的事,涉及个人认定的工作价值。一项对法国公司 300 名女员工的调查发现,性别歧视、主观职业成就感和职业发展的重心之间存在复杂关系,感知到的性别歧视与主观职业成就负相关,但当加入职业锚/职业发展的重心时,主观成就发生变化。当女性把管理、技术和生活方式的成就作为重心时,可感知的性别歧视会有所增加;当以获得职业安全和自主性为成就时,主观职业成功的认可度有所提升。① 因此,女性要建立自己的职业尊严和自豪感。桑德伯格在《向前一步:女性,工作及领导意志》中指出,职场不能只盯工作能力,还要有爱商,女性要更真心地赞美自己在事业中取得的成就。② 职场能力是可以练就的,要建立自信的心态。

"通过迷宫"的概念指女性有多条可行的路径通向成就目标。迷宫比康庄大道复杂得多,需要更多的毅力和战胜困难的决心。"玻璃天花板"的概念已然不适用于 21 世纪的新女性。对"玻璃天花板"概念的批评认为:第一,它可能误导女性轻易地进入低层职位。第二,它误导女性相信在通向高层职位的路上存在绝对障碍。第三,它误导女性认为障碍难以克服。第四,它忽略了女性面对的障碍的复杂性和多样性。第五,它忽略了女性运用战略的多样性。第六,它排除了妇女克服障碍成为领导人的可能性。第七,它无法积极地面对女性的成功和促进女性职业晋升。事实上,女性正勇敢地挑战困难,用勇气、策略、创造力和智慧通过迷宫,取得成就。③ "向前一步"就是要求女性说出自身利益、思想并展示能力,发挥领导力。

"重心平衡的领导力"的概念认为,在成功的路上,有五大相互关联的要素至关重要。一是发现意义。明确工作的意义能够获得职业动力和满足感。二是管理自身的精力分配,以减少损耗,很快恢复精气神。三是积极心

---

① Olivier Herrbach and Karim Mignonac, "Perceived Gender Discrimination and Women's Subjective Career Success: The Moderating Role of Career Anchors," *Relations Industrielles*, 2012, 67(1): 25-50.
② 参见谢丽尔·桑德伯格:《向前一步:女性,工作及领导意志》,颜筝译,中信出版社 2013 年版。
③ 参见 Alice H. Eagly and Linda L. Carli, *Through the Labyrinth: The Truth About How Women Become Leaders*, Harvard Business Press, 2007。

态。用建设性的方式看待世界,遇难事能有宽广的视野,保持乐观,勇往直前。四是建设关系。建立强大的人际关系网,通过互惠与包容建立归属感。五是积极参与。发出声音,抓住机遇,并能够承担随之而来的风险,与他人合作。这一重心平衡的领导力模式汇集了体力、智力、情感和精神力量,驱使人们追求卓越。

第二节 中国社会两性人才成长规律研究

一、人才成长的性别结构问题

中共中央、国务院印发的《国家中长期人才发展规划纲要(2010—2020年)》指出:"人才是指具有一定的专业知识或专门技能,进行创造性劳动并对社会作出贡献的人,是人力资源中能力和素质较高的劳动者。人才是我国经济社会发展的第一资源。"这些人才包括:一批善于治国理政的领导人才,一批经营管理水平高、市场开拓能力强的优秀企业家,一批世界水平的科学家、科技领军人才、工程师和高水平的哲学社会科学专家、文学家、艺术家、教育家,一大批技艺精湛的高技能人才,一大批社会主义新农村建设带头人,一大批职业化、专业化的高级社会工作人才。然而,从性别视角出发,人才分布、层次和类型却存在着性别失衡的状况。目前,高等教育入学率的性别比趋于平衡,但人才类型却存在性别分化,高层人才性别比例失衡。

(一)高层人才性别比例失衡

1. 党政人才的性别结构失衡,越往高层女性占比越低

我国相关组织部门规定女性在各级政治机构、部门、领导层面应有一定的比例。1978年以来,全国人大女代表的比例一直徘徊在20%左右,与联合国的要求有较大差距。中国妇女参政有"三少三高"现象,即高层领导少、正职少、国家权力的核心部门少,而基层、副职、传统女性职业(如教育、文化、卫生等)女性比例高。2005年和2006年女性在省部级及以上干部的比例和党的

第十二章　两性职业发展

中央委员、候补委员中的比例均仅占10%左右。在地厅级略有提高,达到13%;机关干部中的女性比例则达到23%以上;全国中共党员中的女性比例为19.17%,最大值为北京,女党员比例占35.70%,最小值在山东,女党员比例为15.34%。2004年还有5个省区市没有一位部级女干部,到2006年不再出现这种现象。① 一项使用中国官员信息数据库的资料进行的研究表明,该数据库中有厅级以上干部4057人,其中女性为230人,占5.67%。2000—2015年,这230个女性中有59.13%的女干部到达了副部级。② 高层党政人才的性别失衡明显。

2. 管理人才性别比例失衡

2005年1%人口抽样调查显示,全国企业负责人中的女性比例为21.79%,比2000年提高了5.6个百分点。女企业家人数的增长与地区经济发展程度没有紧密关系。③ 全国工商联的调查表明,2008年,女性私营企业家比例近16%;联合国开发计划署的数据表明,中国女性企业家比例为17%。值得关注的是,2021年胡润全球白手起家女富豪榜宣称,近十年来,中国拥有全球三分之二最成功的女企业家,在新兴行业中女性表现突出。

3. 专业技术人才中女性基数大,但高层拔尖人才奇缺

2008年"第二次全国科技工作者状况调查"显示,从事基础研究的人员中女性占36.0%,其中35岁及以下的青年女性科技工作者占41.4%,36—49岁的中年女性占33.0%,50岁及以上的占28.2%。但高层拔尖人才女性比例长期徘徊在5%左右:2009年,中科院和工程院两院院士中女性仅占5.6%。④

随着高等教育的普及,我国女性科技工作者队伍不断壮大。女性科技人

---

① 马冬玲、贾云竹:《政治与决策领域性别平等与妇女发展评估报告》,载谭琳主编:《2006—2007年:中国性别平等与妇女发展报告》,社会科学文献出版社2008年版,第425页。
② 吕芳:《中国女性领导干部的晋升障碍与发展路径——基于对地厅级以上女性领导干部晋升规律的分析》,《甘肃社会科学》2020年第6期。
③ 蒋永萍:《经济领域性别平等与妇女发展评估报告》,载谭琳主编:《2006—2007年:中国性别平等与妇女发展报告》,社会科学文献出版社2008年版,第418页。
④ 佟新等:《中国女性高层次人才发展规律及发展对策研究》,经济科学出版社2017年版,第23—25页。

才由 2009 年底的 2160 万人上升到 2017 年的 3560.6 万人，占科技人力资源总量的 38.9%。女性科研与试验发展（R&D）人员从 2010 年的 89.44 万人（占总量的 25.3%），上升到 2019 年的 185.35 万人（占总量的 26.0%）。2017 年的第四次全国科技工作者状况调查数据显示，十年来，从事临床、教学、基础研究、应用开发设计、科学普及、中介服务和科技管理等不同工作的女性所占的比例均有所提升。其中，在临床领域，女性占比一直超过一半，2017 年达到了 63.9%。2014—2017 年，有 44.8% 的女性科技工作者在学术刊物发表过学术论文，与 2013 年的调查相比提高了 3 个百分点；有 13% 的女性科技工作者获得专利，比 2013 年的调查相比增加了 3.2 个百分点；女性科技工作者平均获得技术成果 2.3 项，在从事过科研活动的女性科技工作者中，有 28% 将科研成果转化为产品或应用于生产，与 2013 年的调查相比上升了 1.4 个百分点。

从事基础研究的女性科技工作者比例上升了 3.6 个百分点，从事科技管理的女性比例上升了 1.4 个百分点。当前我国女性科技人才的成长发展依然面临着一些阻碍因素，还存在高位缺席、学科分布不均、后备力量不足、职业成就相对较低等现象。促使女性在科技创新中发挥更大作用，已是各国科技人才发展战略的重要内容。2021 年 4 月，全国妇联、科技部等七个部门共同制定了《关于实施科技创新巾帼行动的意见》，大力支持女性科技人才创新创业。①

科学技术人才的性别差异在高等教育学科分类中明显存在。有对某省近 5 年高考完整数据的定量分析研究表明，该省高考考生当中，理科生的男女性别比达 1.35，文科生的男女性别比为 0.37。② 高等教育中文理科的性别结构差延续至职业领域。

（二）对人才性别结构失衡的认知

女性人才是我国重要的人力资源，其中的高层人才是妇女界的杰出代表。一个国家女性高层人才的规模、结构和发展境况，反映了该国妇女的地位，体

---

① 马冬玲、李睿婕：《新时期女性科技人才发展现状》，载余兴安主编：《中国人力资源发展报告（2021）》，社会科学文献出版社 2021 年版，第 57—71 页。
② 李代、王一真：《科学专业中的女生：高等教育机会与专业选择的性别差异》，《社会发展研究》2019 年第 3 期。

现了妇女参与国家政治、经济、社会、科技等各个领域的广度和深度。人才性别结构失衡对社会发展有严重影响，这既浪费女性人才这一巨大的生产动能，又阻碍社会和谐发展。

从中国上市公司看，A股上市公司高管数量共计7.28万名，其中女性领导1.6万名，占比仅两成。① 女性担任高管的人员数量少，管理资产规模总体偏低。1.6万名的女性管理层成员中有5000多名为监事会成员，其地位弱于董事会及其经营层。对于公司董事会以及战略发展起到主导作用的董事长，在4200家上市公司中，女性担任董事长的仅有246名，占比不足6%。其中有人们耳熟能详的格力电器董事长董明珠、立讯精密董事长王来春、蓝思科技董事长周群飞和华熙生物董事长赵燕，这些优秀的女性管理者向人们证明了女性不仅具有管理能力，还能够带领企业向着可持续的方向发展。

领导力和女性领导力研究是近年来的新兴领域。领导是一种能力，包括：判断是非的能力、知识的储备量和解决问题的能力。对女性领导力的认识是与全球妇女运动联系在一起的。在"联合国妇女十年"期间，女性成为国际大会的主要组织者，她们主持大型公共论坛，对社会发展发表真知灼见，有合作和协调冲突的能力，表现出女性有能力承担传统意义上男性承担的领导角色。

有研究注意到，女性在上市公司领导层有重要作用，这种重要作用体现在绿色投资理念和包容发展上。在绿色和可持续发展的理念下，投资者重视基础的投资分析和决策制定过程，关注企业融入ESG（环境、社会和公司治理）的情况。标普2020年初发布的《性别如何融入ESG？》报告指出，上市公司面临着越来越多来自投资者的压力，他们要求公司改善董事会队伍的多样性，性别平等构成ESG评价体系的重要组成部分。公司需要增加女性在公司董事会、最高管理层职位以及整个执行领导层中的代表性，并为女性和有色人种提供平等的报酬和流动性，以此解决全球化公司的多样性、包容性和性别差距问题。女性担当领导角色是全球趋势，这将促进分享和集体领导，推动多元化、合作和关怀伦理，而不是等级制和竞争。

---

① 本小节内容参考王立峰：《中国上市公司高管性别调查报告》，《红周刊》2021年6月5日。

人才的性别结构平等在一定程度上反映了国家的民主化程度。在全球化和网络化的大背景下,成功的女性人才具有重要的社会影响力,她们是广大妇女的旗帜和榜样,是提高妇女社会地位的重要推动力量,是维护妇女合法权益的有力呼吁者。

二、影响两性人才成长的重要因素

教育部高度重视女性人才的发展。2010年,教育部开展哲学社会科学重大攻关项目"女性高层次人才成长规律及发展对策研究",以期激励更多的女性成长和发展。课题组在2010年全国妇女社会地位调查的问卷中加入了高层人才专卷,获得4324份有关副处级以上党政人才、副教授以上专业技术人才以及部门经理和总经理的高层人才样本,其中男性为2335人,占54.0%;女性为1989人,占46.0%。同时,进行了"2010年全国女性高层次后备人才调查",共收集5031份本科生、硕士生和博士生的问卷。以下的研究发现对年轻一代的职业发展有借鉴意义。

(一)性别平等意识、自我期望和职业抱负

性别平等意识对高层人才的成长起关键性作用。通过性别比较发现,女性性别观念的平等程度对其事业有成起核心作用,是重要的动力机制。

高层人才的性别观念皆呈现现代平等化的特征,但有性别差异,女性性别意识更为平等。职业带给女性的不仅是劳动收入和经济自立,还有观念的平等,即高度认同"女性也应以社会为主""挣钱养家也是女人的事""妻子的事业发展和丈夫一样重要"等观念。女性高层人才的性别平等观念的形成有赖于她们出生的时代、党员身份、从事党政工作的职业经历等。虽然女性高层人才依然承担照顾孩子的责任,但与一般人群相比,她们更能够接受父母,特别是原生家庭父母的支持,理性地寻找市场和组织力量的支持。

时代的性别观表现为同期群有着相似的性别观念。毛泽东时代的性别文化成为激励"妇女能顶半边天"的重要力量。性别平等观念和实践有双向作用:积极的性别平等的实践经验有利于女性形成平等观,而性别平等意识又成

为激励女性事业有成的动力机制。① 在毛泽东时代,女性进入各行各业,强化了女性发展事业的远大理想。

研究发现,社会主义的"性别平等"理念与制度较好地弥补了两性收入差;在市场转型过程中,体制外的两性收入差高于体制内。国家的性别平等政策和制度安排对体制内有更强的约束力。② 在"妇女能顶半边天"的口号下,中国的社会主义实践出现了一批优秀的女性领导者。

对高校学生成就动机的性别比较发现,随着学历层次的增加,男女学生的事业发展成就动机发生了不同的变化。随着学历增长,男生事业发展成就动机的变化不大,女生则表现出较快下降的趋势。在女性中,非常赞同"我希望自己在事业上能有所作为"的比例,从本科阶段的43.7%下降到硕士阶段的34.9%,继而下降到博士阶段的29.9%。同时,非常赞成"为了成就一番事业,我愿意付出艰辛的努力"的女性比例,从本科阶段的39.1%下降到硕士阶段的29.2%,继而下降到博士阶段的26.4%;男生非常赞成此项的比例则一直稳定在40%以上。本科阶段男女生事业发展成就动机的差异不太明显,但到研究生,特别是博士生阶段,女性事业发展的成就动机快速下滑。成就动机上的"性别化年龄"分化表明,进入婚育年龄段,女生不得不考虑生育问题,性别观念趋于保守。与此同时,现实的社会环境让女生感受到职场的性别歧视。在有求职经历的高校女生中,四分之一(25.0%)曾经遭遇过性别歧视,还有接近四分之一(21.4%)的应答者不确定是否由于性别歧视而求职失败,只有一半左右(53.6%)的高校女生明确表示在求职过程中没有遭遇过性别歧视,而男生这一选项的比例则达到了75.3%。③ 性别平等政策只是女性职业发展的基本保障,推动女性向顶层发展还需要更为切实的制度改进。

---

① 参见佟新等:《中国女性高层次人才发展规律及发展对策研究》,经济科学出版社2017年版,第11—126页。

② 边燕杰、李路路、李煜、郝大海:《结构壁垒、体制转型与地位资源含量》,《中国社会科学》2006年第5期。

③ 佟新等:《中国女性高层次人才发展规律及发展对策研究》,经济科学出版社2017年版,第454—459页。

（二）性别友好型的组织环境有利于女性人才发展

性别友好型的组织环境是指组织性别结构指标表明组织对女性没有歧视,主要表现为组织高层中女性的比例和组织中女性的比例,当组织高层女性比例和组织中女性比例超过30%时,该组织环境称为性别友好型的组织环境。

我国的一项研究表明,组织高层中女性比例达到30%及以上时,组织的性别歧视现象显著少于没有女性领导和女性领导比例不足30%的情况。这表明,30%作为组织性别环境的临界规模对减少性别歧视在我国也具有有效性,在经济、政治、研究领域和体制内外都有作用。模型分析发现,在经济领域,领导层女性比例小于30%时,该组织的性别歧视的程度高于领导层女性比例超过30%的组织的两倍。政治领域中,国家推行的性别平等的意识形态发挥了很强的作用。

性别友好型的组织环境还包括各种家庭友好的政策,如提供灵活的工作时间、产假和育儿假,提供帮助缓解返回工作岗位的心理压力的相关辅导工作等。

（三）女性双重负担与平衡工作和家庭的规划

有学者用"性别-母职重税"的概念对女性劳动力市场参与进行实证分析。研究发现,成为母亲会让女性在职业发展上受到影响。有研究将其称为"母职惩罚",即做了母亲的女性,其就业机会更少、职场中断的概率更高、薪酬更低。就业特征在性别之间、性别之内、母职与父职之间的差异,证明了"性别税""母职税"和"重税"的存在。性别与婚育的互动,使得母亲在职场上面临多重困境。女性中断工作由婚姻-生育双重驱动,社会性别作用于薪酬主要通过性别-生育实现。女性群体内部存在劳动力市场参与差异,未婚女性、已婚未育女性与多育女性之间有不同的职场际遇,后者在职场中更为弱势。[①]

有研究表明,城镇劳动女性中有1/3都经历过职业中断,最长的职业中断期近3年,结婚生育和照顾子女是首要成因。女性因生育而中断职业的比例

---

① 杨菊华:《"性别—母职双重赋税"与劳动力市场参与的性别差异》,《人口研究》2019年第1期。

逐年升高。从20世纪七八十年代的6%小幅增加到90年代的10%,再大幅跳升至2000年的21%,2010年的35%。①研究发现,成功女性较好地利用市场和亲属关系的支持,以安排好自己的家庭生活。建立社会支持网络对女性既承担职业角色又担当家务劳动有所帮助。

(四)社会网络对女性职业发展起重要支撑作用

社会网络作为重要的社会资本影响人们的收入状况。有研究发现,女性社会网络/社会资本的欠缺可解释性别收入差的12.7%,占总解释量的70%以上。在中高收入群体中,社会网络/社会资本的性别差异更大,对性别收入差的贡献更高。②自社会化开始就存在的性别隔离,最终在职场上反映出来。此外,组织权力既可能形成支持网络,也可能形成社会排斥,而后者是造成性别收入差的重要原因。

(五)制度和公共政策的支持

两性职业发展受到就业制度的影响。典型差异就是两性退休年龄的不同。1993年,《国家公务员暂行条例》以行政法规的形式规定了现行公务员男年满60周岁、女年满55周岁退休的政策,沿袭了20世纪50年代以来中国关于城市男女职工退休年龄差异的政策传统。半个多世纪以来,女公务员的发展环境、自身状况发生了巨大变化,她们越来越感受到传统政策的不公平,迫切要求与男性同龄退休,实现平等的政治权利和经济权利。而女性内部也存在差异,以体力劳动为主的职业女性很乐意享受国家优惠政策,提前退休。

公共政策的定位显得十分关键。目前,不同国家大致有三类有关生育的公共政策。一是新自由主义型的国家福利体系,市场导向决定了有限的福利供给,鼓励儿童照顾服务的私有化。已婚已育的女性和劳动力市场中的其他

---

① 黄桂霞:《生育支持对女性职业中断的缓冲作用——以第三期中国妇女社会地位调查为基础》,《妇女研究论丛》2014年第4期。
② 程诚、王奕轩、边燕杰:《中国劳动力市场中的性别收入差异:一个社会资本的解释》,《人口研究》2015年第2期。

人一样,处于同等的竞争当中。二是保守型的国家福利体系,政策鼓励"男性养家—女性持家"的传统性别分工,提供更加有利于养家男性的税收政策及鼓励女性更多照顾孩子的教育政策和抚育安排,通过补偿方式承认家务劳动的价值,这可能会强化母亲作为家庭照料者的角色。三是民主型国家福利体系。瑞典提供了典范,它将男女共同定位为"国家的纳税人"和"家庭的照顾者",政府提供了相对慷慨的生育假期制度,并实施父亲强制产假制度,有政府补贴式的公共儿童照料系统。在我国,面对生育率的下降,需要从支持照顾者的角度制定公共政策。

小 结

职场存在两性收入差和职业的性别隔离,但工作依然为两性提供了获得全面发展的机会。影响两性职业发展的因素很多,包括职业期望、组织的性别文化与环境、社会支持网络和家庭角色分工等。总体上,女性职业发展面临多重挑战,职业抱负和女性的生育职责明显地影响女性职业发展路径。女性职业发展需要打破重重性别刻板印象的阻碍,要求建立性别友好型的组织环境以及出台支持家庭的公共政策等。我国在人才结构上存在性别失衡状况,女性高层人才的发展需要性别平等观念、性别友好的组织环境和社会支持网络等的支持。

◆ 关键概念

性别收入差　职业的性别隔离　成功恐惧　玻璃天花板
性别友好型的组织环境

◆ 思考题

1. 试分析影响两性职业发展的主要机制。

2. 分析如何打破"玻璃天花板"对女性职业发展的作用。

3. 分析有关生育与照料的公共政策之理念和可能的政策措施。

◆ 进一步阅读参考文献

谢丽尔·桑德伯格:《向前一步:女性,工作及领导意志》,颜筝译,中信出版社 2013 年版。

佟新等:《中国女性高层次人才发展规律及发展对策研究》,经济科学出版社 2017 年版。

◆ 推荐电影

《隐藏人物》,西奥多·梅尔菲导演,2016 年上映。

第十三章

性别与发展

现代化的发展理论使人们普遍相信社会经济增长会促进社会进步,就像促进每个人的生活水平提高一样,发展的好处会惠及每个人。但有学者尖锐地指出:

> 虽然妇女参与的经济发展在某些方面对妇女有利,但整个经济发展体系却是为了强化男性主导地位、有利于资本积累,以及将妇女置于阶级、种族、社会性别和文化等级中的从属地位而构建的。①

1993年11月19日,中国新兴城市深圳的葵涌镇致丽玩具厂发生了一场大火。在这场大火中有84人死亡,其中女性82人。她们死于恶劣的工作环境和劳动关系。② 事实表明,经济增长是各类资源、技术和知识重组的过程,当不平等的社会机制没有改变时,经济增长不仅不能带来性别平等,可能还会加剧性别不平等。

联合国在各类发展项目中加入了性别评估,要求发展项目必须考察该项目对两性的影响,特别是对男女发展带来了怎样的益处。联合国妇女发展基金会2007年的年度报告中提到了如下案例。

---

① 周颜玲、凯瑟琳·W.伯海德主编:《全球视角:妇女、家庭与公共政策》,王金玲等译,社会科学文献出版社2004年版,第2页。

② 佟新:《社会结构与历史事件的契合——中国女工的历史命运》,《社会学研究》2003年第5期。

第十三章 性别与发展

2003年,某国际机构资助天津某贫困县修公路。该公路穿过了当地几个村庄。公路建成后,进行各种评估,其中也包括性别评估。性别评估的结果是:90%的男性和48%的女性对高速公路的修建感到满意和比较满意,两性的评价有较大的差异。究其原因发现,两性对公路有不同的需求。修之前的马路是一条可自由穿行的路,方便买菜和送孩子上学;而修路后,原本的马路无法通行了。新修路的路口离村子有800米,再加小路,往返学校要走3公里。由此,接送孩子上学、买菜做饭的妈妈们要比以前多花一个小时的时间在路上。因此有一半的女性对这一公路的修建不满意。

回顾修建公路的过程发现,在设计公路时的确召开了村民大会,征求过大家的意见,但是当时参会的几乎都是男性。男性的出行以摩托车为主,修公路方便了男性的出行;女性和孩子的利益没有得到有效的表达。公路修成后,女性深感修路带来的不便。

因此,在性别评估后,国际资助组织做出反应,与当地政府一道,修建了一座过街天桥,方便妇女和儿童的日常生活。可见修路对两性有着差异性的影响,两性因社会分工而产生利益分化。发展项目应充分考虑到性别需求,减少项目实施过程中的性别盲视,力求在项目设计之初就具有性别视角。

从上述案例可以看出,促进社会发展和提高社会福利的发展项目,会因社会的阶级/阶层结构、性别结构、年龄结构的差异而无法均等地惠及每个人。用社会性别视角审视发展项目成为一项重要议题。本章讨论两个问题:一是认识发展过程中的性别不平等关系的改善状况和潜在问题,分析公共政策中的性别取向和发展项目的性别评估;二是分析中国现代化的发展过程中相关的性别问题。

第一节 发展中的性别问题

进入工业社会,以经济增长为核心的社会发展改变了人类的生活方式和社会关系结构,与发展相关的社会结构不平等问题被提上议事日程。1961—1970年是联合国第一个发展十年,发展成为全球性的核心问题。发展被定义为以促进经济增长为核心的社会发展。其理论假设是:第一,经济发展和国内生产总值提高会自然地带动社会进步。第二,社会进步是普惠众生的,它自然会惠及妇女和贫困人口。20世纪70年代,当研究者回首第一个发展十年时发现,发展中国家的发展是沿着西方工业化发展道路的,然而发达国家的发展模式、技术成长的道路和经济增长模式并不适合发展中国家,甚至会带来更为严重的性别、阶级与种族的不公平。社会对女性的经济贡献是盲视的,这要求重新认识女性对经济增长的贡献,要求在社会统计中加入性别统计,要求对发展项目进行性别评估。

一、重估女性在经济增长中的贡献

从性别视角看经济增长理论会发现,女性没有出现在经济增长的理论视野中。埃斯特尔·博塞拉普在《女性在经济发展中的贡献》中第一次用量化方法分析了女性在经济发展中的贡献。第一,女性是粮食生产的主体力量,非洲和亚洲60%—80%的农业劳动力是女性,拉丁美洲40%的农业劳动力是女性。第二,女性的劳作是大多数家庭得以生存的基础。第三,官方统计和政策制定者都忽略了女性的经济贡献。第四,女性工作的性质、性别角色与社会现代化之间存在微妙关系,发展中国家的女性劳作更多地集中在家庭和非正式经济部门,经济发展加剧了女性在经济活动中的边缘化,即工资收入和农业技术的应用更有利于男性而不是女性。第五,女性贡献的边缘化是欧洲殖民主义在殖民初期将技术、技能、教育优先给予男性的结果,它迫使女性从事低生产率、低技能要求的工作。第六,现代化模式不能保证女性最终从经济增长中受益。因此,博塞拉普要求政府部门和学术界重新评估女性的经济贡献:第一,无论发达资本主义国家,还是发展中国家,都要回应经济增长和发展对两性的影响。第二,在制定发展政策时应当考虑性别利益。第三,社会性别的概念要纳入国家决策主流。要打破将女性定位为母亲、妻子的角色,把女性定义

第十三章 性别与发展

为经济活动的主要参与者。① 只有这样才能使女性从经济发展中的边缘或辅助地位回到发展的主体。

1995年,第四次世界妇女大会达成了《北京宣言》,提出"确保妇女有平等机会取得经济资源,包括土地、信贷、科技、职业培训、信息、通信和市场"。

国际劳工组织的报告显示:1995年至2015年间,全球女性的劳动参与率从52.4%降至49.6%;男性的相应数据分别是79.9%和76.1%。全世界范围内女性参与劳动力市场的机会仍比男性低近27个百分点。一方面要看到在南亚和东亚,性别差距甚至有所扩大,劳动参与率低对妇女收入能力和经济安全造成负面影响②,另一方面也要看到在全球化的发展中两性做出的贡献。

二、社会性别统计、预算和评估

为了评估发展带来的人类进步和对性别的影响,联合国开发和使用了一系列的性别统计指标,要求各国在官方统计和发展规则中加入社会性别统计、社会性别预算和社会性别评估。

(一)社会性别统计和相关性别指数

1980年,联合国要求世界各国和各地区收集有关妇女生活状况的统计信息,并公开数据,为实现性别公正提供依据。社会性别统计是通过男女两性在社会和家庭生活中状况的量化数据,以性别比较的方法认识性别平等和妇女发展目标的实现状况,提升公共政策的性别敏感度。

1990年,联合国开发计划署首次使用一套全面衡量发展质量的指标体系——人类发展指数(HDI),即以"预期寿命、教育水平和生活质量"三项基础变量,按照一定的方法计算得出综合指标,用它来衡量各个国家的人类发展水平。

1995年,联合国在人类发展指数的基础上推出性别发展指数(GDI),分性

---

① 参见 Ester Boserup, *Women's Role in Economic Development*, Routledge, 2007。
② 国际劳工组织:《工作中的妇女——2016年趋势》,http://www.ilo.org/wcmsp5/groups/public/-dgreports/-dcomm/-publ/documents/publication/wcms_457087.pdf,2022年2月4日访问。

别地统计各国或地区的人类发展指数,进而进行性别比较;进行性别比较后设置性别不平等的最高点和最低点,分别用"0"和"1"表示。性别发展指数越接近1,说明两性的平等程度越高,反之,表明性别差距明显。

联合国提出女性参政是其享有公平发展机会的重要保障,因此制定性别权能指数(GEM)衡量男女两性平等参与政治、经济等社会公共事务的状况。该指标包括三个方面:一是政治参与和决策,用两性分别拥有的议会席位比例衡量。二是经济参与和决策,由行政和管理岗位中两性的比例及专业技术人员中两性的占比衡量。三是支配经济资源的权力,用两性估计收入衡量。

全球性别差距指数(GGGI),是在2006年世界经济论坛上提出的,以发现性别差异幅度,指数包括了经济地位、教育、卫生福利、政治增能四个方面。衡量经济地位差距有三个指标:参与差距(两性劳动参与率差距)、薪资差距(两性估计收入差距和两性从事相似工作的收入公平程度)、成就差距(两性议员、高级官员和管理人员比例的差距)。教育差距体现在两性识字率的差距和两性在初等、中等和高等教育入学率上的差距。卫生福利差距体现在两性出生性别比和两性预期寿命上的差距。衡量政治增能差距包括三个指标:两性在议会中席位的比例差距,部级及以上官员两性比例的差距,过去50年中两性国家元首比例的差距。① 2020年,全球性别差距指数表明:第一,北欧国家在性别平等方面做出了榜样。在性别发展指数上,世界排名第一至四位的国家是冰岛(87.7%)、挪威(84.2%)、芬兰(83.2%)和瑞典(82.0%)。② 第二,发达国家在性别发展指数上优于发展中国家;但发展中国家性别发展,特别是政治参与的项目方面发展很快。第三,经济增长和发展并不能明显改善性别差距,日本作为发达国家,其性别差距排在全球最后。

在学术研究中,通过分性别的定量分析可能会有重要发现,这需要研究者具有性别意识和提出性别问题的能力。

---

① 杨菊华、王苏苏:《国际组织性别平等指数及其对中国的启示》,《妇女研究论丛》2018年第4期。
② World Economic Forum,"Global Gender Gap Report 2020", December 16, 2019, https://www.weforum.org/reports/gender-gap-2020-report-100-years-pay-equality,2022年2月5日访问。

第十三章 性别与发展

(二) 社会性别预算

为了推动公共政策中的性别平等,联合国引入了"社会性别预算"工作,以评估政府的财政收入和支出对女性和男性、女童和男童产生的影响,以公平地分配资源。1984 年,澳大利亚首先开展性别预算工作。1995 年,第四次世界妇女大会通过的《北京行动纲领》指出,性别预算不是为妇女制定单独的预算,而是增加针对性别平等项目的预算。2010 年 3 月,联合国妇女发展基金会在纽约举办"经济危机与复苏中的性别平等"大会,讨论经济危机中经济调整政策和刺激性财政政策对性别平等的影响,研究认为削减赤字、减少公共开支的财政政策往往不利于推进性别平等。

(三) 发展项目与社会性别评估

社会性别评估是对公共政策和发展项目满足性别需求的状况做出评价。性别需求一般分为两类:一是实用性的性别需求,指平衡两性因性别角色承担的工作,多涉及供水、供电、卫生保健、就业等公共领域供给的实际生活条件。二是战略性的性别需求,指改变女性在社会中的从属地位的需要,涉及劳动性别分工、性别权利、家庭暴力、同工同酬等。

社会性别评估至少包括两种:一是对各类公共政策和法规的性别影响进行评估,考察公共政策给两性带来的影响。如城市发展政策、土地政策、家庭政策、住房政策等都会对两性有不同的作用。这种评估着重对战略性的性别需求的评估。二是发展项目的社会性别评估。发展项目是各种国际组织和发展机构的援助项目,这些发展项目对两性有不同的影响。还有一些发展项目是专门为改善女性经济条件设立的,如女性小额信贷、社区综合发展、扶贫项目、生殖健康项目等。目前,发展项目多要求做性别评估,其具体目标有:对发展项目进行性别监测,建立可衡量的指标体系;考察性别参与的状况;满足性别需求的状况和程度。

对发展项目的性别评估,可观察到四种与性别相关的发展模式:

第一,"女性参与发展"(women in development, WID)模式。1971—1980 年是"联合国第二个发展十年",对发展模式的研究发现了发展的"涓滴效应"

(trickle-down effect),即在经济发展过程中并不能直接给予女性特别的关注,而是由先发展起来的群体或地区通过消费和就业等惠及女性,带动其发展和富裕,从而使女性摆脱长期被排斥的状况。因此,妇女参与发展强调要以提高女性劳动生产率、提高收入、提高管理社会和家务的能力等为策略。妇女参与发展是说,相信当妇女参与了发展,其社会性别关系自然会转变。

第二,"女性与发展"(women and development, WAD)模式。这一模式开始对发展进行整体性反思,强调通过提高妇女生产率来提高妇女收入以改善其社会地位。

第三,"性别与发展"(gender and development, GAD)模式。社会性别的概念被引入发展研究,这一模式看到女性的低收入并不仅仅是劳动力市场安排的结果,更与家庭这一私人领域的劳动分工有关联。该模式主张通过公共政策和项目改变不平等的性别权力关系,实现妇女的充分参与和两性共同决策。1995年,第四次世界妇女大会提出了"社会性别主流化"(gender mainstreaming),《北京行动纲领》要求各成员国承诺促进男女平等。"社会性别主流化"强调把性别问题纳入主流是一个过程,它对任何领域各个层面的任何一个计划行动(包括立法、政策或项目计划)对女性和男性产生的影响进行分析。它是一个战略,把女性和男性的关注、经历作为在政治、经济和社会各领域中设计、执行、跟踪、评估政策和项目计划不可分割的一部分来考虑,以使女性和男性能够平等受益,不平等不再延续下去。它的最终目的是达到社会性别平等。该模式将女性纳入发展项目,至少包括三方面内容:(1)以女性为中心,设计专门项目以解决女性面临的特殊问题,如通过提供饮用水、儿童免疫、基础教育及孕产妇保健服务来满足女性的实际需求。(2)在项目实施的过程中,收集分性别数据,以分析项目对性别的差异性影响。(3)推动法治建设,在发展项目中关注性别需求,着力解决制度中存在的性别歧视,并对项目产生的社会后果进行性别评估。

第四,性别发展的"增能模式"(empowerment model),亦称为"意识唤醒模式"(consciousness-raising model)。增能模式强调传统文化是阻碍妇女发展的根源,要唤起人们的觉悟,改变传统的性别观念、态度和行为才能使妇女获得权力。该模式要求在实施发展项目时,关注:(1)性别关系,要求两性协调发展;(2)女性应被视为发展的积极参与者;(3)建立整体的理论观,从对家庭的认识来理解生产领域的性别不平等;(4)强调发展理念就是强调能力的提升,即在一定历史条件下,发展是满足人们物质、情感和创造需求能力的提高;(5)平等、福利和反贫困的政策不是对立的选择,而是相互融合的;(6)强调女性必须有自己的组织,通过组织化程度的提升来增进谈判能力。"发展"的概念是使经济增长的益处能公平地达到每一个人,每个人获得能使自己生活水平不断提高的能力。

2020年10月1日,习近平总书记在联合国大会纪念北京世界妇女大会25周年高级别会议上讲话时指出:"25年来,北京世界妇女大会精神不断催生积极变化。妇女社会地位显著提高,'半边天'作用日益彰显,性别平等和妇女增能已成为《联合国2030年可持续发展议程》的重要目标。……男女平等是中国的基本国策。中国建立了包括100多部法律法规在内的全面保障妇女权益法律体系,被世界卫生组织列为妇幼健康高绩效的10个国家之一,基本消除义务教育性别差距,全社会就业人员女性占比超过四成,互联网领域创业者中女性更是超过一半。……建设一个妇女免于被歧视的世界,打造一个包容发展的社会,还有很长的路要走,还需要付出更大努力。让我们继续携手努力,加快实现性别平等、促进全球妇女事业发展。"

三、全球化与新技术发展中的性别问题

目前,对全球化和新技术的性别影响的研究仍显不足,需要正视其对两性的复杂作用。

第一,全球化是建立在性别不均衡发展之上的,女性正积极地参与全球劳动力市场,她们是非正规劳动力市场的主要劳动者。一方面,全球化容纳了更多的发展中国家的妇女就业,但也加剧了女性地位的边缘化和女性贫困等问题。发展中国家的出口行业/订单企业中,女工至少占到就业总数的50%,有些出口加工区女工占到75%以上,她们成为全球经济中最受欢迎的廉价和具有弹性的劳动力。另一方面,当国际资本将女性劳动力视为顺从和易于管理

的劳动力时,加班和严苛的管理就会剥夺她们的休息时间并不断压低她们的工资。在全球视野中,一些地区的女性获得了新的就业机会往往意味着另一些地区的女性正在经历失业,其结果是跨国公司在全球范围内吸纳廉价的女性劳动力以获得更多的剩余价值。

第二,全球化发展对男女有不同影响。对此,人们有不同的认识。一种全球资本主义父权制的观点认为,跨国资本将女性劳动力预设为比男性更有忍耐力、更顺从、更能接受低工资、较差的工作环境和较长的工作时间的人,她们备受跨国资本的欢迎。其原因就在于全球化没有改变传统性别分工的意识形态和男性霸权的文化。发展中国家的两性在资源和机会的重新分布中深受资本主义父权制的影响。一种乐观的观点认为,相对于发展中国家的工作条件,跨国公司的工作条件较优越,受雇女性可以对东道国企业施加压力,迫使其改善工作条件,进而优化东道国的劳工标准。

政治经济学家安·蒂克纳对全球化下的性别利益分化做了一系列研究。社会中阶级、性别和种族等的差异会导致利润分配不公,在结构中处于弱势地位的人常常不成比例地处于不利地位。[①] 她提出反思国际关系的政治经济学中的性别盲视,解构传统理论;她认为应从本体论出发,而不是从传统的以国家为中心的立场出发。新自由主义经济学用"理性经济人"的假设理解人们的经济行为,认定经济理性行为是男性气质的展现,由此排除了如爱、利他行为、合作或同情心等行为动机。资本主义的运作忽视了女性的无酬工作的价值以及她们在家庭中的母职和扮演其他社会再生产角色的作用,究其原因是资本主义背后的父权制塑造了人们的性别关系与性别身份认同。在国际层次上,新自由主义经济学主张国家尽量减少对市场的干预,用市场这只"看不见的手"完成社会资源的有效运用。[②] 但市场本身可能存在不平等的社会结构,亦可能带来分配的不公正。

第三,在科技快速发展的背景下,知识能否更好地使女性增能?以脑力劳

---

① J. Ann Tickner, "The Gendered Frontiers of Globalization," *Globalizations*, 2004, 1(1): 15-23.
② J. Ann Tickner, "You Just Don't Understand: Troubled Engagements Between Feminists and IR Theorists," *International Studies Quarterly*, 1997, 41(4): 611-632.

第十三章 性别与发展

动替代体力劳动的人工智能的发展,是否能够改变有酬劳动中的性别不平等?研究发现,已有的性别不平等的结构直接作用于信息技术和人工智能技术对两性的影响。英国是数学和计算机科学专业招收女大学生比例最低的国家之一,女生约占 20%;女性在信息通信技术劳动力中占三分之一。[①]

2014 年,国际电联和联合国妇女署联合设立了一项创新技术和应用促进女性及年轻女性增能的杰出项目奖,简称性别权能技术(GEM-TECH)奖,用以彰显新技术在女性和年轻女性增能中发挥的作用;奖励世界各地为弥合性别数字鸿沟培养未来技术领域的女性领袖。一方面,在大多数新兴行业,女性比例普遍偏低。这种差距在"云计算"类职业中表现最为明显,其中,只有 12% 的专业人士是女性。女性在"工程"(15%)和"数据和人工智能"(26%)等相关职业中的从业情况也不容乐观。另一方面,女性在"内容生产"和"人员与文化"两个快速增长的职业类别中从业数量超过男性。[②]

在中国,数字经济为女性创造了更多就业、创业机会,缩小城乡女性发展差距,提升女性就业创业质量。通过连接弱势个体与劳动力市场、共享信息与资源,数字经济降低了农村地区、偏远地区女性劳动者的就业创业壁垒。2022 年 3 月,阿里研究院与中国就业形态研究中心课题组联合发布《数字经济与中国妇女就业创业研究报告》,指出在数字贸易、电商、直播等领域,数字经济已创造 5700 万女性就业机会。电商平台上,约有 2358 万女性淘宝店主,其中,农村的淘宝女店主有 392 万人,淘宝直播和抖音上约有 1244 万女性主播,"饿了么"与"美团"平台上约有 18 万女骑手,出行平台上约有 136 万女司机,微信生态上约有 1749 万女性社群经济参与者……数字化降低了一些行业的就业门槛,随着分拣自动化程度提升,物流行业吸纳女性比例也在提升。但已有的性别不平等问题依然存在,需要关注结构性不平等的延续。

第四,各类倡导性别平等的组织亦出现了全球化趋势。国际社会和各个

[①] 国际劳工局:《世界就业报告(2001 年)》,中华人民共和国劳动和社会保障部国际劳工与信息研究所译,中国劳动社会保障出版社 2002 年版,第 163 页。

[②] World Economic Forum, "Global Gender Gap Report 2020", December 16, 2019, https://www.wefo-rum.org/reports/gender-gap-2020-report-100-years-pay-equality, 2022 年 2 月 5 日访问。

国家在经济、技术、信息通信、妇女/性别研究等领域建立起各种非政府组织、基金会等。这些组织协同合作、分享信息、交流经验。如科技领域的荷兰年轻女性/女性与科学/技术专家组织（VHTO）、非洲妇女科学技术教育促进会（WAAW）等组织。这些妇女组织努力重塑全球化秩序，建构起经济、政治和技术的民主与性别平等；积极关注危害全人类的各种全球性问题的解决，敦促将社会性别意识纳入决策主流，在环境、人权、人口等问题上将女性议题纳入联合国议程，使女性平等地享受到全球发展的益处。如欧洲妇女国际研究（Women's International Studies Europe，WISE）有很大的影响力。类似研究机构设有网站，为各国的学者、组织者和学生等提供了便捷的信息服务。

总之，全球化和新技术的发展带来的利益变迁嵌入已有社会结构，一定程度上会延续性别不平等；同时，全球民主化和性别平等化的理念亦随之传播与推广，这将全方位地促进性别平等运动的开展。

第二节 中国社会发展进程中的性别问题

计划经济时代，中国社会经历了一场重要的妇女运动，女性的劳动参与率一度达到了全世界的最高水平；社会主义市场经济时代，女性劳动参与率有所下降，但一直保持在60%以上，居于世界前列。

一、实行男女平等是中国的基本国策

1995年，联合国第四次世界妇女大会在北京召开。江泽民在开幕式上指出："我们十分重视妇女的发展和进步，把男女平等作为促进我国社会发展的一项基本国策。"这是男女平等作为基本国策被首次提出，是我国政府对国际社会的庄严承诺。

2005年，我国第一次修正《妇女权益保障法》，首次将男女平等作为基本国策写入法律，明确规定，"实行男女平等是国家的基本国策。国家采取必要的措施，逐步完善保障妇女权益的各项制度，消除对妇女一切形式的歧视"。2011年，国务院印发《中国妇女发展纲要（2011—2020年）》，规定了新的10

年妇女发展所要达到的具体指标,这成为男女平等基本国策的重要见证。

2020年10月1日,习近平主席在联合国大会纪念北京世界妇女大会25周年高级别会议上的讲话强调:"25年来,北京世界妇女大会精神不断催生积极变化。妇女社会地位显著提高,'半边天'作用日益彰显,性别平等和妇女增能已成为《联合国2030年可持续发展议程》的重要目标。"他提出四点主张:"第一,帮助妇女摆脱疫情影响。要关注一线女性医务工作者身体健康、社会心理需求、工作环境。我们要把保障妇女和女童权益置于公共卫生和复工复产计划重要地位,特别是拓宽妇女就业渠道,打击侵犯妇女权益的行为。我们要强化社会服务,优先保障孕产妇、儿童等特殊人群,格外关心贫困妇女、老龄妇女、残疾妇女等困难群体,为她们做好事、解难事、办实事。第二,让性别平等落到实处。这次疫情既带来了前所未有的挑战,也提供了深刻反思、重塑未来的机遇。世界的发展需要进入更加平等、包容、可持续的轨道,妇女事业是衡量的重要标尺。保障妇女权益必须上升为国家意志。要以疫后恢复为契机,为妇女参政提供新机遇,提高妇女参与国家和经济文化社会事务管理水平。我们要消除针对妇女的偏见、歧视、暴力,让性别平等真正成为全社会共同遵循的行为规范和价值标准。第三,推动妇女走在时代前列。在21世纪的今天,开创美好生活离不开妇女事业全面进步,也需要广大妇女贡献更大智慧和力量。要坚持在发展中保障妇女权益,靠发展改善妇女民生,实现妇女事业和经济社会同步发展。我们要扫清障碍、营造环境,最大限度调动广大妇女积极性、主动性、创造性,增强她们的获得感、幸福感、安全感。我们要充分发挥政府作用,广泛调动社会力量,支持和帮助妇女享有出彩的人生。第四,加强全球妇女事业合作。妇女事业发展离不开和平安宁的国际环境,离不开可持续发展,离不开发挥联合国的重要协调作用。我们支持联合国把妇女工作放在优先位置,在消除暴力、歧视、贫困等老问题上加大投入,在解决性别数字鸿沟等新挑战上有所作为,使妇女目标成为2030年议程的早期收获。我们也支持提高妇女在联合国系统中的代表性。联合国妇女署要丰富性别平等工具箱,完善全球妇女发展路线图。"

各种细致的工作正在开展。2020年5月通过的《中华人民共和国民法典》第一千零一十条第一次在法律中明确规定学校有义务防治校园性骚扰,确立了防治校园性骚扰的行为主体,为高校开展防治性骚扰工作提供了法律保障。

我国人口的预期寿命提升,女性受教育状况也得到极大改善。在不考虑城乡因素的状况下,全国女性与男性在小学和初中层次教育方面的差异已非常微弱,性别差异近乎消失。女性在研究生层次的受教育机会的获得与男性的差异越来越小。在中国,市场化改革使得两性的在业概率双双下降,但女性的降幅超过男性;两性的收入水平双双提升,但男性的增速超过女性;故职场机会和就业结果的性别差异均有随市场化的推进而加大的趋势。传统性别不平等不仅是延续的,还有被市场化改革强化的效应。①

二、提升女性政治参与和相关制度建设

2004 年,中国国家统计局建立了《妇女儿童状况综合统计报表制度》,建立了一套较为完整的性别统计指标体系。2011 年,国务院印发了《中国妇女发展纲要(2011—2020 年)》,涵盖了妇女健康、教育、经济、参与决策和管理、社会保障、环境和法律等领域,共设有 64 条主要目标。自 2014 年起,国家统计局每年向社会发布《中国妇女发展纲要实施情况》的统计监测报告。2021 年 12 月 21 日,国家统计局对外公布《中国妇女发展纲要(2011—2020 年)》终期统计监测报告。报告表明,女性平均预期寿命突破 80 岁、孕产妇死亡率下降超四成、妇幼健康服务能力显著增强。同年 9 月 27 日,国务院印发了《中国妇女发展纲要(2021—2030 年)》。自 1990 年起,全国妇联和国家统计局每十年进行一次"中国妇女社会地位调查",该调查全面反映了中国妇女在政治、社会、经济、家庭和健康等方面的状况。

1979 年,联合国通过的《消除对妇女一切形式歧视公约》阐明了妇女政治权利的基本内涵。妇女的政治权利既包括早期妇女参政运动所要求的选举

---

① 杨菊华:《市场化改革与劳动力市场参与的性别差异——20 年变迁的视角》,《人口与经济》2020 年第 5 期。

权、被选举权,又包括传统政治运作中担任各级政府(政党)公职的权利,还包括妇女运动对政治参与的广泛认识:参与立法决策、公众和政治事务以及各类社会组织的权利,参加外交事务和国际组织工作的权利等。1995年制定的《北京行动纲领》提出,将妇女参与政治和决策列为"重大战略目标"或"优先关切"。

1995年,《北京行动纲领》要求各级妇女参政的指标到2000年要达到30%。针对制定性别配额制,各国有不同的主张。如芬兰和挪威制定的配额,要求将国家和公共有限公司董事会中的女性比例增加至40%。国际社会有提出50:50的均衡比例的观点,同一性别不低于40%和不超过60%的配额建议被广为认同。在中国,倡导和推动性别配额制的呼声越来越高。相关研究显示,在经济领域,当领导层的女性比例小于30%时,女性受歧视的程度约为女性领导层比例超过30%的单位的两倍。在国家力量能够有效发挥作用的政治领域,即使在女性领导较少的情况下,性别歧视现象也能保持在相对较低的水平。这说明国家推行的性别平等意识形态在政治领域中发挥着较强作用,政治组织追求社会平等、社会公正和社会融合的意愿和能力可能更强。[1]数据表明,在2019年的选举中,实施配额制的国家,女性在国家议会中的席位平均达到30%;而没有实施配额制的国家,女性在国家议会中的席位平均是18%。[2]

三、通过发展项目实现性别平等

发展项目中的社会性别视角是推动性别平等主流化的重要力量,让发展的成果惠及每个人是重要的发展战略。可通过生殖健康项目和反贫困项目,理解在发展项目实践过程中如何推进性别平等。

(一)生殖健康项目

1994年9月,联合国在开罗召开的国际人口与发展大会上通过了《行动

---

[1] 马冬玲、周旅军:《女领导的临界规模与组织性别歧视现象——基于第三期中国妇女社会地位调查的实证研究》,《社会》2014年第5期。

[2] UN WOMEN, "Gender Equality: Women's Rights in Review 25 Years After Beijing", https://www.unwomen.org/sites/default/files/Headquarters/Attachments/Sections/Library/Publications/2020/Gender-equality-Womens-rights-in-review-en.pdf, 2022年2月6日访问。

纲领》,对生殖健康进行了定义:

> 生殖健康是指生殖系统及其功能和过程所涉一切事宜,包括身体、精神和社会等方面的健康状态,而不仅仅指没有疾病或不虚弱。因此,生殖健康……表示,人们能够享有满意而且安全的性生活,有生育能力,可以自由决定是否和何时生育及生育多少……(它意味着)人们有权获得适当的信息和服务以使妇女安全地怀孕和分娩……它还包括性健康,其目的不仅在于提供必要的,与生育和性传播疾病相关的咨询及服务,还在于对生活质量和个人关系的增强。①

这次会议同时提出男性生殖健康问题,旨在鼓励男性承担起性和生殖行为、丈夫、父亲角色的责任。世界银行的统计表明,生殖系统疾病占女性患病和残疾总数的30%,占男性患病和残疾总数的12%。即使没有生育意愿或者不育的女性,由于其一生要经历经期、更年期,妇女健康在整个生殖健康领域占有突出地位,因此生殖健康应以妇女为中心。②"以妇女为中心的生殖健康模式"就是视女性为生殖的主体,强调女性增能,使她们能够更好地理解自身的生育健康需求,并能在家庭、社区和政策上明确表达需求。

一项以云南澄江县和陆良县为项目点进行的妇女生育卫生与发展项目,以"照片呼唤"的方法反映农村妇女"实用性的性别需求"。农村妇女通过简单的拍摄培训,用照片诉说了自己的需求,她们对水、燃料这些日常生活资源的需求远大于对自身生殖健康的关心。因此,项目从改善农村的水及燃料资源入手,最终旨在提高女性的生育健康水平。③

值得关注的是,许多人认为,女性应承担避孕的主要责任。每年未采取避孕措施或避孕措施失败导致大量的女性人工流产。国家卫生健康委发布的《中国卫生健康统计年鉴(2020)》指出,近五年来,中国的人工流产总数一直徘徊在950万左右。2019年人工流产人数达976.2万。中国已婚夫妇的避孕

---

① 顾宝昌主编:《生殖健康与计划生育的国际观点与动向》,中国人口出版社1996年版,第86—87页;有改动。
② 萧扬:《社会性别视角下的妇女生殖健康》,《浙江学刊》2001年第5期。
③ 参见吴坤仪等编:《中国云南农村妇女自我写真集》,云南民族出版社1995年版。

严重依赖女性使用避孕环和女性结扎。2006年,两者分别占已婚夫妇避孕方式构成的48%和34%。这说明避孕中存在性别不平等,1/5使用避孕环的女性因此而生殖健康受损。从国际经验看,医学界对各种避孕方式的长期追踪表明,男性结扎是最为安全有效的,非常适合生育了理想子女数,需要长效避孕方式的夫妻或伴侣采用。以加拿大、美国和英国的情况看,它们在经历了两百多年的性别平等运动历程中,实现了男性自愿选择结扎来承担避孕责任的历史变迁。20世纪80年代后,男性研究兴起,推动了男性气质朝着多元和公正的方向变革,并以多种方式进入公共政策。越来越多的男性接受了有责任避孕的性别平等观念,男性普遍反映,结扎没有损害自己的男性气质,还带来很多正面的变化,包括不用再担心怀孕而使性生活的满意度更高,与妻子的情感更好。事实上,男性气质的定义正在发生变化,在欧美国家,结扎成为检验男性气质的一个试金石,一个男人是否愿意结扎,成为是不是关心伴侣的好男人的一个标准;做结扎手术的男性被看作拥有足够的男性气质的人。在这样的情形下,结扎被成功地结合到男性气质的定义中。[1]

中国生殖健康项目的开展应切实将性别平等意识纳入其中,以性别平等意识推动男性气质的变革,将男性承担避孕责任建构为新型好男人的标志。

(二) 反贫困战略中的性别视角

人类对贫困的认识是在不断变化的,从侧重物质匮乏状况,现转向在社会经济文化和制度性结构中考察贫困和认知贫困。贫困不仅仅是收入低,更是获得基本物质福利的机会和能力的缺失。结构性因素,如性别、年龄、残疾等不利的人口因素与资源不公平配置的交叉重叠使贫困不断发生和再生产。同时,贫困的形成是一个复杂的过程,各种不平等的社会机制交互作用。与男性相比,女性更容易陷入贫困,有"贫困女性化"的倾向。

贫困女性的议题是各发展中国家十分重视的内容。两性在分享经济权利方面的差异,使女性更难获得土地贷款等。女性享有更少的工作机会,因此容

---

[1] 王向贤:《欧美三国的成功经验:男性结扎如何成为普遍的自愿选择》,《妇女研究论丛》2015年第3期。

易陷入经济贫困;加之社会分配制度依赖家庭,作为家庭主要照料者的女性,常常会因为婚姻破裂而陷于贫困的窘境。

因此,需要将婚姻家庭制度、生育制度、社会保障制度、社会网络、健康程度以及扶贫政策等因素纳入对"贫困女性化"的考查。值得关注的是,存在特殊形式的男性贫困,如农村大龄未婚男性常常成为乡村贫困的主体,这表明贫困嵌入特定的家庭结构。

从性别分工的角度看,与男性相比,有三种因素可能导致女性贫困。(1)性别脆弱性(gendered vulnerability,又译为性别易受损害性)。贫困人群的脆弱性指个人和家庭遭遇风险而损失财富或生活质量下降的可能性,即女性承担社会风险的能力很弱,这些风险包括市场风险、环境风险和健康风险等。如在经济危机的情况下,女性成为最早和最容易失去工作的人。(2)社会排斥。社会上存在诸多基于性别、年龄、城乡身份等的社会结构性排斥,如在劳动力市场中存在各种间接的或直接的性别歧视,女性因为生育和抚育的职责而成为劳动力市场中的次要劳动力。贫困群体常常因为被排斥而成为沉默的群体,不能表达自身的需求。由于诸多社会政策是性别盲视的,常常难以顾及离婚、丧偶女性的利益,这导致政策目标难以实现。社会排斥还导致女性的组织化程度很低,难以建立有效的社会支持网络。(3)家庭作为生活的基本单位,其内部的生产资源、教育资源和健康资源的不平等分配,可能导致女性贫困的加重,如在多子女家庭中女童受教育的机会可能受到限制。李小云等人的研究指出,由于女性在家庭中的角色位置,扶贫成果更多由家庭内的男性占有,经济收入的增加并没有真正帮助女性脱贫。[①] 总之,女性贫困的生成和延续有其结构性地位低下的劣势积累的效应。

因此,在反贫困的发展项目中要有对上述问题的针对性措施,特别是要在承认女性脆弱性的基础上,关注女性的坚韧性/恢复力(resilience)。目前,不少女性非政府组织,特别是女性草根组织,在灾后社区重建中运用非正式的社

---

① 李小云等:《"妇女贫困"路径的减贫溢出与增能异化——一个少数民族妇女扶贫实践的发展学观察》,《妇女研究论丛》2019年第2期。

会网络积极参与恢复工作,这体现出女性的力量。尊重女性的主体性,落实其在反贫困过程中的主体地位,尊重妇女的经验和支持是实现性别发展的重要内容。无论男女,他们虽然是贫困的受害者,但在应对贫困、维持家庭生计方面具有智慧和能动性,他们的实践活动都是宝贵的财富。

小 结

发展是个综合概念,包括经济、政治、法制、文化和社会生活的全面发展。这要求重新认识女性对经济增长的贡献,要求在社会统计中加入性别预算、性别统计和对发展项目进行性别评估,在发展中满足促进性别平等的实用性需求和战略性需求。全球化、科技发展和互联网技术深入地影响人们的生活:一方面,发展带来的利益变迁嵌入已有社会结构;另一方面,平等的理念广泛传播,全方位地促进性别平等运动的开展。根据联合国开发计划署的性别发展指数和性别权能指数两项指标来衡量,中国社会的发展成就巨大,但在收入水平、受教育程度、就业机会、参政议政机会等方面依然存在两性差异。这需要公共政策和制度建设具有性别平等意识,需要在发展项目中看到两性的能动性和结构变迁的潜力。

◆ **关键概念**

性别发展指数　性别权能指数　战略性的性别需求　妇女参与发展
生殖健康　社会性别意识纳入决策主流

◆ **思考题**

1. 简述在人类发展指数的基础上,用来测量性别状况的两个主要指数。
2. 试分析在发展项目中如何协调实用性的性别需求和战略性的性别需求。

◆ **进一步阅读参考文献**

徐午等主编:《社会性别分析:贫困与农村发展》,四川人民出版社2000年版。

林志斌、李小云:《性别与发展导论》,中国农业大学出版社2001年版。

李慧英主编:《社会性别与公共政策》,当代中国出版社2002年版。

金一虹:《中国新农村性别结构变迁的研究:流动的父权》,南京师范大学出版社2015年版。

◆ **推荐电影**

《二嫫》,周晓文导演,1994年上映。

第十四章

消费社会与性别商品化

2003年11月28日,《上海青年报》以"上海51名'灰姑娘'竞丑"为题,讲述了"灰姑娘"变"天鹅"的故事。

上海51名自认为"丑女"的女子在大庭广众之下展示容颜,竞争唯一的"灰姑娘"名额,以得到主办单位赞助的价值10万元的整形手术机会,并借此圆自己的"天鹅"梦想。5天时间内共有51位女性公开报名。主办方定下的标准是:首先突出的是"灰",即容貌较丑但不存在严重畸形;经济困难,无力支付高昂的整形费用;心理素质好,对整形的后果要有足够的承受能力。26岁刚刚大学毕业的外事翻译张女士最终成为"最合适"的入选者。专家们对怎样整容做了初步计划,算起来张女士脸上要"修整"的地方大约有十来处,主办方说:"两周以后,我们将把张女士变成一个漂亮的女孩。"

美女不仅被"选择"出来,还被人为地制造、加工和雕塑出来。近年来,医美热潮日益高涨,男性亦成为消费主体。2020年9月25日,《中国新闻周刊》报道,江苏淮安一名22岁男性,因到国外做断骨增高手术,导致双腿严重感染无法行走。这位男性选择做断骨增高手术的原因是他常常为自己不足1.8米的身高感到自卑,宁愿冒险到国外做增高手术。现代社会中,两性皆对自己的身材、身高和相貌有着种种不满,并产生焦虑,甚至看似自主地对其进行改造。

本章将文化、身体与经济发展要素进行综合,分析消费社会里符号消费中的审美文化所具有的性别商品化特点,从反思性的角度寻找性别解放的可能。

第一节 消费社会与性别化消费

一、消费社会及其发展动力

后工业社会也被称为消费社会(consumer society),这一社会的基本特征是无所不在的商品化,在物质产品极大丰富的条件下,消费呈现符号消费的特点,即人们消费的不仅是产品本身,而且是产品内含的文化意义和其代表的价值。各种名牌包就是最好的代表。消费社会的后现代文化以个人主义、大众娱乐至死和追逐中产阶级的生活方式为发展动力。

第一,个体化是消费社会的结构性原则,即个人作为社会关系体系中的一个基本单元,这是社会制度和社会组织建设的原则。人类社会大致有两类基本的社会结构性原则:集体化原则和个体化原则。集体化原则主张集体利益高于个人利益,个人利益要服从集体利益;集体利益可以是家庭、群体和国家的利益;传统农业社会以集体化为基本制度。资本主义市场经济从初始就以鼓励个人欲望或利益为原则建立起一套完整的制度,来确保个人利益经由竞争得以实现。个体主义/个体化至少指两个方面。一是个人的主客体兼性:人既是处在空间结构的客体,又是有意志和行动能力的经验主体。二是个体基本的价值观是遵从理性、承受制度规范,追求自由、平等、独立和自主。社会的个体化转向,鼓励个人欲望的满足,各种制度安排便以个人为基础。

第二,大众文化(popular culture/mass culture)是消费社会的重要特征。大众文化是相对精英文化而言的,精英文化包括诗歌、古典音乐等所谓高尚艺术,它为少数受过良好教育的人服务;大众文化则更加宽泛,更具有弹性,是人们娱乐的方式。大众文化通常包括电视、电影、运动和各种流行音乐等。大众文化并不是指从群众中自然生成的文化,而是以市场为指向、以鼓励消费为目的的文化。波兹曼的《娱乐至死》批判了大众文化在纸媒被电视替代的过程中越来越具有"娱乐至死"的特征,人们对于失去自由的反抗变成了逐渐爱上压迫,崇拜那些使他们丧失思考能力的工业技能;文化成为充满感官刺激、欲望和无规则游戏的庸俗文化。对娱乐的无尽欲望使人们失却了自由本身。[①] 符号消费的本质是对商品意义的购买。

第三,随着发达国家中产阶级队伍的扩大,原本由少数人享受的物质产品和文化产品成为普通大众可以追求和有能力消费的产品,这成为消费社会得以延续的动力。阶级竞争或阶级身份的边界以更加疯狂的符号消费和审美来呈现。借助专家系统,人们永远需要"新的、更好的、更尖端的技术设备",即"专家和专业技术的发展是自我推进的,是自我强化的过程"。[②] 所有新技术的发明都承诺给人们的生活带来更大的自由和更多的选择权,其结果是人们的生活日益被异化,从而失去选择的自由。

第四,消费意味着毁坏。消费意味着占有大部分注定要被耗费的东西。消费品要么被"消耗"到完全消失,要么是失去了吸引力而不再适合消费。消费社会与生产社会不同的是,社会要求和塑造的社会成员就是要具有扮演消费者角色的能力和意愿;社会在制造消费者;消费者必须受到美学旨趣的引导。[③] 事实上,在消费主义不断蔓延的过程中,反消费的力量和抗争亦同时存在;矛盾的是,反消费的力量常常被消费社会接纳,成为另类消费的一部分。

第五,性别的商品化是建构消费欲望的重要内容。商品与性别之间建立的内在关联赋予了商品性别气质,人们除了购买商品的实用功能外,亦在购买其性别化的符号意义。赋予商品性别意义成为现代消费经济学的重要内容。剃须刀、雪茄烟、领带、打火机等为男性专用品,其名牌商品价值之高足以显示使用者的社会地位;口红、手镯、项链、高跟鞋等为女性专用品;越是奢侈的商品越具有性别化特征。小汽车、烟、酒的广告总与男性的力量、速度和独立形象

[①] 尼尔·波兹曼:《娱乐至死》,章艳译,中信出版社2015年版,第2页。
[②] 齐尔格特·鲍曼:《通过社会学去思考》,高华等译,社会科学文献出版社2002年版,第212页。
[③] 齐格蒙特·鲍曼:《工作、消费、新穷人》,仇子明、李兰译,吉林出版集团有限责任公司2010年版,第63—73页。

联系在一起,虽然女性的收入并不太低,但汽车广告针对的消费群体仍然是男性。

二、对消费的性别社会学研究

当性别与性别关系深深地嵌入商品化的消费社会时,越来越多的学者关注到这一主题,进行与性别相关的研究。

(一) 对广告的性别社会学研究

对广告的性别社会学研究关注广告主题的构成、宣传的方式以及内容分析。

消费社会中的广告具有强迫性:一方面是因为它无处不在的宣传,另一方面是因为人们无权选择。广告转瞬即逝,却又不断重复。现代传媒中,如电视、电影、网站、漫画、杂志、报纸、游戏、短视频软件等都充斥着各色广告。性别永远是广告重要的内容之一。为了吸引消费者,广告充斥多元、多变和矛盾重重的性别形象。一方面,传统的性别形象成为吸引具有保守主义倾向的人的消费诱饵;另一方面,前卫的、打破传统性别刻板印象的中性化的性别形象亦成为取悦思想开放的消费者的手段。同时,性别、阶级与城乡等多重身份交叉在一起左右人们的消费欲望和消费行为。

戈夫曼的《性别广告》一书描述了日常生活中广告的性别展现。他认为,琐碎的行为细节展示了日常生活中微妙的性别差异;而广告运用视觉图像展示这些性别差异,其手段有形象的相对尺寸、触摸的方式、功能等级、家庭场域、次属地位的仪式化和情境的合法性等六个维度和呈现方式,看似自然化的性别差异的背后是父权制的微观运作,是性别不平等的再生产机制。广告中两性形象的相对大小显示出社会环境中的权力、权威、等级和声望等。女性总是比男性矮、腰围比男性小,这虽然是生物上的差异,但其表现的画面则是被人为操纵的。在触碰上,女性总是以温柔的方式接触男人或物体表面,这种仪式性的触摸区别于功能性的抓住、操纵或持有。这展示了女性的肢体语言和个性是可获得的、软弱的和易受伤害的。在功能排序上,多数广告只显示女性或男性，而不是两个性别在一起或一个家庭场景。当男人和女人协作完成一项任务时，男人扮演负责人的"执行角色"，女性被描绘成场景中的次要角色。在家庭场域，父亲和儿子、母亲和女儿有着亲密联系。父亲倾向于与家人保持距离。有关情境的合法性表现为当一个女人被证明对相机不感兴趣时，她是可以退缩的。① 性别定型的两性再现方式首先受到批判。

一项对休闲杂志中的广告的分析发现，女性在广告中通常被描绘成性感的、美丽的、依从的。有趣的现象是男性主要突出头像，女性则主要突出躯体。研究者将这一现象称为"感官主义"(faceism)，是指广告中强调男性面孔和女性身体的倾向。从符号意义上，以面部为主的头像反映了一个人的精神面貌和社会角色是主体式的；身体的象征意义则是被看的、客体化的。有研究者对 11 个国家的多种出版物进行研究，发现"感官主义"普遍存在。在广告中，女模特的臀部、腿、腹部、肩膀和后背出现的频率是男模特的 4 倍。感官主义存在的逻辑内含性别文化的符号意义，男性以头脑、女性以身材来吸引他人。②

消费社会中，个人依社会等级、性别、种族和年龄被划分为不同的消费群体，并参与到各类消费中，人们的消费模式促成了个人与这些社会群体的归属方式的变化，消费文化是人们创造自己社会身份的新方法。男女两性通过使用消费品实现自我性别、阶级和城乡身份的认同。随着女性越来越具有经济独立性，职业女性成为市场营销人员最感兴趣的人群。各大服装柜台会写明"职业女装"。白领女性(OL)的广告形象使职业女装有别于"家庭主妇"的形象，成为一种生活方式的表达。同时，职业女性队伍的扩大使商家看好这一消费市场，职业女性的市场影响力和消费能力又推动市场生产更多的相关消费品。

（二）艺术审美、时尚与"男性凝视"

在消费社会，有一系列有关身体之美的符号、标准和技术，身体成为重要

---

① 参见 Erving Goffman, *Gender Advertisements*, Harvard University Press, 1979。
② 泰勒等：《社会心理学（第十版）》，谢晓非等译，北京大学出版社 2005 年版，第 348 页。

的消费对象和消费主题;在主体性的话语下,自我塑造和自我监控的身体又深入地影响人们的性别、阶级和城乡的身份认同。

对动物界的观察发现,雄性比雌性有更加美丽的外观,原因是雄性面临求偶竞争。而人类社会中女性向男性展示自己的美丽,却与性别的社会地位有关。当女性失去了与男性相当的社会地位时,只能通过展示美丽让男人看到自己。审美之事与人类的爱美之心相关。纵观人类的艺术史,所有社会形态都有自己的审美,对两性之美有不同的审美标准,呈现为审美的历史性、阶级性和性别化。原始社会的女性之美的代表是丰乳肥臀的维纳斯,这表达了与人类繁衍有关的女性身体之美,对女性生殖器官夸张的绘画和雕刻表达了人类对女性生殖力的崇拜;男性之美则显示肌肉的力量和健美的身姿。

女性作为"美丽性别"的出现具有历史性和阶级性。

> 要使得对美丽性别的崇拜现象发生,必须有个必要但非充分的条件——出现贫富阶级的分化,出现贵族阶级和平民阶级,只有这样才能使得一定范围内的妇女免于工作。这些新的社会条件才能更紧密地将女性与美的社会风俗结合起来:只有这些上流社会妇女拥有了更多无所事事的时间,她们才能将其用于化妆、打扮,让自己更美以自娱并取悦她的丈夫。……美丽性别的文化需要社会的不平等、奢侈及悠闲阶级对生产工作的蔑视。

> 直到19世纪末,对女性的崇拜还只是在小范围的社会圈子里发展,艺术家对女性的赞美和美的习俗还未超越有钱人和有教养人的活动范围。……在20世纪,女性报刊、广告、电影、时装摄影等第一次推广了为大多数人服务的女性审美原则和理想的女性形象。随着那些明星、模特和美女的诞生,女性形象的最佳代表已走出了原来封闭的王国而进入日常生活。女性杂志和广告煽动女性使用化妆品。一场难以避免的美容产品的工业化和民主化运动就这样爆发了。一个世纪以来,对美的崇拜获得了前所未有的社会地位,它已进入平民化纪元。

第十四章 消费社会与性别商品化

……美的规范通过指导女性的追求、渴望及热情朝着私人的成功发展而不是朝着公众成就发展，朝着非官方的权力发展而不是朝着官方的权力发展，朝着交际能力而不是朝着对机构控制权力的发展，使其像一台政治机器一样运作。女性现在工作和政治上有了越来越大的野心，但女性对美的重视仍不停地对其生活产生影响，使她更多取得个人的成功而不是集体的成功，对两性吸引力的影响大于与男性竞争的影响。①

审美具有主客体并存的双重性。1972年，英国文化批评家约翰·伯格（John Berger）在《观看之道》（Ways of Seeing）中提出"男性凝视"的概念，指出欧洲几百年绘画的传统中，观赏者是男性，被观赏和描绘的是女性。"男性凝视"广泛地存在于图像、语言、广告和绘画中。

1975年，电影理论家劳拉·穆尔维在《视觉快感与叙事电影》一文中以好莱坞电影为例，把电影叙事分成三种"凝视"：摄影机的凝视、角色与角色之间的凝视以及观众的凝视。这三种凝视皆是男性对女性的凝视，主流电影通过叙事和场景厚待男性观众。女性作为形象，男人作为看的承担者，观看的快感分裂为主动的/男性和被动的/女性，起决定作用的是男人的眼光，它塑造了女性的形体。这是由现实社会不平衡的性权力关系决定的。女性观众要么认同主动的男性角色，要么认同被牺牲的女主角。无论男女观众，在影院中都通过摄影机被配以男性身份与立场。② 进入20世纪80年代，穆尔维的电影理论因其性别二元分割的色彩受到质疑。1989年，穆尔维应对现实变化补充了两点看法：一是要关注剧本的变化，二是要关注观众的变化，因为女作者和女观众正在成为新生的力量。③ 对电影的性别社会学研究成为文化研究和电影批评的重要内容。

---

① 吉尔·里波韦兹基：《第三类女性：女性地位的不变性与可变性》，田常晖、张峰译，湖南文艺出版社2000年版，第91—92、112、136—137页。
② Laura Mulvey, "Visual Pleasure and Narrative Cinema," Screen, 1975, 16(3): 6-18.
③ Laura Mulvey, "Afterthoughts on 'Visual Pleasure and Narrative Cinema' Inspired by King Vidor's Duel In The Sun (1946)," in Laura Mulvey, ed., Visual and Other Pleasures, 2nd ed., Palgrave Macmillan, 2009, pp. 31-40.

（三）美容美体业发展的性别社会学研究

消费社会中，一方面，将审美中的女性客体地位拓展至女性自身对美的能动追求；另一方面，通过"人体美"的塑造和自我监控意识将男性纳入其中，共同塑造追求身体"美"的男女消费者。由此推动美容美体业的快速发展，这一产业已然成为各国 GDP 中的重要增长点。

女性作为"美丽性别"的追求者是美容产品最大的消费群体。一方面，女性更多地在心理上承受对容貌缺陷的种种担忧，几乎所有女性都有减肥或控制体重的经历；另一方面，女性更愿意为美容买单，梦想通过美貌吸引、诱惑或控制男性。同时，男性美容用品的销量快速增长。

到 21 世纪，随着科技的发展，医美行业以惊人的速度增长。2017 年有关全球医美行业发展的报告指出，约 70%的男性表现出对医疗美容感兴趣，其中隆鼻、面部年轻化、腰部塑形是男性共同感兴趣的项目。全球医疗美容市场中，非外科手术份额占比近 64%（2015 年数据）。随着微创技术理念的进步，未来非外科手术将得到进一步发展，其中肉毒毒素、透明质酸（HA）、脱毛、化学去皮和磨皮手术将是占比最高的前五个项目（2015 年数据）。在医疗美容地理分布上，由于地区人均高支配收入，以及肥胖症呈上升趋势，美洲医疗美容市场取得长足发展，销售份额占全球市场比重 40%以上。[①] "苗条文化""美丽文化""健美文化"的背后是滚滚财源；"美丽"作为商品不断被生产者和消费者塑造出来。

"美的监控"的概念是使用福柯的监控理论框架对美容进行的性别分析。新自由主义的数字化技术帮助人们有效地实现了对"美"的自我监控，各种 App 的应用出现了"监视姐妹关系"的模式，身体、穿着和容貌的自我监控呈现外延化和心理化的特点。[②] 阿什利·米尔斯对审美劳动做了独到的性别分析。曾经在纽约和伦敦做过模特的她用内行人的视角展现了模特世界的规则，检

[①] 《全球医美市场发展趋势 | 美国 Technavio 解读》，https://www.sohu.com/a/131111895_452540，2022 年 1 月 6 日访问。

[②] Ana Sofia Elias and Rosalind Gill, "Beauty Surveillance: The Digital Self-Monitoring Cultures of Neoliberalism," *European Journal of Cultural Studies*, 2018, 21(1): 59-77.

视习以为常的"美丽"的定义和运作过程。① 主体的悖论为人们的反思提供了空间,但也成为消费的一部分。

(四) 性消费

狭义的性消费是指与性直接相关的活动的商品化,它反映了一整套与性相关的市场需求和消费,如卖淫业、淫秽品和增加性能力的保健品的消费。广义的性消费指与性相关的各种性暧昧活动,如按摩业、网络社交/交友业等消费。以各种裸体图片、影片、DVD 影碟等为卖点的色情工业,在互联网的新技术下迅速发展。淫秽品的问题充满争议:如何定义淫秽品? 它到底会有怎样的社会影响? 应不应该对其进行控制? 如果需要控制,控制方式应当是怎样的? 但争论难以阻挡淫秽品本身成为现代视听文化工业的滚滚财源,也难以改变其"男性凝视"的观看方式。

以卖淫业为例,卖淫被视为以获得金钱为目的而给他人提供性服务的最古老的行业。吉登斯认为,卖淫之所以能存在,最有说服力的结论是:卖淫表达了(也在某种程度上有助于)男人把女人当成其性目的"使用"对象的趋势。在特定的关系中,卖淫表达了男人和女人之间权力的不平等。1951 年联合国通过了一项决议,谴责那些组织卖淫或从妓女活动中获取利益的人,但并没有禁止卖淫。在有些国家卖淫是非法的,有些国家则在当地政府的批准、管理和监督下允许卖淫场所的存在。②

从 20 世纪 70 年代起,卖淫业最惊人的变化在于它的产业化、规范化和在全球的广泛蔓延。性的产业化在全球市场创造了数十亿美元的资产。性产业化的背景在于:第一,在战争或外国侵占期间,大量女性被迫到部队卖淫。第二,旅游业的发展带来性的国际交易。第三,以出口为导向的经济发展,对女性劳动的剥削和出口加工业的低工资,使性产业成为可供选择的高收入工作。第四,与性产业相关的旅游业、酒店业、酒吧、按摩院等,一起成为当今世界的

---

① 阿什利·米尔斯:《美丽的标价:模特行业的规则》,张皓译,华东师范大学出版社 2018 年版,第 2 页。
② 安东尼·吉登斯:《社会学(第四版)》,赵旭东等译,北京大学出版社 2003 年版,第 170 页。

经济力量。第五,从事组织卖淫活动的地下经济依然通过跨国操纵酒店业、旅游业和性产业获得巨额利润。第六,全球化大规模的人员流动,带来了更大范围的顾客对性服务的需求,特别是跨国贸易的迅速增加。总之,在工业化的早期,与性产业相关联的诸多经济与性产业一道成为某些国家的重要经济来源。"被奴役的性"的概念揭示了男性霸权文化下的男性对女性的性权力和性剥削。女性的客体化是指女性与她们的身体分开,身体成为可供交易的商品,产生了一系列的卖淫规范和实践。卖淫的女性常常对受到的性剥削保持沉默,因为性文化会使从业女性矮化自己,将用身体换取金钱的自己视为被家人、朋友和社会抛弃的人,这成为她们的生存策略。当女性失去社会身份,并切断与他人的情感联结时,性变得可以交易。①

此外,对于发展中国家来说,性产业还与失业率和低工资有关。当一些家庭陷入经济困境时,女性(包括孩子)就可能被迫卖淫。② 随着后工业社会和全球化时代的到来,卖淫业没有消失,而是借着互联网技术的力量变得更加隐蔽和多元化。

三、应对性别商品化与去性别化

面对日益被建构的生活、消费和异化,人类的解放之路在哪里?从性别的视角出发,大致有三种解决方案。第一种方案是坚决反对将两性身体客体化。倡导关注人们的内在美和精神美,充分承认和肯定美的多样性和复杂性,将美丽的要素扩大到外貌与体形之外。但面对的挑战是,这种反抗的力量如何消解审美消费的商品化力量。第二种方案是反对单方面的女性"选美"活动,要求男女共同参与选美活动。用两性身体的客体化取代单方面的女性身体的客体化。现实正在发生着以男性为对象的审美活动,男色逐渐进入消费领域,成为不断被发现和可塑造的消费力量。第三种方案是将美个体化、多元化和民主化,将对美的评审权交给个人。个人做出的选择成为福柯所说的"随时随地

---

① 凯瑟琳·巴里:《被奴役的性》,晓征译,江苏人民出版社 2000 年版,第 119—123 页。
② 安东尼·吉登斯:《社会学(第四版)》,赵旭东等译,北京大学出版社 2003 年版,第 171—172 页。

第十四章　消费社会与性别商品化

的抵抗"和自我创造的美好生活。事实上,两性的身体正成为获得利润的机器,成为商家赚取利润的客体。

21世纪前后,"女权主义"成为商品。"商品女权主义"关注到,在大众传媒中,女权主义话语按照商品关系的逻辑被重新安排。广告商没有反对女权主义话语,试图将女权主义话语的关键内容引导为品牌上的符号标记,以此将自己的品牌与竞争对手相区别,女权主义话语成为商品符号的竞争手段和策略。那些拒绝容貌焦虑和年龄焦虑的女性形象,那些打破刻板印象、表达女性自由和独立的形象以及反对性暴力的主题,皆成为可以诱惑人消费的内容。女权主义被转化为女性可以"穿戴"在自己身上的一系列"态度",其平等与解放的理念被广告营销为一种商品化的手段。[1] 女性消费者通过购买这些特定的商品获得品牌符号标记后的价值。但这意味着具有一定经济实力的女性才有权利获得广告商贩卖的女性赋权意象。[2] 商品女权主义批判性地看到消费社会性别解放的内在矛盾,打破性别刻板印象的反抗似乎只有通过消费才能实现。

有学者用"第三类女性"的概念,强调人们对自我理想形象的建构,要求自由地发展自我,其创新性就是不受任何限制地发展自我。[3] 挑战是多方面的,首先是要对消费,特别是奢侈消费具有反思性;在审美的意义上,两性在进行有关审美权的争夺,并发生着"粉红革命"。[4] 互联网时代,大量女性进入设计领域和传媒界,用发出声音、发表作品和传播思想重新定义女性的身份。

英国作家辛普森提出了"都市美男"(metrosexual)的概念,专指那些走中性路线的都市男性,他们是大都市中新出现的,时尚敏感、自我放纵、自我陶醉

---

[1] Robert Goldman, Deborah Heath and Sharon L. Smith, "Commodity Feminism," *Critical Studies in Mass Communication*, 1991, 8(3): 333-351.
[2] Rosalind Gill, "Empowerment/Sexism: Figuring Female Sexual Agency in Contemporary Advertising," *Feminism & Psychology*, 2008, 18(1): 35-60.
[3] 安东尼·吉登斯,《社会学(第四版)》,赵旭东等译,北京大学出版社2003年版,第212页。
[4] 彭妮·斯帕克,《唯有粉红:审美品位的性别政治学》,滕晓铂、刘翕然译,江苏凤凰美术出版社2018年版,第2页。

的男性群体;他们挑战传统的性别气质,服装中性化,生活方式女性化。他们花时间修饰皮肤,打理发型,既健美刚毅又不失温柔体贴。① 消费社会对性别的建构充满了张力,去性别化的消费为性别身份的建构提供了多种可能性和解放的力量。

第二节 中国社会的性别商品化

历史上,我国商品经济并不发达。在农业国度中,父权统领一切领域,女性是隐秘的生产者和消费者。新中国成立后,经历了计划经济体制的建设,消费依计划而行,"男女都一样"的政治口号成为日常生活的一部分。改革开放后的市场化转型使消费欲望迅速被激发出来。伴随"经济起飞",中国城市社会经历了"欲望起飞"的过程。消费主义成为社会转型的重要产品和组成部分。究其原因:一是国家与个人关系发生变化。国家默认甚至直接或间接鼓励消费主义的兴起,居民生活标准的改善获得了居民的政治节制和社会稳定。二是社会互动模式从模仿导向到攀比导向变化。三是话语模式发生变化,市民话语突显,出现商业话语、市场话语、民间话语。② 其中,性别化消费快速增加:一是两性作为生产者服务于消费社会,特别是以女性为多数的服务业快速发展;二是两性作为消费主体,性别化消费成为产品生产和广告宣传的重要手段;三是性别作为消费的客体,各类与性相关的产品隐蔽地出现。

一、性别化发展的服务业

回顾我国产业结构的变化,服务业迅速发展是改革开放后的事。中国一直是一个农业国,根据国家统计局发布的统计数据:1978 年末,第二产业的就业比例上升到 17.3%,第三产业的就业比例达到了 12.2%。改革开放后,针对

---

① 马克·辛普森:《纳西索斯去购物:男性广告中的同性情欲与自恋欲》,载詹俊峰等编著:《男性身份研究读本》,武汉大学出版社 2010 年版,第 401—424 页。
② 王宁:《转型社会中的"欲望起飞"——消费主义在中国兴起的社会学理论分析》,载李子彪、梁桂全主编:《广东社会与人口发展蓝皮书 2006》,广东经济出版社 2006 年版,第 67—81 页。

第十四章　消费社会与性别商品化

产业结构偏向重工业的情况,国家结合产业结构调整先后将发展重点转向与人民生活密切相关的农业、轻工业、商业、饮食业、服务业、修理业,以及制约国民经济发展的交通运输、邮电通信、金融保险业等基础设施领域。2000年,第一产业的从业人员占比50%;从事第二产业的占22.5%;从事第三产业的占27.5%。2010年,全国第一产业从业人员占比36.7%;第二产业从业人员占比28.7%;第三产业从业人员占比34.6%。2020年,全国第一产业从业人员占比23.6%;第二产业从业人员占比28.7%;第三产业从业人员占比47.7%,第三产业从业者人数位居首位。女性是第三产业的主要劳动力,还有大量的灵活就业人员活跃在服务业中。

服务业发展与社会中已有的社会分化——性别、年龄、阶层和城乡关系紧密地联系在一起。服务业工作因为要与人打交道,常常会依据劳动者的性别气质和性别想象加以安排。男性劳动力多成为保安、推销员、维修工和外卖骑手等,这些工作要求从业者提供安全、技术和快速等,要求其适当地表现勇气和英雄气概。那些与情感关怀相关的工作更多地隶属于女性。如餐馆中的性别分工,服务员以女性为主,有技术的"大师傅"以男性为主,两者有不同的发展路径。① 同时,女性内部会因年龄呈现与性别气质相关的分工,如"小妹"们在前台,"大姐"们在后台。②

家政工(家庭服务业)在市场化转型后快速增长,其行业发展将女性和照料需求相联结。③ 人们期待家政工像母亲、女儿等亲人般付出情感,但雇主与家政工之间存在着城乡之间巨大的差异。严海蓉比较分析了毛泽东时代的保姆和市场化时代的保姆之差异,前者是在去商品化的大背景下从事保姆工作,整个社会风气是劳动光荣,保姆"当家作主",有较大自主性,劳动得到信任。在市场化背景下,城乡差异呈现出城市对现代性的垄断,城市成为唯一的现代性发生之地,对保姆们已有知识的否定亦是对农村主体经验的全盘否定,是对

---

① 佟新:《性别、阶级和流动——以小型餐饮业为例的研究》,《江苏社会科学》2009第3期。
② 何明洁:《劳动与姐妹分化——"和记"生产政体个案研究》,《社会学研究》2009年第2期。
③ 马冬玲:《情感劳动——研究劳动性别分工的新视角》,《妇女研究论丛》2010年第3期。

农村乡土性价值的否定。① 市场体制下的性别化的家政工劳动将生产劳动和照料劳动人为分离,照料劳动是在私人领域发生的、由女性完成的,不受劳动法保护。② 照料责任的家庭化使家政工的劳动成为消费品,并要求其在照顾婴幼儿、老人和病人的过程中呈现爱、关怀和耐心等女性气质。

二、消费主体的性别化塑造

新中国成立初期,在消费上实行极简主义。审美体现了高度的阶级性,资产阶级弱不禁风的花朵(娇小姐)与无产阶级暴风雨中的海燕(女性工农兵)无法相提并论。而市场化转型后,男女间的性别分工和差异的"自然化"得到了空前的强调,女性的身体、外貌和角色在消费文化中受到前所未有的重视。③ 而传统的性别角色又透过消费加以固定。在20世纪90年代,有学者研究总结了我国电视广告中的四类女性形象。一是传统性别角色的定型化:在权力关系上是男主女从;在角色分工上是男主外女主内;在性别特征上是男刚女柔;在能力上是男优女劣;等等。二是电视广告的商业化倾向,以女性招徕,暗示女性是性对象。三是电视广告的审美标准的外在化和单一性,女性在审美活动中处于被观赏和从属地位。四是电视广告无视女性发展与贡献,否定女性作为社会财富的创造者和重要的行动者,否定妇女的主体性和独立性。究其原因在于,广告的创作、播送、审查部门的人员没有性别平等意识。④

沿着性别社会角色分工和性别气质,两性作为消费主体被定位和归类,就像人们想到结婚就自然要问男方是否有房,消费继续制造和强化着社会性别差异。消费文化把女性角色归于家庭,宣传所谓女人味的家庭生活,由此建立起评判好女人的标准。各种化妆品广告使用"欲购情结"("种草")使女性对拥有各种型号的口红充满了想象。

出行研究表明,交通方式的偏好受到社会经济地位、家庭结构、性别和年

---

① 潘毅等:《农民工:未完成的无产阶级化》,《开放时代》2009年第6期。
② 佟新:《照料劳动与性别化的劳动政体》,《江苏社会科学》2017年第3期。
③ 吴小英:《市场化背景下性别话语的转型》,《中国社会科学》2009年第2期。
④ 刘伯红、卜卫:《我国电视广告中女性形象的研究报告》,《青年研究》1997年第10期。

第十四章　消费社会与性别商品化

龄等多种因素影响。控制上述因素后发现,性别是影响人们出行方式的重要因素。对武汉和乌鲁木齐的家庭驾驶权分配的调查表明:武汉的78.1%的男性受访者表示经常驾车出行的是自己,只有16.4%的女性受访者做出了同样的回答;女性受访者中有83.6%的回答是配偶主要负责开车。乌鲁木齐的家庭驾驶权分配有类似特征。这表明男性可能更容易获得使用家庭汽车的权力,也有可能是女性不愿意承担开车的劳作。同时,女性步行或搭乘公共交通的比例高于男性。①

有研究认为,家庭中,除了男性比女性拥有更大的汽车优先支配权外,两性驾车用途也不同:男性主要用于工作;女性主要用于家务,特别是接送小孩上下学。这种性别差异一方面是汽车的性别隐喻和文化编码在起作用,另一方面是汽车消费存在于公共空间与私人空间的性别边界上。② 总之,在各种消费品的广告和购买行为中都能见到商品的性别化属性。

性别解放的力量被纳入现代社会。以"暖男"一词的建构为例,词典中对"暖男"的解释是:细心体贴,让人感到温暖的男子。③ 他们通常细致体贴、能顾家、会做饭,更重要的是能很好地理解和体恤别人的情感,长相多属干净清秀的类型,打扮舒适得体,不会显得过于浮躁和浮夸。"暖男"形象解构了传统男性气质中的"高冷"形象,打破了男性中心主义的刻板印象;同时代表了女性群体对温暖型男性的接受和赞赏。新媒体中的两性新形象打破了人们的"失语"状况,呈现出丰富多彩的、具有性别平等意识、富有想象力的新人。

三、身体消费的现代性建构

经历了长期的以节俭为美德的农业文明和社会主义艰苦朴素的教育,市场化转型迎来了人们对消费的渴求,虚荣和攀比成为奢侈消费的基础。

---

① 佟新、王雅静:《城市居民出行方式的性别比较研究》,《山西师大学报(社会科学版)》2018年第3期。
② 林晓珊:《身体流动与性别不平等:社会性别视角下的城市家庭汽车消费》,《浙江学刊》2008年第6期。
③ 中国社会科学院语言研究所词典编辑室编:《现代汉语词典(第7版)》,商务印书馆2016年版,第965页。

（一）泛性化的身体消费

在现代性的进程中，主体性似乎成为身体消费的内在动力，而这正是消费文化的内核，看似是消费的主体，本质上难以摆脱"他者的态度"。美貌话语和整形话语对女性的定义与规训方式，不是限制女性的自由，而是以自下而上的、生产性的权力去影响并动员女性参与。它以相悖的两套机制进行运作：一方面，它鼓励女性的自主与自由，那些细致而形象的命名、简化的比例与公式，方便消费者进行自我测量和检查，表达对美的向往与追求，促使消费者主动上门；另一方面，它定义、描述和构造身体问题，激起人们对体形和容貌的焦虑。整形广告将所有人都定义为潜在的需求者，在价值和道德的维度对不完美的身体进行评价，并将自我控制和自我追求审美的赞誉赋予消费者。

现代医学"知识"成为推销各种保健品的利器。以更年期为例，更年期是男女正常的生命周期现象。女性更年期多在45—55岁之间，伴随绝经，一些女性会出现诸如潮红、出汗、心悸、眩晕以及激动、忧虑、失眠、抑郁等生理和精神上的不适现象，这被称为更年期综合征。事实上，不是每个妇女都会出现更年期综合征，只有少数女性需要补充雌激素控制症状。社会从文化意义上建构女性更年期的"刻板印象"，诸如更年期的女性易怒、记忆力减退、工作能力下降等。这种社会建构反过来影响了更年期女性的自我预期，造成心理和精神压力与症状。诸如"女人三十要静心"的广告，把女性更年期提前到30岁，将30岁以上的女性纳入购买更年期相关保健品的行列。

关于减肥瘦身的广告与产品更是铺天盖地，女性几乎都有控制体重的经历；还有因此得厌食症的，对生命造成了威胁。

（二）反性别消费与消解性别

"反性别消费"亦可称为去性别化或中性化消费，是指女性购买原本以男性为对象的产品和男性购买原本以女性为对象的产品的消费行为。近年来，反性别消费日益红火，说明两性消费的鸿沟正在淡化，中性化趋势对传统的性别气质提出挑战。

中国正出现以都市青年为代表的去性别化消费，虽然有消费主义的"阴谋",但也有消费者能动的力量。在以视频为主要手段的新媒体运作中,女性走向前台,既有广泛的有关女性权利等的论战,也有个体自主性的有关身体和欲望的彰显。性别平等和性别解放的理想和创作正从学院走向社会,各种边缘群体发出自己的声音。新的主体性正随着公共文化与个体文化之间的边界被打破而呈现出来,新旧性别观念之间的理念和知识不断竞争、协商与妥协,产生出无限的生命力。

小 结

消费社会的生活越来越围绕着对商品、服务和休闲的消费进行,无所不在的商品化和享乐主义使性别化消费、身体和性消费成为社会特征之一。个体化、娱乐至死和追逐中产阶级的生活方式等成为性别化消费的发展动力。性别商品化是建构消费欲望的重要内容,商品与性别之间建立的内在关联赋予了商品性别气质。批判性地反思奢侈消费和性别消费是抵御消费社会异化的重要力量。中国社会的市场化转型促进了性别商品化。

◆● **关键概念**

消费社会 符号消费 都市美男 男性凝视 性消费 反性别消费

◆● **思考题**

1. 试论述性别化消费的议题。
2. 描述一个视频广告,分析其用了怎样的性别分工的文化想象。

◆● **进一步阅读参考文献**

王宁:《从苦行者社会到消费者社会——中国城市消费制度、劳动激励与
  主体结构转型》,社会科学文献出版社2009年版。
吕鹏:《性属、媒介与权力再生产:消费社会背景下电视对男性气质的表征

研究》,北京理工大学出版社 2011 年版。

让·鲍德里亚:《消费社会》,刘成富、全志钢译,南京大学出版社 2014 年版。

弗兰克·莫特:《消费文化——20 世纪后期英国男性气质和社会空间》,余宁平译,南京大学出版社 2001 年版。

阿什利·米尔斯:《美丽的标价:模特行业的规则》,张皓译,华东师范大学出版社 2018 年版。